पटना
भूले हुए क़िस्से

पटना

भूले हुए क़िस्से

अरुण सिंह

वाणी प्रकाशन

प्रकाशन के उत्कृष्टतम 61 वर्ष

पेपरबैक पहला संस्करण : 2024

vaniprakashan.com

वाणी प्रकाशन

4695, 21-ए, दरियागंज, नयी दिल्ली-110 002

फ़ोन : + 91 11 23273167, 23275710

शाखाएँ

अशोक राजपथ, पटना-800 004, बिहार

कॉफ़ी हाउस कैम्पस, महात्मा गांधी मार्ग, प्रयागराज-211 001, उत्तर प्रदेश

महात्मा गांधी अन्तरराष्ट्रीय हिन्दी विश्वविद्यालय, वर्धा-442 001, महाराष्ट्र

sales@vaniprakashan.in
vaniprakashan@gmail.com

Patna : Bhoole Huye Kisse
by Arun Singh

ISBN : 978-93-6287-017-9
Historical Research

मूल्य : ₹ 395

जी.एस. ऑफ़सेट, दिल्ली-110 095 में मुद्रित

वाणी प्रकाशन का लोगो मक़बूल फ़िदा हुसेन की कूची से

पटना और उसके चाहने वालों के लिए

भूमिका

प्रख्यात पत्रकार और निबंधकार अरुण सिंह की यह पुस्तक 'पटना : भूले हुए क़िस्से' एक अनूठी कृति है। यह एक साथ इतिहास भी है, कथा भी और सामाजिक वृत्तान्त भी। लेखक ने पटना नगर को एक जीवित व्यक्ति की तरह देखा है, अनेक दिलों की धड़कन और कोशाओं के आन्तरिक तरंगों को बारीकी से दर्ज करते हुए, प्यार और कुछ कौतूहल से निहारते हुए। एक अर्थ में यह पुस्तक पटना नगर का कार्डियोग्राम है।

यहाँ शहर का भूगोल या रैखिक इतिहास नहीं, बल्कि शहर के बसने, उजड़ने, बाशिन्दों की ज़िन्दगी और आपसी रिश्तों की कथा-वार्ता है। किसी भी शहर को इस तरह भी देखा और समझा जा सकता है—उन लगभग विस्मृत पात्रों के माध्यम से जिनकी वजह से कोई जगह गुलज़ार हुई और जिनके गुज़र जाने से वीरान हुई, लेकिन जिन्होंने शहर को एक नया रूप, नया रंग और दीर्घ आयु दी। और शहर के आज की सतह के नीचे वे सारे पात्र, उनका जीवन और फसाने रत्नों की तरह दमक रहे हैं।

अरुण सिंह ने बड़े गहन शोध, धैर्य और कलात्मक निपुणता से उन प्रतिनिधि घटनाओं और पात्रों का चयन किया है जो इस नगर-समाज के निर्णायक निर्माता रहे। यह पुस्तक पटना नगर की फिर से खुदाई करती है, जैविक खुदाई, ऐतिहासिक खुदाई—इस शहर के भीतर बसे भव्य जीवन-कक्षों का रोमान भरा प्रति-संसार प्रत्यक्ष करते हुए।

सम्राट अशोक के नौ अज्ञात पुरुषों की रोमांचक, कुछ-कुछ डरावनी, कथा से चलकर दीन मुहम्मद और धरीक्षण तिवारी होते हुए मलय रॉय चौधुरी और बाद तक का सफ़र तै करती हुई यह पुस्तक पाठक को बेचैन और विह्वल कर देती है। प्राचीन नगरवधू कोशा से लेकर 19वीं शताब्दी की तवायफों तक शालीन और महान स्त्री-व्यक्तित्वों की गाथा अप्रमेय है।

नन्द वंश, मौर्य काल और जैन परम्परा, मुग़ल, पुर्तगाली, अंग्रेज़ और देशी जमींदार हिन्दू, मुसलमान, बंगाली—कितनी-कितनी आवाजाही और रिश्तों से यह

शहर बनता गया, जानकर हैरत होती है। सबसे बड़ी बात जो उभर कर आती है वह यह कि हिन्दू, मुसलमान, ईसाई, बौद्ध, जैन, देशी लोक परम्पराएँ सब ने मिलकर इस शहर को बसाया और यहाँ की मिट्टी अनेक मिट्टियों और पानी से मिलकर बनी है। सर्वेन्तीज का वाक्य याद आता है—'इट टेक्स ऑल टु मेक ए वर्ल्ड (डॉन किहोते)'। दूसरे के बिना, इतर के बिना, अस्तित्व निष्प्राण होता है।

दूसरी बात यह कि अन्ततः हम उन्हीं को याद करते हैं जिन्होंने नेक काम किए; प्रेम, करुणा और त्याग—यही इस शहर के जीवन के आधार रहे। पिछले पाँच सौ साल का पटना हिन्दू, मुसलमान और अंग्रेजों का त्रिकोण-क्षेत्र है, परस्पर सहयोग और द्वन्द्व का त्रिकोण-क्षेत्र। लेकिन उससे भी ज्यादा यह किताब सभी विभाजनों के ऊपर मनुष्य के सबसे जीवन्त क्षणों का संपुंजन है जहां सर्वाधिक उज्ज्वल चरित्र हैं तवायफें। और सबसे रंगीन दीन मोहम्मद।

किताब की भाषा हमें बहाये ले जाती है। मैंने तो कई नए शब्द और मुहावरे सीखे और यह भी जाना कि पहले फैक्ट्री या कारखाना का मतलब था गोदाम। लेखक बताते हैं कि कैसे फ़ारसी के एक शब्द की ग़लत व्याख्या के कारण हथुआ महाराज मुकदमा हारने वाले थे।

शहरों पर और पटना शहर पर भी अनेक किताबें लिखी गयी हैं, लेकिन इस किताब को पढ़कर मैंने जाना कि जिस शहर में रहता हूँ उसे कितना कम जानता हूँ। शहर कभी एक जैसा स्थिर या अचल नहीं रहता, वह लगातार बदलता रहता है, एक जीव की तरह, जिसे वहाँ के बाशिंदे बनाते-बदलते रहते हैं उन बाशिन्दों के बग़ैर कोई भी शहर मुर्दों का टीला बन जाता है।

पटना शहर को इससे बड़ा, इस किताब से बड़ा, और क्या अर्ध्य हो सकता है!

—अरुण कमल

अपनी बात

पांच साल पहले जब 'पटना : खोया हुआ शहर' किताब छपी, तब यह ज़रा भी अहसास न था कि उसे पाठकों का इतना प्यार मिलेगा। पटना को चाहने वालों ने पटना पर लिखी उस किताब को भी चाहा, शायद इसीलिए भी, क्योंकि पटना का अतीत कहीं-न-कहीं उनकी खुद की जीवन-गाथा से भी जुड़ा हुआ है। पटना की कहानी उनकी खुद की भी कहानी है।

ऐसे कई क़िस्से, जो पटना के वर्तमान को आयाम देते हैं, 'पटना : खोया हुआ शहर' में शामिल थे। प्रख्यात इतिहासकर श्री इम्तियाज़ अहमद और पुरातत्त्वविद् डॉ. विजय कुमार चौधरी ने कहा कि इस किताब को विस्तार देना चाहिए। उनके प्रोत्साहन से लिखी गई इस कड़ी की अगली किताब आपके हाथ में है। पटना की कुछ और भूली हुई कहानियां। कुछ और भूले हुए क़िस्से।

बकौल प्रिय कवि अरुण कमल, 'यहां शहर का भूगोल या रैखिक इतिहास नहीं, बल्कि शहर के बसने, उजड़ने, बाशिंदों की जिंदगी और आपसी रिश्तों की कथा-वार्ता है। किसी भी शहर को इस तरह भी देखा और समझा जा सकता है— उन लगभग विस्मृत पात्रों के माध्यम से जिनकी वजह से कोई जगह गुलजार हुई और जिनके गुजर जाने से वीरान हुई, लेकिन जिन्होंने शहर को एक नया रूप, नया रंग और दीर्घ आयु दी। और शहर के आज की सतह के नीचे वे सारे पात्र, उनका जीवन और फसाने रत्नों की तरह दमक रहे हैं।'

पटना की तवायफ़ों पर एक किताब पर काम करते हुए कुछ ऐसे भी चरित्र मिले, जिनमें से कुछ को इस पुस्तक में शामिल करने के लोभ से बच नहीं सका। ये अद्‌भुत चरित्र हैं। यहां पटना सिटी के राजा झाऊ लाल और अवध के नवाब आसफुद्‌दौला की मार्मिक कहानी भी है और राय नन्द लाल और नवाब लुत्फ़ अली खान की दोस्ती के क़िस्से भी। पटना के दीवान मोहल्ले में पले-बढ़े उस दीन मोहम्मद की कहानी है, जिसने सात समुन्दर पार जाकर लंदन में पहला हिन्दुस्तानी कॉफ़ी हाउस खोला। और 1857 के गदर के दिनों में पटना के कमिश्नर रहे कुख्यात विलियम टेलर की

भी कथा है जो उसके चरित्र को नया आयाम देते हैं। बीट पीढ़ी के अमेरिकन कवि एलेन गिन्सबर्ग का पटना से जुड़ा दिलचस्प किस्सा भी यहां मौजूद है।

बिहार में इन दिनों शराबबंदी है। इतिहास बताता है कि वर्ष 1632 में भी बिहार के कुछ हिस्सों में शराबबंदी कानून का सख़्ती से पालन हो रहा था। ब्रिटिश पीटर मंडी के संस्मरणों में यह दर्ज है। इन दिनों देश में जातीय जनगणना की चर्चा जोरों पर है और बिहार में यह हुआ भी है। 1907 में एक ब्रिटिश आईसीएस अधिकारी ओ 'मैली ने पटना जिला के गज़ेटियर तैयार करने के क्रम में यहां रहने वाली जातियों की जनगणना की थी। सिर्फ जातियों की जनगणना ही नहीं उनके बारे में रोचक जानकारियां भी दी थी। वे भी यहां दर्ज हैं।

इस किताब की भूमिका के लिए बहुत झिझक के साथ मैंने देश के प्रख्यात कवि अरुण कमल जी से आग्रह किया था। उन्होंने पूरी विन्रमता के साथ मेरे अनुरोध को स्वीकार करते हुए भूमिका लिखी। मैं उनका कृतज्ञ हूं। इस किताब के प्रकाशन के लिए मैं वाणी प्रकाशन की निदेशक अदिति माहेश्वरी गोयल का आभारी हूं। इस किताब के लिए शोध के क्रम में डॉक्टर मसुदूर रहमान और श्री राकेश कपूर का साथ मिला। इन दोनों को धन्यवाद। पत्रकार, एक्टिविस्ट अनीश अंकुर और जयप्रकाश हमेशा उत्प्रेरक की भूमिका में रहे। इन दोनों का आभारी हूं। मैं अपनी पत्नी चंचल सिंह का भी आभारी हूं, जिन्होंने निरंतरता बनाए रखने में मेरी मदद की। मेरे बेटे अनूप आनंद सिंह ने पुस्तक के लिए कई बहुमूल्य सुझाव दिए, मैं उसका भी आभारी हूं।

मई 2024

—अरुण सिंह

हर्मिटेज

बोरिंग-पाटलिपुत्र रोड,

पटना।

अनुक्रम

दो हज़ार साल पहले कैसा था पटना

करीब दो हजार वर्ष पहले, यह उन दिनों की बात है— जब मगध साम्राज्य की राजधानी पाटलिपुत्र (प्राचीन पटना) की ख्याति सात समुद्र पार दूर देशों तक थी। दूर देशों के यात्री यहां आने को लालायित रहते। यूनानी राजदूत मेगस्थनीज़ पाटलिपुत्र की समृद्धि और वैभव देख आश्चर्यचकित रह गया था। उसे विश्वास ही नहीं हो रहा था कि यह मानवों द्वारा निर्मित शहर है। उसी पाटलिपुत्र शहर में दर्शकों से भरा एक नाट्य गृह:

नाटक का सूत्रधार मंच पर बने शहर और दर्शनीय स्थलों पर घूमता हुआ अलंकारिक भाषा में एकालाप करते हुए दर्शकों को संबोधित करते हुए कहता है, 'कुसुमपुर (पाटलिपुत्र का एक नाम कुसुमपुर भी है) का अलौकिक, अद्वितीय सौंदर्य कितना अद्भुत है! यहाँ घरों की कतारों के बीच की गलियाँ, जिन्हें पानी से धोया गया है, अच्छी तरह से साफ है और उन पर फूल बिखरे हुए हैं। ये इतने स्वच्छ हैं कि ये घरों की फर्श की तरह दिखते हैं। थोड़े-थोड़े अंतराल पर विभिन्न वस्तुओं की खरीद-बिक्री में लगे लोगों के कारण दुकान दिलचस्प प्रतीत होते हैं।'

सूत्रधार का एकालाप जारी है, 'वेदों के पाठ, संगीत की गूंजती आवाजें, धनुष के प्रत्यंचा की टंकार, आसपास खड़े ऊंचे महल, जो रावण के दस मुखों की तरह एक-दूसरे को पुकारते प्रतीत होते हैं, इन सबों के बीच जब-तब बादल जैसे महलों की खिड़कियां खोलकर बिजलियों की भांति औरतें गली में उत्सुकता से झांक लेती हैं। इसके अतिरिक्त घोड़ों, हाथियों और रथों पर सवार सम्राट के महत्वपूर्ण उच्च अधिकारी शहर की सुंदरता में वृद्धि करते हैं। सुंदर आभूषणों से अलंकृत युवा नौकरानियां आकर्षित करने वाली मुद्राओं के साथ विचरण कर रही हैं। उनकी अदाएं, मुद्राएं, नवयुवकों का ध्यान आकर्षित कर उनके होश उड़ा देने में सक्षम हैं। गणिकाओं की कमल समान चेहरे वाली पुत्रियों की सुन्दरता का रसपान लोग आँखों ही आँखों में कर लेते हैं। वे सड़कों पर नज़ाकत और गरिमापूर्ण ढंग से, इठलाते हुए से इधर-उधर चलते हुए नजर आती हैं। मानों वे लोगों को उपकृत कर रही हों।'

सूत्रधार कुसुमपुर के नागरिकों की विशेषताओं का उल्लेख करते हुए कहता है, 'यहां के निडर नागरिक प्रफुल्लित चेहरे के साथ त्योहारों में निरंतर भाग लेते हैं। उनका सुन्दर कीमती आभूषणों को धारण करना—सुगंधों, फूल मालाओं, उत्तम कपड़ों से अपने शरीर की भव्य सजावट और विभिन्न प्रकार के खेलों में उनकी रुचि—इन प्रसिद्ध गुणों के कारण कुसुमपुर को तिलक की तरह धारण किए धरती स्वर्ग की तरह प्रतीत होती है।'

उपरोक्त संवाद संभवत: चौथी-पांचवी सदी में लिखे गए कामोद्दीपक-हास्य एकालाप रूपक 'धूर्तविटसंवाद' के हैं। इसकी रचना पाटलिपुत्र, जिसे उन दिनों कुसुमपुर कहा जाता था, में हुई है। पाटलिपुत्र उन दिनों दुनिया के सबसे विशाल शहरों में से एक था। यद्यपि पुरातात्विक साक्ष्यों से हमें शाही शहर पाटलिपुत्र की शहरी संस्कृति और परिवेश की पर्याप्त जानकारी नहीं मिलती है लेकिन साहित्य से हमें तत्कालीन समाज, शहरों में मनाये जाने वाले उत्सवों की, विशेषकर पाटलिपुत्र के बारे में महत्वपूर्ण जानकारी मिलती है। इस संबंध में हमें वैदिक संस्कृत ग्रन्थ 'भाण' में पाटलिपुत्र का महत्वपूर्ण चित्रण मिलता है। एक अन्य ग्रन्थ 'उभयाभिसरिका' में भी कुसुमपुर के नगरीय जीवन के बारे में रोचक जानकारी मिलती है।

कुसुमपुर के बारे में 'उभयाभिसरिका' कहता है, 'यहां कई ऊंची इमारतें हैं। इसकी घनी आबादी, प्रचुर सामग्रियों के ढेर, इसका विशिष्ट ऐश्वर्य लोगों को विस्मित करता है। लेकिन इसमें हैरानी की क्या बात है! अन्य धनी शहर भी हैं। लेकिन इसकी कुछ विशेषताएं हैं जो आमतौर पर कहीं और नहीं पाई जाती हैं। कहा जाता है कि यहां दानदाताओं की भरमार है। कला का सम्मान किया जाता है।'

कुसुमपुर की प्रशंसा में आगे कहा गया है, 'यहां शिष्टाचार के साथ महिलाओं के साहचर्य का सुख उठाया जा सकता है। धनिक न तो ईर्ष्यालु होते हैं न ही अभिमानी। पुरुष ज्ञानी होते हैं। वे शालीन होते हैं और शालीनता के साथ सम्भाषण करते हैं। वे एक-दूसरे के गुणों का सम्मान करते हैं और अपने शुभचिंतकों के आभारी होते हैं। संक्षेप में कहें तो देवता भी स्वर्ग छोड़ कर इस नगर में सुख पा सकते हैं। कुसुमपुर के शाही सड़कों से गुजरना अद्भुत ख़ुशी देता है—भले ही यह बहुत भीड़-भाड़ वाला हो और लहरों के साथ समुद्र की तरह भयावह दिखाई देता हो। भले ही कोई कितनी जल्दी में क्यों न हो किसी परिचित को देखने के बाद वह बिना बातचीत किए आगे नहीं बढ़ता है। भले ही कितनी भी भीड़ क्यों न हो लोग चलने के लिए रास्ता बना देते हैं। सभी प्रसन्न हैं। कोई भी किसी को देर तक नहीं रोकता, ताकि उसका कोई काम न बिगड़ जाए। इस शहर ने जो ख्याति

अर्जित की है, उसे यहां के सांसारिक तरीकों से अच्छी तरह से वाकिफ लोगों द्वारा बनाए रखा गया है। इन्हीं योग्यताओं के कारण कुसुमपुर शहर को अन्य शहरों के विपरीत दुनिया में असाधारण प्रतिष्ठा प्राप्त है।'

वात्स्यायन ने अपने प्रख्यात ग्रन्थ 'कामसूत्र' की रचना पाटलिपुत्र में ही की थी। 'कामसूत्र' यौन सुखों पर आधारित तीसरी शताब्दी का संस्कृत ग्रंथ है। यह विश्व की प्रथम यौन संहिता है जिसमें यौन प्रेम के मनोशारीरिक सिद्धान्तों तथा प्रयोग की विस्तृत व्याख्या एवं विवेचना की गई है। यह अनुमान लगाना तर्कसंगत ही लगता है कि पाटलिपुत्र जैसा शहर, उसके समृद्ध, सुसंस्कृत, परिष्कृत नागरिकों ने कामसूत्र के आदर्श प्रेरित को किया होगा। उस युग के शिष्ट सभ्य व्यक्ति को यहां नागरका (शाब्दिक रूप से, 'शहर का') के नाम से उल्लेख किया गया है।

कामसूत्र में नागरका की दिनचर्या का वर्णन इस प्रकार है :

वह सुबह उठता है। शौच क्रिया से निवृत होकर वह अपने दांतों को साफ़ करता है। बालों में कम, थोड़ी मात्रा में सुगंधित तेल लगाकर धूप जलाता है। अपनी त्वचा को मुलायम बनाने के लिए उस पर मोम की मालिश करता है। लाल लाख से स्वयं को सुसज्जित कर दर्पण में निहारता है। मुखशुद्धि के लिए वह पान के साथ सुगन्धित मसाले लेता है और अपनी दिनचर्या में जुट जाता है।

वह प्रतिदिन स्नान करता है। हर दूसरे दिन अपने अंगों पर तेल की मालिश करता है। हर तीसरे दिन वह झाग से स्नान करता है। हर चौथे दिन चेहरे की दाढ़ी मुंडवाता है। हर पांचवे दिन या दसवें दिन वह शरीर के अन्य बालों की सफाई करवाता है। यह सब बिना किसी चूक के होता है। वह अपने कांखों के पसीने को निरंतर साफ़ करता रहता है।

सुबह और दोपहर में वह भोजन करता है। खाने के बाद वह अपने तोतों और मैना पक्षी को बोलना सिखाते हुए समय व्यतीत करता है। वह बटेर की लड़ाई देखने जाता है। मुर्गे की लड़ाई, मेढ़ों की लड़ाई, विभिन्न प्रकार की कलाओं और खेलों में अपना समय व्यतीत करता है। वह लम्पटों, विदूषकों के साथ भी समय बिताता है। और वह एक झपकी भी लेता है। देर दोपहर में वह उठता है और कपड़े बदल कर मनोरंजन के लिए गोष्ठियों में जाता है।

संध्या में वह संगीत और गायन का आनंद लेता है। उसके बाद वह सुगंधित और सुरुचिपूर्ण तरीके से सुसज्जित शयनकक्ष में अपने मित्रों के साथ गणिकाओं या महिला मित्रों की प्रतीक्षा करता है जो उनसे मिलने के लिए आ रही होती हैं। जब वे आती हैं, वह और उसके मित्र बहुत विनम्रता और शिष्टाचार के साथ बातचीत शुरू करते

हैं। यह बातचीत मन और ह्रदय को आकर्षित करती है। अगर बुरे मौसम में वे आ रही होती हैं और उसके कपड़े बारिश में भींग गये हों तो वह उनके कपड़े अपने हाथों से बदलता है, या अपने मित्रों को उनकी सेवा में लगा देता है।

दीदारगंज यक्षी

वह त्योहारों, गोष्ठियों, मदिरालय, वन भोजों, और सामूहिक खेलों में शामिल होकर अपना मनोरंजन करता है। यह गोष्ठियां तब होती हैं जब समान ज्ञान, बुद्धि, चरित्र, धन और उम्र के लोग एक गणिका के आवास पर इकट्ठे बैठते हैं या किसी सभागार में या किसी व्यक्ति के निवास स्थान पर शिष्टाचार के साथ उचित बातचीत में शामिल होते हैं। वहां वे कविताएं या कला संबंधी विचारों का आदान प्रदान करते हैं। इस दौरान वे उन प्रतिभाशाली महिलाओं की प्रशंसा करते जिन्हें हर कोई पसंद करता है। वे एक दूसरे के घरों पर मदिरा की महफ़िलें आयोजित करते हैं।

यह वही समय था जब पाटलिपुत्र में मूर्तिकला भी अपने शीर्ष पर थी। बलुआ पत्थर से निर्मित विश्व-विख्यात दीदारगंज यक्षी इन्हीं दिनों की रचना है। मूर्तिकार ने पाटलिपुत्र की आदर्श नारी की छवि को इस मूर्ति में गढ़ा है।

सम्राट अशोक के वे नौ अज्ञात पुरुष

मानव जाति को हमेशा से अबूझ रहस्य और रहस्यमयी कहानियां आकर्षित करती रही हैं। दुनिया में इस तरह की रहस्यमयी कहानियां और किंवदंतियों की कमी नहीं रही है। पश्चिमी जगत में ऐसी कई कहानियां प्रचलित हैं। एक प्राचीन सभ्यता होने के नाते, भारत भी ऐसी कई रहस्यमयी कहानियां और किंवदंतियों का घर रहा है। अश्वथामा की कहानी से हम सभी वाकिफ़ हैं। ऐसी ही एक कहानी सम्राट अशोक के प्राचीन साम्राज्य से चली आ रही है।

कलिंग युद्ध में एक लाख से ज्यादा लोगों की मौत और उससे हुए विनाश ने अशोक को मर्माहत कर दिया। कुछ शिलालेखों के मुताबिक इस युद्ध में कलिंग के करीब 1,50,000 लोग और उतने ही अशोक के सैनिकों की मौत हुई थी। कुछ दावों के मुताबिक इतनी संख्या में मौत नहीं हुई थी। जो भी हो इस युद्ध के बाद अशोक ने अहिंसा के मार्ग पर चलने का संकल्प लिया। उसने बौद्ध धर्म स्वीकार कर लिया और युद्ध को सर्वदा के लिए त्याग दिया।

सम्राट अशोक ने उस समय यह भी महसूस किया कि मानव जाति अपनी बुद्धि, अपनी क्षमता, वैज्ञानिक और तकनीकी ज्ञान का उपयोग बुराई और विनाश के लिए करता है। कहते हैं, उसने एक ऐसा तरीका खोजने का संकल्प लिया जिसके जरिए मानव जाति के सभी तरह की तकनीकी रहस्यों और खोजों को उन लोगों की निगाह से बचाकर रखा जाए जो इसका प्रयोग मानव जाति के विनाश और मृत्यु के लिए करते हों। मानव जाति को ऐसे लोगों से बचा कर रखना, जो वैज्ञानिक ज्ञान का प्रयोग समाज को संकट में डालने और उसे पतन की ओर ले जाते हों।

किंवदंती है कि इसके बाद ही अशोक ने अपनी राजधानी पाटलिपुत्र (अब पटना) में उस वक़्त के नौ सबसे बुद्धिमान लोगों का एक गुप्त संगठन बनाया। उन्हें विभिन्न विषयों की जानकारी एकत्रित कर नौ किताबें तैयार करने, समय-समय पर उसे संशोधित करने और उसे अद्यतन करने का जिम्मा सौंपा। इसे बेहद गुप्त तरीके से किया गया। कोई नहीं जानता था कि वे नौ व्यक्ति कौन थे। उन्हें बौद्ध भिक्षु के वेश

में बौद्ध धर्म और अहिंसा के प्रचार-प्रसार के लिए दुनिया के विभिन्न देशों में भेजा गया। इसके साथ ही उन्हें अपने विषय पर शोध और नई जानकारियाँ हासिल कर उसे समृद्ध बनाने को कहा गया। यदि उनमें से किसी की मृत्यु हो जाती या सेवानिवृत्त हो जाते तो उनके द्वारा चुना गया व्यक्ति इस काम को जारी रखता।

इस प्रकार नौ अज्ञात पुरुषों का जन्म हुआ। इन अज्ञात पुरुषों का उद्देश्य विनाश के तरीकों को अयोग्य लोगों के हाथों में पड़ने से बचाना था और साथ ही ज्ञान को और भी समृद्ध करते रहना था जिससे मानव जाति को फायदा हो। इन पुरुषों में से प्रत्येक को उस पुस्तक की सुरक्षा का भार सौंपा गया जो संभावित खतरनाक ज्ञान से लैस थे। कुछ लोगों का मानना है कि वे नौ अज्ञात पुरुष अभी भी मौजूद हैं।

इन अज्ञात नौ पुरुषों की कहानी अज्ञात ही रहती अगर 1923 में, एक ब्रिटिश पुलिस अधिकारी टॉलबट मंडी ने एक उपन्यास 'नाइन अननोन मेन' लिख कर इसके बारे में दुनिया को न बताया होता। उस उपन्यास में उसने दावा किया है कि इन नौ पुरुषों की संस्था की स्थापना सम्राट अशोक ने लगभग 270 ईसा पूर्व की थी। इन नौ अज्ञात पुरुषों को नौ गोपनीय ज्ञान की पुस्तकों की रक्षा का भार सौंपा गया। जैसा कि मंडी ने लिखा है— ये पुस्तक प्रचार प्रसार, शरीर क्रिया विज्ञान, सूक्ष्म जीव विज्ञान और जैव प्रौद्योगिकी, कीमियागिरी, संचार, गुरुत्वाकर्षण, ब्रह्मांड विज्ञान, प्रकाश और समाज शास्त्र के थे।

पहली किताब प्रचार-प्रसार और मनोवैज्ञानिक युद्ध की तकनीकों से संबंधित है। सभी विज्ञानों में सबसे खतरनाक है जनमत को अपने अनुरूप ढालने का विज्ञान। क्योंकि यह किसी को भी पूरी दुनिया पर शासन करने में सक्षम बनाता है। शारीरिक क्रिया विज्ञान पर केन्द्रित दूसरी पुस्तक बताती है कि सिर्फ स्पर्श से किसी व्यक्ति को कैसे मारा जाए। इसे स्पर्श मृत्यु कहा गया है। यह पुस्तक बताती है कि सिर्फ तंत्रिका के आवेग को उलट देने से कैसे मौत हो जाती है।

तीसरी पुस्तक में सूक्ष्म जीव विज्ञान और जैव प्रौद्योगिकी पर चर्चा है। उन्होंने 'दिव्य अमृत' विकसित किया था, जिसकी वजह से वे अमर हैं। चौथी किताब कीमियागिरी से संबंधित है। यह रसायन विज्ञान और धातुओं के रूपांतरण से संबंधित है। मंडी ने अपनी पुस्तक में दावा किया है कि गंभीर सूखे और अकाल के समय मंदिरों और राहत के कार्य करने वाले संगठनों को गुप्त स्रोत से बड़ी मात्रा में सोना मिला करता रहा है।

पांचवी पुस्तक में संचार के सभी साधनों, स्थलीय के साथ ही अलौकिक साधन का भी अध्ययन था। इसका अर्थ यह भी है कि इन नौ अज्ञात पुरुषों को एलियन

की भी जानकारी थी। छठी पुस्तक गुरुत्वाकर्षण के रहस्यों की पुस्तक है। इसमें गुरुत्वाकर्षण विरोधी यंत्र, जिसे विमान के नाम से जाना जाता है— के निर्माण का निर्देश दर्ज है। सातवीं पुस्तक में ब्रह्मांड और ब्रह्मांड से संबंधित सभी जानकारियां दर्ज हैं।

आठवीं पुस्तक में प्रकाश के गुणों पर चर्चा की गई। इसमें बताया गया है कि किस तरह प्रकाश की गति को बदल कर उसका हथियार के रूप में प्रयोग किया जाए। नौवीं पुस्तक समाजशास्त्र के बारे में थी। इसमें मानव के विकास के नियम और उसके पतन की भविष्यवाणी है। इस प्रकार इस पुस्तक में एक संपूर्ण सभ्यता या संस्कृति के निर्माण, उसके पोषण और उसके नष्ट होने के तरीके शामिल हैं।

मंडी के मुताबिक यह सच्ची कहानी है और इसकी जानकारी उसने हिंदुस्तान के अपने प्रवास के दौरान एकत्रित की थी। मंडी 1899 से 1904 तक हिंदुस्तान में पुलिस अधिकारी के तौर पर तैनात था। अगर उसके दावे पर एक पल के लिए ध्यान दें तो यह सब बहुत अवास्तविक लगता है कि अपने पांच वर्षों के कार्यकाल में ही उसने दुनिया के सबसे गूढ़ रहस्यों में से एक, जो लगभग 2000 वर्षों से संरक्षित है— का पता लगा लेता है। लेकिन मंडी की पुस्तक के 37 साल बाद, 1960 में एक फ्रेंच पत्रकार, लेखक लुई पॉवेल्स और रसियन मूल के जासूस, पत्रकार, लेखक जैक्स बर्गियर ने संयुक्त रूप से एक किताब 'द मॉर्निंग ऑफ द मैजिशियंस' लिख कर मंडी के इस दावे की पुष्टि की। उन्होंने अपनी पुस्तक में दावा किया कि दसवीं सदी में पोप सिल्वेस्टर द्वितीय की इन अज्ञात लोगों से मुलाकात हुई थी। साथ ही उन्होंने यह भी लिखा है कि 19वीं सदी के फ्रांसीसी प्रशासक और लेखक लुई जैकोलियट ने उनके अस्तित्व की पुष्टि की थी।

उन्होंने लिखा कि पोप सिल्वेस्टर द्वितीय भारत से कई अजीबोगरीब वस्तुएँ अपने साथ लाए थे। उनमें एक कांसे के सर की आकृति वाला यंत्र भी था। यह प्रश्नों का हां या न में उत्तर देता था। यह अपने समय से काफी आगे उन्नत तकनीक वाला था। बाद में लोगों के आग्रह पर जब उन्होंने चर्च में लोगों के बीच इसका प्रदर्शन करना चाहा तो वह रहस्यमय तरीके से बीमार पड़े और उनकी मृत्यु हो गई। कहते हैं कि यह संगठन उन लोगों की हत्या कर देता है जो उनके गोपनीय ज्ञान को आम जनता के बीच प्रकट करता है।

लेकिन क्या सचमुच इन नौ अज्ञात पुरुषों का संगठन था? संभव है कि अतीत में इस रहस्यमय अज्ञात संगठन का अस्तित्व रहा हो! इस संगठन को एक मिथक

के रूप में रद्द करने के कोई ठोस सबूत नहीं हैं और न ही इसे सिद्ध करने के लिए कोई पर्याप्त साक्ष्य! हो सकता है समय के साथ इस गुप्त संगठन ने अपना प्रभाव खो दिया हो और इतिहासकारों और उपन्यासकारों के पन्नों में सिमट कर रह गया हो।

वे वास्तव में हैं या नहीं, पता नहीं। किन्तु ब्रह्मांड के रहस्यों की रक्षा करने वाले इन नौ अज्ञात लोगों के संगठन की अवधारणा निश्चित रूप से एक विलक्षण ख़्याल है।

पटना की नगरवधू कोशा क्यों याद नहीं आती

इतिहास कई बार कई किरदारों के साथ न्याय नहीं कर पाता है। उन किरदारों के योगदानों की अनदेखी कर दी जाती है। उनके चरित्र का मूल्यांकन सही ढंग से नहीं हो पाता है। पाटलिपुत्र (प्राचीन पटना) की राज-नर्तकी कोशा के साथ कुछ ऐसा ही हुआ। जैन ग्रंथों में कोशा जैन मुनि स्थूलभद्र की प्रेमिका बन कर रह गई।

उन दिनों मगध में नंद वंश का शासन था। धनानंद तत्कालीन मगध साम्राज्य के सम्राट थे। ये वही धनानंद थे, जिन्हें अपदस्थ कर चाणक्य (विष्णुगुप्त) ने चंद्रगुप्त मौर्य को मगध का शासक बनाया था। यह भगवान महावीर के परिनिर्वाण के करीब 200 वर्ष बाद की बात है। इतिहास में नंद वंश को लेकर कई मत हैं लेकिन यह सच है कि नंदों ने विद्वानों को राज्याश्रय देना आरम्भ किया था। उन्होंने उत्तर-पश्चिम इलाके से व्याकरणाचार्य पाणिनि को राजधानी पाटलिपुत्र में आमंत्रित किया। विख्यात इतिहासकार नीलकंठ शास्त्री के अनुसार पाणिनि नन्द दरबार के रत्न और राजा के मित्र थे। व्याकरण और भाषा विज्ञान की विश्व-प्रसिद्ध पुस्तक 'अष्टाध्यायी' की रचना महापद्मनंद के संरक्षण में पाटलिपुत्र में हुई, जिस पर भारत हमेशा गर्व कर सकता है। कात्यायन, वररुचि, वर्ष और उपवर्ष जैसे प्रकांड विद्वान न केवल इसी युग में हुए बल्कि इन सबों से नन्द राजाओं के मधुर रिश्ते रहे और इन सब को राज्याश्रय मिलता रहा।

पाटलिपुत्र की राज-नर्तकी का पद खाली हो गया था। नई राज-नर्तकी की खोज होने लगी। तभी सम्राट धनानंद की नजर नृत्याचार्य कुमार देव की प्रिय शिष्या कोशा पर पड़ी। कौमुदी महोत्सव के दिन आए बड़े-बड़े मेहमानों के सामने कोशा की परीक्षा ली गई। वह नृत्य-साधना की कसौटी पर खरी उतरी। धनानंद ने उसे पाटलिपुत्र की नगरवधू घोषित कर दिया।

तब की राज-नर्तकी सिर्फ नर्तकी ही नहीं होती थी, वरन तत्कालीन भारतीय समाज में उसकी अपनी प्रतिष्ठा होती थी, मर्यादा होती थी। राज्य के महत्वपूर्ण

समारोहों में राज महिषी के समानांतर उसके रथ चलते थे। कौमुदी महोत्सव की वह प्रमुख अतिथि होती थी। एक ओर जहाँ वह रसिकों के आकर्षण का केंद्र होती थी वहीं दूसरी ओर अभिजात कुलों के लड़कों की आचार्य भी— क्योंकि वे सभी अनिवार्यत: विदुषी भी होती थीं।

कोशा तो अद्भुत थी। कहते हैं— जिस कुशलता से राई की ढेर में गड़ी सुइयों की नोक पर वह नृत्य कर सकती थी, उसी प्रवीणता के साथ वह शिक्षा भी प्रदान करती थी। जैन धर्म ग्रन्थ 'कल्पसूत्र' में कोशा और स्थूलभद्र का वर्णन मिलता है। किंतु वहां कोशा का नाम 'रूप कोशा' है। स्थूलभद्र, स्थूलभद्र ही है। इसके अतिरिक्त 'परिशिष्ट पूर्व', 'उपदेश माला', 'उपदेश-पदे' आदि ग्रंथों में भी कोशा और स्थूलभद्र का उल्लेख है। इन सबों में स्थूलभद्र का विस्तृत विवरण है। किंतु कोशा का उल्लेख भर है। फिर भी स्थूलभद्र और राज-नर्तकी कोशा की प्रणय कथा सत्य और प्रामाणिक मानी जाती है। इन्हें लेकर इतिहास और जैन-श्रुतियों में जो कुछ मिलता है, वह कुछ इस तरह है।

कोशा पाटलिपुत्र की नगरवधू के पद पर आसीन है। स्थूलभद्र, मगध साम्राज्य के अमात्य शकटार के ज्येष्ठ पुत्र हैं। उनके भाई का नाम श्रीयक कुमार है। स्थूलभद्र की सात बहनें थीं। जिनके नाम हैं: यज्ञ, यज्ञदत्त, भूता, भूतदुत्ता, सेणा, वेणा तथा रेणा। स्थूलभद्र बुद्धिमान, प्रतिभाशाली और सुदर्शन थे। लेकिन वे महत्वाकांक्षी नहीं थे। कोशा को उन्होंने बचपन से देखा था। वे उसकी सुंदरता और नृत्य कौशल से प्रभावित थे। कालान्तर में वे आपस में प्रेम करने लगे। उनके परिजनों को उनका यह संबंध रास नहीं आया। उस वक़्त उनकी उम्र महज 18 वर्ष की थी। कोशा के प्रेम में गहरे डूबे स्थूलभद्र ने घर छोड़ दिया था और कोशा के साथ रहने लगे थे। कोशा के प्रेम में वे इतने गहरे डूबे हुए थे कि धनानंद ने जब राज दरबार में उन्हें उच्च पद सौंपना चाहा, उसकी भी उन्होंने परवाह नहीं की।

एक अन्य ग्रन्थ के अनुसार किसी योजना के अंतर्गत चाणक्य ने स्थूलभद्र को कोशा से मिलवाया। चाणक्य स्थूलभद्र के मित्र थे। चाणक्य स्थूलभद्र के पिता अमात्य शकटार के मित्र चणक के पुत्र थे। स्थूलभद्र बारह वर्षों तक कोशा के साथ उसके आवास में रहे। तभी स्थूलभद्र के पिता अमात्य शकटार की मृत्यु हो गयी। जैन धर्म ग्रंथों में इस संदर्भ में दो बातें हैं। एक तो यह कि मगध सम्राट धनानंद को अमात्य पर राजद्रोह का संदेह हो जाता है। इस संदेह को दूर करने की लिए शकटार हीरे की अंगूठी चाट कर अपने प्राण त्याग देते हैं। दूसरा यह कि धनानंद के दरबार में अपने बेटे श्रीयक कुमार के हाथों शकटार अपना सर कटवा

लेते हैं ताकि सम्राट धनानंद को उनकी निष्ठा का प्रमाण मिले और राजद्रोह का संदेह दूर हो जाए।

जैन-श्रुतियों के अनुसार स्थूलभद्र अपने पिता की आत्महत्या से अवाक रह जाते हैं। पिता की मृत्यु ने उनकी आँखें खोल दीं और वह अपने अतीत पर चिंतन करने लगे। 'मेरे यौवन के बारह साल! इस लंबी अवधि मैंने क्या हासिल किया!' वे अत्यंत विचलित हो उठे। उन्होंने सब कुछ त्याग दिया और आचार्य मुनि संभूति विजय से दीक्षा ले जैन-साधक बन गए। बाद में उनकी सात बहने भी जैन धर्म में दीक्षित हो, श्राविकाएं बन गईं। उनके भाई श्रीयक कुमार भी जैन धर्म में दीक्षित हो श्रावक बन गए। यद्यपि वह अपने पिता की मृत्यु के पश्चात कुछ समय तक सम्राट धनानंद का महामात्य रहते हैं।

स्थूलभद्र बाद के दिनों में भद्रबाहु से जैन धर्म की शिक्षा एवं मूल सिद्धांत प्राप्त करते हैं। जैन धर्म में दीक्षित हो जाने के पश्चात मुनि स्थूलभद्र ने चातुर्मास्य अपनी पूर्व प्रेमिका कोशा के रंग महल में बिताना चाहा। आचार्य समझ रहे थे कि यह स्थूलभद्र के लिए बहुत कठिन होगा। लेकिन वे स्थूलभद्र के दृढ़ संकल्प को भी जान रहे थे। वे यह भी महसूस कर रहे थे कि स्थूलभद्र के लिए आध्यात्मिक रूप से इस परीक्षा में उत्तीर्ण होना आवश्यक है। इसलिए उन्होंने स्थूलभद्र को कोशा के आवास पर चातुर्मास्य बिताने की अनुमति दे दी।

स्थूलभद्र को देख कोशा हैरान रह जाती है। उसे विश्वास ही नहीं हो रहा था कि स्थूलभद्र उसके पास फिर लौट आएंगे। उन्हें वापस देख उसकी ख़ुशी का ठिकाना नहीं रहा। लेकिन तब तक वह उनके उद्देश्य को नहीं जान सकी थी। यह वक़्त स्थूलभद्र के लिए बहुत कठिन था क्योंकि उन्हें अपने ऊपर घोर नियंत्रण रखना था। धर्मग्रंथों के अनुसार मुनि स्थूलभद्र अपना चातुर्मास्य सारी बाधाओं, उलझनों तथा विकट परिस्थितियों पर विजय पाते हुए बिता देते हैं। यहाँ से उनके निष्कलंक, निर्मल, सात्विक और पवित्र जीवन की सच्ची शुरुआत होती है।

धर्मग्रंथों के अनुसार कोशा ने स्थूलभद्र को फिर से अपने प्यार की गिरफ्त में लेना चाहा। उसने स्थूलभद्र को रिझाने के लिए कई यत्न किए। लेकिन वह असफल रही। इसके बाद कोशा के मन में भी वैराग्य उत्पन्न होता है और बाद के दिनों में वह भी जैन धर्म में दीक्षित हो साध्वी बन जाती है।

किन्तु क्या कोशा की सिर्फ इतनी ही भूमिका रही है, जितनी धर्मग्रंथों में बताई गई है। स्थूलभद्र महान हो गए और कोशा? सोचता हूं, औरतों ने इतिहास लिखा होता तो शायद कोशा की इतनी उपेक्षा न की जाती। ब्रिटिश कवि लार्ड बायरन के 'डॉन

जुआन' की पंक्तियां याद हो आती हैं, 'पुरुष का प्यार उसकी ज़िंदगी का एक हिस्सा है। किन्तु स्त्री के लिए तो वह पूरा अस्तित्व ही है।' कोशा नगरवधू बनती है। जिस पल वह नगरवधू बनती है, उसका कुछ भी निजी नहीं रह जाता है। उसकी इच्छाएं भी उसकी नहीं रहती। कोई भी पर्याप्त मूल्य चुका कर उसके पास आ जा सकता है। क्या किसी ने उसके मर्म को समझने की चेष्टा की?

धर्मग्रंथों ने स्थूलभद्र को महान बताया है। कोशा को पथ से विचलित करने वाली स्त्री! किंतु क्या सच में ऐसा रहा होगा? कहीं पढ़ा था, 'सर्वप्रथम तो स्त्री अपने प्रेमी को प्यार करती है, किंतु फिर बाद के दिनों में वह अपने प्यार को प्यार करती है।' तो क्या यह सच लगता है कि कोशा ने अपने प्रेमी स्थूलभद्र को पथभ्रष्ट करने का प्रयास किया होगा?

कोशा को समझने के लिए एक अन्य प्रसंग का उल्लेख जरूरी हो जाता है। एक जैन भिक्षु अपना चातुर्मास्य कोशा के रंग महल में बिताने आता है। कोशा के अलौकिक और मोहक सौंदर्य को देख उसका स्वयं के ऊपर नियंत्रण नहीं रह पाता है। वह प्रणय निवेदन कर बैठता है। कोशा उसे हतोत्साहित करने का प्रयास करती है। लेकिन उस भिक्षु ने तो जैसे अपना सुध बुध ही खो दिया था। कोशा ने तब उसे सबक सिखाने की ठानी। उसने भिक्षु को कहा अगर वह पाटलिपुत्र से 250 मील दूर नेपाल से उसके लिए बहुमूल्य रत्न कंबल लाकर देता है तो वह उसके प्रणय निवेदन को स्वीकार कर लेगी।

वह भिक्षु इतना प्रेमांध हो गया था कि वह यह भी भूल गया कि भिक्षुओं को चातुर्मास्य के दौरान यात्रा नहीं करनी चाहिए। वह तुरंत नेपाल के लिए रवाना हो गया। रास्ते की तमाम बाधाओं को पार करता हुआ वह भिक्षु उस बेशकीमती रत्न कंबल को पाने में सफल रहा। कोशा को पाने की उसकी लालसा अब पूरी हुई जा रही थी। आत्मविश्वास से लबालब वापस पाटलिपुत्र लौट उसने वह रत्न कंबल कोशा को समर्पित किया। कोशा ने उस बहुमूल्य रत्न कंबल को स्वीकार किया। तत्क्षण उससे अपने पैर पोंछे और उसे कूड़ेदान में फेंक दिया।

भिक्षु सन्न रह गया। उसे विश्वास नहीं हो पा रहा था। क्या तुम पागल हो, कोशा? तुमने इस अनमोल उपहार को, जिसे मैंने काफी मुश्किलों से हासिल किया था— को इस तरह फेंक दिया! 'आप भी तो वर्षों के परिश्रम और तप से अर्जित किये गए अनमोल जीवन को नष्ट कर रहे हैं।' कोशा ने उत्तर दिया। भिक्षु को अपनी मूर्खता का अहसास हुआ। वह पश्चाताप करता अपने आचार्य के पास लौट आया।

लेखक और नाटककार बाबूराम लमगोड़ा कोशा को इतिहास का एक अद्वितीय चरित्र मानते हैं। उनका यह भी मानना रहा है कि इतिहासकारों ने कोशा के साथ न्याय नहीं किया है। उन्होंने कोशा को लेकर एक नाटक भी लिखा। उनकी कोशा धर्मग्रंथों की कोशा से भिन्न है। नाटक में वह स्थूलभद्र का ही मार्गदर्शन करती है।

एक जगह कोशा स्थूलभद्र से पूछती है, 'हां, तुमने कभी पूछा था न! महान त्याग है या तृप्ति! अथवा तृप्ति के बाद का त्याग!' स्थूलभद्र कहता है, 'और तुम उत्तर देना टाल गई थी।' कोशा फिर कहती है, 'अब दे रही हूं। अतृप्ति की दशा में जो त्याग होता है, वह त्याग नहीं होता है। त्याग का अर्थ है, तृप्ति से अतिरिक्त तृप्ति की उपलब्धि!'

जैन धर्मावलंबियों ने पटना के गुलजारबाग स्टेशन से सटे खेतों के उस पार कमल के फूलों से भरे पोखर के किनारे एक ऊंचे टीले पर जैन मुनि स्थूलभद्र की समाधि बना रखी है। उसके बगल में ही एक प्राचीन खंडहर के अवशेष हैं। जैन श्रुतियों के अनुसार यह कभी कोशा का रंग महल हुआ करता था।

खंडहरों के अवशेष आज खामोश हैं। किन्तु कोशा अब भी वहीं कहीं भटकती होगी। उसे इंतज़ार है उन इतिहासकारों का—आचार्य चतुरसेन (वैशाली की नगरवधू के रचयिता), रामवृक्ष बेनीपुरी (आम्रपाली के रचयिता) जैसे साहित्यकारों का, जो उसे एक नया चरित्र दे सके।

पटना के इस मुक़दमे की गूंज लंदन तक पहुंची थी

पटना की नादिरा बेगम का मुकदमा, जो 'पटना केस 1777' के नाम से मशहूर है— भारतीय कानून के इतिहास के दिलचस्प मामलों में से एक है। यह मामला अदालत की ताकत को दिखलाता है। यह इस बात का उत्कृष्ट उदाहरण है कि अगर आम लोगों की पहुंच अदालत तक हो, त्वरित सुनवाई हो तो न्याय मिलता है। इस मुक़दमे की गूंज लन्दन तक पहुंची थी। कानून की किताबों में यह मुकदमा दर्ज है और इसे पढ़ाया जाता है।

काबुल का रहने वाला शाहबाज बेग खान रोजगार की तलाश में पटना आया था। यहां वह ईस्ट इंडिया कंपनी की फौज में शामिल हो गया। नौकरी में रहते हुए उसने बेशुमार दौलत कमाई। रिटायर होने के बाद वह पटना के पठान टोला में बस गया और यहीं की एक लड़की नादिरा से शादी भी कर ली।

उसे कोई संतान नहीं हुई तो उसने काबुल से अपने भतीजे बहादुर बेग को अपने साथ रहने के लिए बुला लिया। उसने सोच रखा था कि वह उसे गोद ले लेगा और अपनी सारी संपत्ति उसे सौंप देगा। वह यह सब करता, इसके पहले ही साल 1776 में शाहबाज बेग की मृत्यु हो गई। इसके बाद विधवा नादिरा बेगम और भतीजे बहादुर बेग में शाहबाज़ बेग की संपत्ति पर हक़ को लेकर जंग शुरू हो गया।

बहादुर बेग ने बेगम के खिलाफ पटना काउंसिल (प्रांतीय परिषद) में मुकदमा दायर कर दिया। फोर्ट विलियम प्रेसीडेंसी के गवर्नर-जनरल वॉरेन हेस्टिंग्स द्वारा 1774 में बनाई गई एक योजना के अन्तर्गत प्रांतीय परिषद दीवानी अदालत के रूप में कार्य कर रहा था। कानून के मुताबिक अंग्रेज न्यायाधीश स्थानीय समुदायों के रीति-रिवाज और कानूनों को समझने के लिए काजियों और पंडितों की मदद लेते थे। यद्यपि पंडित या काजियों को यह छूट नहीं थी कि वे किसी मुकदमे के मामले में

अपना निर्णय दें। लेकिन अंग्रेज अधिकारियों की दिलचस्पी भारतीय रीति-रिवाजों में नहीं थी। वे राजस्व संग्रह में अधिक व्यस्त थे।

अंग्रेज न्यायाधीशों ने स्थानीय अधिकारियों को साक्ष्य सुनने, तथ्य पर निर्णय लेने और कानून की व्याख्या करने की अनुमति दे दी। पटना काउंसिल ने पूरा मामला मुस्लिम कानून अधिकारियों के हाथों में छोड़ दिया। बेगम को इस मुकदमे के संबंध में कोई सूचना या नोटिस नहीं दी गई। मुस्लिम कानून अधिकारियों ने बेगम के उस दावे को ख़ारिज कर दिया जिसमें उन्होंने कहा था कि उनके शौहर ने उन्हें अपनी संपत्ति उपहार में दी है। उन्होंने उपहार विलेख को फर्ज़ी करार दिया। चूंकि मुस्लिम कानून गोद लेने को मान्यता नहीं देता, इसलिए उन्होंने बहादुर बेग के दावे को भी खारिज कर दिया।

उन्होंने फैसला किया कि अब जबकि कोई वसीयत नहीं है इसलिए संपत्ति का बंटवारा हनफ़ी स्कूल के मुताबिक होगा। इस कानून के मुताबिक तीन चौथाई हिस्सा शाहबाज बेग के भाई को मिलेगी और एक चौथाई संपत्ति विधवा को दी जाएगी। अब क्योंकि शाहबाज के भाई काबुल से आकर संपत्ति की देखभाल नहीं कर सकते, उसके बेटे बहादुर बेग को संपत्ति सौंप दी जाएगी। पटना काउंसिल ने दोनों पक्षों के वकील की उपस्थिति में रिपोर्ट पर विचार किया और इसकी पुष्टि की। काउंसिल ने मुस्लिम कानून अधिकारियों को उसी के अनुरूप संपत्ति विभाजित करने का आदेश दे दिया।

पटना काउंसिल के आदेश पर काजी और मुफ़्ती मृतक के घर गए। संपत्ति का जायजा लिया और उसकी फेहरिस्त बनाई। इस दौरान उन्होंने विधवा के साथ बदसलूकी भी की। आहत हो नादिरा बेगम ने घर छोड़ दिया और दरगाह में पनाह ली। बेगम ने चौथा हिस्सा स्वीकार करने से भी इंकार कर दिया। नादिरा बेगम चार महीने तक दरगाह में ही रही। उन्हें घर लौटने के लिए मजबूर किया गया। वहां एक रखवाला को रखकर उन पर निगरानी की जाने लगी। उन्हें परेशान भी किया जाने लगा। बेगम को खाना देने से भी मना कर दिया गया। एक महीने के बाद रखवाला को हटा लिया गया।

बेगम ने सदर दीवानी अदालत में अपील की। लेकिन उन दिनों वह कार्यरत नहीं था। तब वॉरेन हेस्टिंग्स ने मामले के स्पष्टीकरण के लिए पटना काउंसिल के प्रमुख को पत्र लिखा। पटना प्रमुख ने मुकदमे की जानकारी दी। लेकिन कोई कार्रवाई नहीं हुई। तब लाचार होकर बेगम ने बहादुर बेग, काजी और मुफ़्ती के खिलाफ सुप्रीम

कोर्ट में अपील की। उन पर मारपीट, घर में घुसकर तोड़फोड़ करने और उनकी संपत्ति छीनने का आरोप लगाया गया। बेगम ने छह लाख रुपए के नुकसान का भी दावा किया।

बाद में सुप्रीम कोर्ट ने मामले की सुनवाई की और पाया कि पटना काउंसिल, काजी और मुफ्ती ने कानून की प्रक्रिया के अनुसार अपने कर्तव्यों का पालन नहीं किया है। अदालत ने उपहार विलेख को असली और वैध पाया। अदालत ने बेगम के साथ बदसलूकी और उन्हें चोट पहुंचाने के एवज में तीन लाख रुपए हर्जाना के तौर पर देने को कहा। क्योंकि प्रतिवादी हर्जाना देने में विफल रहे, इसलिए उन्हें जेल भेज दिया गया।

चलती का नाम गाड़ी, ठहरती का नाम ट्राम

क्या आपको पता है आज से करीब एक सौ चालीस साल पहले पटना में भी ट्राम चला करती थी? 1886 में पटना के अशोक राजपथ पर एक ब्रिटिश विलियम लॉयड ने घोड़े से खींचे जाने वाले ट्राम का परिचालन शुरू किया था। यह पटना सिटी के चौक से शुरू होकर बांकीपुर के जजेज़ कोर्ट, पीरबहोर (आज का गाँधी मैदान इलाका) तक जाता था।

अब तक हम इतिहास की किताबों में यही पढ़ते रहे हैं कि गंगा नदी किनारे बसा पटना नौ मील लंबा है। और वस्तुत: यह था भी। उत्तर में गंगा नदी और दक्षिण में दलदली भूमि से घिरा पटना, पूरब में बाग जफर खान से लेकर पश्चिम में नौ मील में बांकीपुर तक फैला हुआ था।

बुकानन जब 1812 में सर्वेक्षण के क्रम में पटना आया था— उस वक़्त शहर की लंबाई को पार करने वाली यही एक सड़क थी, जिसे मुख्य सड़क कहा जाता था।

पटना सिटी की सड़क पर ट्राम

इसे अब अशोक राजपथ के नाम से जाना जाता है। बीसवीं सदी के शुरू के वर्षों में यह सड़क पूरी तरह पक्की हो गई थी। उस समय यह सड़क चौबीस फ़ीट चौड़ी थी। एक और सड़क दक्षिण में रेल की पटरियों के समानांतर थी। लेकिन मुख्य सड़क के चारो ओर की बस्तियों की सघनता को देखते हुए यह दक्षिणी सड़क शहर के निवासियों से ज्यादा मोटर चालकों और यातायात के अन्य माध्यम के लिए अधिक उपयोगी थी।

दोनों ध्रुवों की दूरी को पाटने के उद्‌देश्य से गिल्बर्ट फिनलेसन नाम के एक अंग्रेज व्यवसायी ने 1880 के दशक में एक ट्रामवे कंपनी की शुरुआत की। गिल्बर्ट विविध कारणों से अपने उद्‌देश्य में सफल नहीं हो सका। इसलिए उसने स्वामित्व का हस्तांतरण एक जॉइंट स्टॉक कंपनी 'पटना ट्रामवे' के नाम कर दिया। इस कंपनी का प्रभारी दार्जिलिंग का विलियम लॉयड था। वह 'लॉयड बैंक' का भी मालिक था। विलियम लॉयड ने दार्जिलिंग में 1878 में लॉयड बॉटनिकल गार्डन की स्थापना की थी। इसके लिए उसने चालीस एकड़ भूमि स्वेच्छा से दान में दी थी।

ट्रामवे कंपनी की परियोजना में पटना वासियों ने पर्याप्त रुचि ली। पटना शहर के एक रईस, काजी सैय्यद रिज़ा हुसैन ट्रामवे को एक दोहरे वरदान के रूप में देख रहे थे। एक तो इसने दो हिस्सों की जनता को एकजुट करने का रास्ता पेश किया जिसकी वजह से शहर के एक हिस्से में रहने वाले प्रशासक, वकील और बांकीपुर में रहने वाले विद्यार्थी— दूसरे हिस्से में रहने वाले रईस, जमींदार, कुलीन, पूंजीपति और पेशेवर एक दूसरे से जुड़ सकें। और दूसरा, उन्होंने इसे बिहारियों के लिए बिजनेस के एक नए मॉडल की तरह देखा।

काजी सैय्यद रिज़ा हुसैन ने इस कंपनी के शेयर खरीदे। इसके साथ ही उन्होंने अन्य लोगों को भी शेयर खरीदने के लिए प्रोत्साहित किया। वे खुदा बख्श खान और सर सैय्यद अहमद खान के सहयोगी और अंग्रेजी शिक्षा को बढ़ावा देने वालों में से थे। वे सुधारवादी थे और चाहते थे कि लोग नए ज़माने के तौर तरीकों से वाकिफ़ हों। इसी ख्याल को लेकर उन्होंने ट्रामवे कंपनी में निवेश किया था। उनके प्रोत्साहन से कई लोगों ने इसके शेयर खरीदे। इनमें सामान्य आय वाले लोग भी थे और पुलिस उपनिरीक्षक जैसे सरकारी मुलाजिम भी।

काजी साहब के जीवनीकार सैय्यद अब्दुल गनी ने उनकी जीवनी 'क़ाज़ी सैय्यद रिज़ा हुसैन साहब रईस-ए-पटना' में लिखा है, 'शहर की लंबाई और शहर की

संरचना को देखते हुए हुसैन समझ रहे थे कि ट्रामवे की सख़्त जरूरत है और जनता को इसका लाभ मिलेगा। शहर के पश्चिमी हिस्से में हर तरह के सरकारी कार्यालय थे। प्राथमिक और उच्च शिक्षा के संस्थान उसी हिस्से में था। साथ ही प्रशासनिक और कानूनी पेशे से जुड़े लोगों के घर भी। जबकि शहर के पूर्वी हिस्से में रईस, जमींदार, बैंकरों व्यापारी और पेशेवर लोग रह रहे थे। उनका मानना था कि बिहारी पूंजीपति आधुनिक तकनीकों और निवेश के नए तरीकों में पीछे रह जा रहे हैं। इसलिए ट्रामवे में निवेश के लिए उन्होंने लोगों को प्रोत्साहित भी किया। शहर की इन्हीं विशिष्टताओं के कारण वे ट्रामवे को बड़ी जरूरत की तरह देख रहे थे। वे समझ रहे थे कि इससे जनता को फायदा होगा।'

अब्दुल गनी आगे लिखते हैं, 'इसके अतिरिक्त काज़ी साहब ने यह भी सोचा कि शहर के समृद्ध रईस और पूंजीपतियों को यह भी सीखना चाहिए कि आधुनिक युग की व्यावसायिक तकनीकों की मदद से कैसे पूँजी निवेश कर मुनाफा कमाया जा सकता है! वे चाहते थे कि लोग साझा पूंजी से व्यापार करना सीखें और लोगों को रोजगार दें। बिहारियों में चली आ पारंपरिक तरीकों से जो जड़ता पैदा हो गई थी, उसमें इसके माध्यम से सक्रियता लाई जा सके।'

ट्राम के परिचालन के लिए पटरियां वर्तमान पटना सिटी रेलवे स्टेशन से लेकर, गंगा के किनारों से होते हुए गांधी मैदान के समीप सब्ज़ी बाग़ तक बिछाई गई थी। निम्न श्रेणी के यात्रियों के लिए एक आना प्रति मील किराया निर्धारित था और उच्च श्रेणी के यात्री के लिए उसका दुगना। शुरू के दिनों में ट्राम ने काफी लोगों को आकर्षित किया था। पहले छह महीने में ही इसके संचालकों को काफी मुनाफा हुआ। 1890 के दशक के मध्य में 38,000 रुपयों की कमाई हुई। ट्राम आमतौर पर सवारियों से भरी हुई ही रहती थी। लेकिन धीरे-धीरे इसकी खामियां सामने आने लगी। यह बहुत धीमा और बुरे ढंग से चलता था और अविश्वसनीय भी था। ट्राम जर्जर था लेकिन हमेशा सवारियों से भरा रहता था। अक्सर यह अपनी पटरी से उतर भी जाता था। और कई बार इसे पटरी के किनारे अपनी बारी का इंतज़ार भी करना पड़ता था क्योंकि परिचालन के लिए एक ही पटरी था।

सड़क पर कोई फुटपाथ न होने से हर वर्ष कई दुर्घटनाएं हो रही थी और कई जानें भी जा चुकी थीं। अगर ट्राम अबाध गति से चलती तो ज्यादा मुनाफा कमाया जा सकता था। लेकिन जल्दी ही सवारियों की संख्या कम होने लगी और कंपनी जल्दी ही संकट में पड़ गई। कुछ हद तक, ट्रामवे कंपनी की समस्याएँ दुर्भाग्य पर निर्भर थी। यह अच्छे घोड़ों की कमी, पागल घोड़े और लोकप्रिय सोमवारी मेले के रद्द

होने जैसी घटनाओं पर भी निर्भर था। हालांकि, बड़ा मुद्दा यह था कि ट्रामवे बहुत धीमा और अविश्वसनीय था और बहुत बुरी तरह से चलता था। सुरक्षा के ख्याल से भाप के इंजन नहीं लगाए गए थे।

जब पटना में ट्राम के परिचालन की बात शुरू हुई थी उसी समय इंडियन सिविल सर्विस के अधिकारी और प्राच्यविद् हेनरी बेवरिज ने कहा था कि पटना की भौगोलिक स्थिति ट्रामवे के अनुकूल नहीं है। हेनरी बेवरिज ने 'द कलकत्ता रिव्यु', 1884 के 'सिटी ऑफ़ पटना' चैप्टर में चेतावनी देते हुए लिखा था, 'मुख्य सड़क पर कोई फुटपाथ नहीं है और यह इतनी संकरी है कि जब ट्रामवे शुरू किया जायेगा तो पैदल चलने वालों के लिए जगह कहां बचेगी और उन्हें सुरक्षा के लिए जगह कहां मिलेगी?' और वास्तव में ट्राम की वजह से कई दुर्घटनाएं भी हुईं। उनमें से कुछ घातक भी थीं।

उस वक़्त का एक प्रमुख अख़बार 'अल-पंच' ट्राम और उसके प्रबन्धन का कटु आलोचक था। बांकीपुर, पटना में उर्दू साप्ताहिक अख़बार अल-पंच की बुनियाद मौलवी सैयद रहीमुद्दीन और अब्दुल गनी वारसी ने डाली थी। वे इसके संपादक और प्रकाशक थे। संभवत: इस नाम की प्रेरणा उन्हें लन्दन के साप्ताहिक पंच अखबार से मिली थी। लंदन का पंच अपने हास्य और व्यंग्य के लिए मशहूर रहा है। उसी की तर्ज पर उन्होंने इसे शुरू किया था। यह अखबार हिन्दू-मुस्लिम एकता पर ज़ोर देने के साथ-साथ औपनिवेशिक विरोधी था। यह लगातार ब्रिटिश सरकार की गलत नीतियों की आलोचना किया करता था। यह अख़बार अपने मारक कार्टूनों के लिए भी मशहूर था।

अपनी व्यंग्यात्मक रपटों में 'अल-पंच' ट्रामवे और उसके प्रबंधकों की बखिया उधेड़ता रहता था। उसके शीर्षक बड़े ही चुटीले और रोचक हुआ करते थे। एक बानगी देखिए— 31 अगस्त, 1900 के अंक में वह लिखता है, 'ट्रामवे के माने मछुआ बाजार।' 20 सितंबर, 1902 के अंक में वह लिखता है, 'चलती का नाम गाड़ी, ठहरती का नाम ट्राम।'

अल-पंच के एक रिपोर्टर ने ट्राम में पटना सिटी चौक से पीरबहोर तक की सवारी कर एक बड़ा ही रोचक रिपोर्ताज दर्ज किया है। उसने खुद को एक गरीब मुसाफिर बताते हुए जो कुछ लिखा है, उसके कुछ अंश इस तरह हैं— 'चौक से गाड़ी चली, लेकिन जगह-जगह रूकती हुई। रेंगते हुए यह गुलजारबाग तक पहुंची। वहां एक मछुआरिन मछली बेच रही थी। ट्राम को देख उसने चिल्लाना शुरू किया, 'मछली ले लो, मछली ले लो।' ट्राम पर जनाब इंस्पेक्टर साहब भी सवार थे।

जैसे ही उन्होंने मछली को देखा— वे बिना पानी के मछली की तरह छटपटाने लगे। नादिरशाह की तरह हुक्म दिया। 'ट्राम को रोको।'

'तो जनाब! ट्राम रोका गया। मछुआरिन को बुलाया गया। कीमत को लेकर मोल-तोल होने लगा। लेकिन सौदा पक्का न हो सका। ट्राम दस कदम ही आगे बढ़ा होगा कि इंस्पेक्टर साहब ने फिर हुक्म दिया, 'ट्राम रोको।' ट्राम एक बार फिर रुका। इस बार सौदा पक्का हो गया और मछली खरीदी गई। ट्राम बहुत धीमी गति से आगे बढ़ चली।'

उसने आगे दर्ज किया है, "ट्राम में नए और तगड़े घोड़े लगे हुए थे। ट्राम को खूबसूरत ढंग से सजाया गया था। कर्मचारी अपने काम में मुस्तैद थे। लेकिन वही ख़राब प्रबन्धन; वही शेड्यूल की कमी; वही बाधाएं। वही बार बार ठहरना, रुकना। न साहब बहादुर के हुक्म का कोई मतलब। 'ट्रामवे कंपनी' के प्रबंधकों को गरीब सवारियों की स्थिति पर दया करनी चाहिए। उनकी शिकायतों पर अमल कर उन्हें दूर करना चाहिए और उनका शुक्रिया हासिल करना चाहिए।"

और जैसा कि ट्राम परिचालन शुरू होने के समय हेनरी बेवरिज ने इसकी सफलता को लेकर आशंका व्यक्त की थी, वही हुआ। 1903 के शुरू के दिनों में ही ट्राम का परिचालन बंद हो गया। ख़राब प्रबंधन, ट्रामवे की धीमी गति, विलंब से चलना और अप्रत्याशितता इसका बड़ा कारण बना। यह सवारियों की उम्मीदों पर खरा नहीं उतरा। आखिरकार यह बंद हो गया।

ट्राम के बंद हो जाने पर पटना के एक अन्य अखबार बिहार बंधु ने अपने नवंबर 1903 के अंक में लिखा, 'पटना ट्रामवे तो उठ गया पर उसकी लाइन अब तक बिछी हुई है। सुनने में आया है कि अब यह उखाड़ दी जाएगी। उसका उखड़ जाना ही ठीक है, क्योंकि इक्के गाड़ियों में अक्सर ठोकर लगकर लोगों को चोट लगती है। लोहा उखड़ जाने से सड़क भी साफ़ निकल आएगी।'

ट्रामवे की खामियों पर नाराजगी व्यक्त करते रहने के बावजूद जब यह बंद हुआ तो अल-पंच ने इसके बंद होने पर खेद जताया था। सड़क पर ट्रामवे की पटरियां काफी दिनों तक बिछी रहीं। इन्हें ट्रामवे के संचालकों ने नहीं हटाया। इससे कई दुर्घटनाएं भी होने लगीं। बाद में पटना सिटी के लोगों ने इसे अपने उपयोग के लिए उखाड़ कर ले जाना शुरू किया। पटना सिटी के पुराने भवनों में शहतीर की जगह आपको ट्रामवे की पटरियां अभी भी मिल जाएगी।

पटना का दीन मोहम्मद और लंदन का हिन्दुस्तानी कॉफ़ी हाउस

लंदन के ट्रफालगर स्क्वायर के निकट नेशनल पोर्ट्रेट गैलरी है, जिसमें ऐतिहासिक रूप से महत्वपूर्ण और प्रसिद्ध ब्रिटिश लोगों की मूर्तियों और चित्रों का संग्रह है। इसी गैलरी में पटना के शेख़ दीन मोहम्मद की भी तस्वीर है।

पटना सिटी की गलियों में पैदा हुआ शेख़ दीन मोहम्मद हिंदुस्तान से इंग्लैंड जाने वाले शुरुआती प्रवासियों में था। उसने लन्दनवासियों को लज़ीज हिन्दुस्तानी खाने से परिचित कराने के लिए 1809 में लन्दन के पोर्टमैन स्क्वायर में 'हिन्दुस्तानी कॉफ़ी हाउस' की स्थापना की थी। यह किसी हिन्दुस्तानी द्वारा खोला जाने वाला पहला रेस्तरां था।

शेख दीन मोहम्मद

लेकिन शेख़ दीन मोहम्मद का परिचय सिर्फ इतना ही नहीं था। इतिहासकार विलियम डेलरिम्पल ने उसे 'एन इंडियन विथ ए ट्रिपल फर्स्ट' कहा है। और यह सच भी है। शेख़ दीन मोहम्मद पहला हिन्दुस्तानी था, जिसकी किताब वर्ष 1794 में 'द ट्रेवल्स ऑफ़ दीन मोहम्मद' आयरलैंड में अंग्रेजी में छपी। वह पहला व्यक्ति था जिसने लंदन के पॉश इलाके पोर्टमैन स्क्वायर में 1809 में, पहला हिन्दुस्तानी रेस्तरां 'हिन्दुस्तानी कॉफ़ी हाउस' खोला। वह पहला इंसान था जिसने ब्रिटेन के समुद्र के किनारे बसे शहर ब्राइटन में भारतीय औषधीय वाष्प स्नान घर की शुरुआत की और चम्पू (मालिश), जिससे अंग्रेजी का शब्द शैम्पू बना, से अंग्रेजों को परिचित करवाया।

शेख दीन मोहम्मद का जन्म पटना सिटी के दीवान मोहल्ले में 1759 में हुआ था। उसके वालिद ईस्ट इंडिया कंपनी के बंगाल आर्मी में सूबेदार के ओहदे पर थे। यह पद सैन्य स्तर पर लेफ्टिनेंट के बराबर का था। ब्रिटिश औपनिवेशिक शासन काल में किसी हिन्दुस्तानी के लिए सेना में इससे बड़ा पद नहीं था। दीन मोहम्मद जब ग्यारह वर्ष का था, उसके वालिद की मौत एक जंग में हो गई।

दीन मोहम्मद का बाथ हाउस

अपनी आत्मकथा 'द ट्रेवल्स ऑफ़ दीन मोहम्मद' में दीन मोहम्मद ने लिखा है, 'मेरी पैदाइश बंगाल की राजधानी कलकत्ता, जो ब्रिटिश सरकार का केंद्र था, से 400 मील दूर एक मशहूर शहर पटना में 1759 में हुई थी। मैं बहुत छोटा था, जब मेरे वालिद की मौत हो गई थी। मुझे अपने परिवार की ख़ासियत की कोई जानकारी नहीं थी सिवाय इसके कि वे नवाब मुर्शिदाबाद के खानदान से थे।'

शेख आगे लिखता है, 'वालिद की मौत के बाद मैं अपनी मां के साथ पटना रहने चला आया। पटना में मां की अच्छी खासी जायदाद थी, जो मेरे वालिद के मरने के बाद उन्हें मिली थी। नवाब और उनकी बेगम ने भी हमारी बहुत मदद की क्योंकि वे वालिद के नजदीकी रिश्तेदार थे। हमारा घर राजा सिताब राय के आलीशान महल के पास था। उनके यहां नियमित रूप से नामी तवायफ़ों की महफ़िल जमती थी और रात में मेहमानों को लज़ीज व्यंजन परोसे जाते थे। शहर में मौजूद विशिष्ट यूरोपियन और ईस्ट इंडिया कंपनी सेना के अधिकारी उनके

यहां मेहमान होते। वहां तक पहुंचने का रास्ता हमारे दरवाज़े से गुजरता था। मैं उन सेना अधिकारियों को देखकर रोमांचित होता और सेना में शामिल होने का सपना देखता।'

राजा सिताब राय के यहां आयोजित महफ़िलों में शामिल होने वाले फौज़ी अधिकारियों की रंगीन वर्दी और उनके आत्मविश्वास को देखकर ग्यारह वर्षीय दीन मोहम्मद बहुत प्रभावित होता। वह अक्सर ऐसे आयोजनों में शामिल होने लगा। राजा सिताब के कारिंदे उसे पहचानते थे, इसलिए वहां प्रवेश में उसे कभी कोई परेशानी नहीं हुई।

इन्हीं दिनों एक टेनिस पार्टी में शेख की भेंट आयरिश गॉडफ्रे ईवान बेकर से हुई। उसकी नियुक्ति बंगाल आर्मी के थर्ड ब्रिगेड में कैडेट के ओहदे पर हुई थी। वह दीन मोहम्मद को पसंद करने लगा था। उसने दीन मोहम्मद को अपने कैंप का हिस्सा बना लिया। यद्यपि दीन मोहम्मद फौज़ का हिस्सा नहीं था फिर भी उसे रेजिमेंट के फ़ौजियों वाला वर्दी दिया गया था। वह ड्रिल में भी शामिल होता। तेईस वर्ष की उम्र तक वह बंगाल आर्मी से बेकर के सहयोगी के रूप में जुड़ा रहा।

अब तक बेकर पदोन्नति करता हुआ कैप्टेन के पद पर पहुंच चुका था और दीन मोहम्मद की नियुक्ति सूबेदार के पद पर हो गई थी। 1782 में, बेकर ने नौकरी से इस्तीफ़ा दे दिया। उसने वापस अपने वतन लौटने की तैयारी शुरू कर दी। दीन मोहम्मद भी अपने संरक्षक और मित्र का अनुसरण करते हुए इस्तीफ़ा दे दिया। दो वर्षों तक कलकत्ता में रहने के बाद बेकर 1784 में आयरलैंड के लिए रवाना हो गया। उसके साथ दीन मोहम्मद ने भी हिन्दुस्तान छोड़ दिया। वह फिर कभी हिन्दुस्तान नहीं लौटा।

1784 के आखिरी दिनों में वे दोनों आयरलैंड के बंदरगाह वाले छोटे से शहर कॉर्क पहुंचते हैं। यहां बेकर की संपत्ति थी। यहां पच्चीस वर्ष का दीन मोहम्मद एक नई जिंदगी की शुरुआत करता है। बेकर के पिता कॉर्क के समृद्ध व्यवसायी थे और उन्होंने काफी संपत्ति अर्जित की थी। समाज में उनकी अच्छी प्रतिष्ठा थी। उनकी वजह से बेकर को कुलीन समाज में शीघ्र ही स्वीकृति मिल गई। दीन मोहम्मद को भी अपने संरक्षक की वजह से कुलीन समाज में जगह मिल गई।

कॉर्क में आने के साथ ही दीन मोहम्मद ने अंग्रेजी सीखने के लिए स्कूल में दाख़िला ले लिया। जल्दी ही उसने अंग्रेजी भाषा और साहित्य पर अपनी पकड़ मजबूत कर ली। अंग्रेजी भाषा पर अच्छी पकड़ की वजह से ही वह अपनी किताब पूरी कर पाया।

स्कूल में पढ़ते हुए दीन मोहम्मद ने साथ पढ़ने वाली किशोरी जेन डेली के साथ भागकर शादी कर ली। जेन कॉर्क के एक बेहद समृद्ध और सम्मानित घराने से थी। उसे डर था कि उसके माता-पिता मोहम्मद के साथ शादी की अनुमति नहीं देंगे। इसलिए वह मोहम्मद के साथ भागने को राजी हुई। वे दोनों पश्चिमी पहाड़ियों में साल भर तक छिपे रहे। डेली परिवार उन्हें ढूढ़ते हुए उन तक जा पहुंचा। बेटी की जिद के आगे घुटने टेकते हुए उन्होंने एक हिन्दुस्तानी को अपना दामाद बनाना स्वीकार कर लिया।

कॉर्क में रहते 34 वर्ष की उम्र में दीन ने अपनी किताब 1793 में पूरी कर ली। अब किताब छपवाने की बारी थी। एक गरीब आप्रवासी के लिए यह बहुत मुश्किल काम था। दीन ने नायाब और सरल तरीका चुना। दीन ने स्थानीय अखबार 'कॉर्क एग्जामिनर डेली' में विज्ञापनों की एक श्रृंखला निकाली। साथ ही वह व्यक्तिगत रूप से दक्षिणी आयरलैंड के कई सम्मानित परिवारों में जाकर अपनी किताब और योजना से लोगों को अवगत कराया।

एक साहित्यकार के रूप में उसे मान्यता देते हुए कुल 320 लोगों ने किताब के अग्रिम के रूप में प्रति किताब 2 शिलिंग 6 पेंस दिए। फलस्वरूप अगले वर्ष उसकी किताब छप गई। यह किताब किसी हिन्दुस्तानी द्वारा हिन्दुस्तान के बारे में अंग्रेजी भाषा में लिखी गई पहली किताब थी। इस किताब में उसने पत्रों के माध्यम से हिन्दुस्तान भर में अपनी यात्रा के अनुभवों को श्रृंखला के रूप में लिखा था। साथ ही इस किताब के लिए उसने हिन्दुस्तान और उसके लोगों की तस्वीरें भी बनाई थी।

1807 के आसपास, दीन मोहम्मद ने आयरलैंड छोड़कर लंदन जाने का फैसला किया। उस समय उसकी उम्र 50 वर्ष हो चली थी। इस उम्र में कोई भी नई शुरुआत जोख़िम भरी होती है। फिर भी मोहम्मद ने यह कदम उठाया और पत्नी जेन और दो छोटे बच्चों के साथ लंदन के पॉश और फैशनेबल पोर्टमैन स्क्वायर में आ बसा।

लंदन में मोहम्मद ने एक अमीर स्कॉटिश रईस सर बेसिल कोचरन के लिए काम करना शुरू किया। 1805 में सर बेसिल हिन्दुस्तान से खूब पैसे कमा कर लौटा था। उसने पोर्टमैन स्क्वायर में खूब बड़ा सा मकान खरीद कर उसके एक हिस्से में वाष्प स्नान घर खोला। सर बेसिल का दावा था कि उसने हिन्दुस्तान में रहते हुए वाष्प के जरिए इलाज़ का जो तरीका सीखा था, उसी से वे लोगों का इलाज़ करेंगे। मोहम्मद ने इस स्नान घर में एक अनोखा तरीका जोड़ा जो बाद के दिनों में इंग्लैंड में बेहद लोकप्रिय हो गया। यह चम्पू (शैम्पू) या चिकित्सीय मालिश था। 'शैम्पू' हिन्दी शब्द चम्पी या चम्पू से आया है, जिसका अर्थ होता है मालिश करना।

मोहम्मद ज्यादा दिनों तक यहां टिक नहीं सका। 1809 के आख़िरी महीनों में मोहम्मद ने पोर्टमैन स्क्वायर सर बेसिल की हवेली के ठीक पीछे वाले मकान में एक सार्वजनिक खाने का घर 'पब्लिक ईटिंग हाउस' खोला। औरों से अलग दिखने के लिए उसने इसे 'हिन्दुस्तानी कॉफ़ी हाउस' नाम दिया। इस रेस्तरां के जरिए दीन मोहम्मद और उसकी पत्नी जेन ने लंदन वासियों को खास हिन्दुस्तानी खाना और हिन्दुस्तानी माहौल से परिचित करवाया।

उन्होंने खास भारतीय मसालों में तैयार किए गए कई प्रकार के मांस और सब्जियों के व्यंजन पके हुए चावल के साथ ग्राहकों को परोसे। कॉफ़ी हाउस के लिए उन्होंने हिन्दुस्तानी ढंग के बांस और बेंत के सोफे और कुर्सियां बनवाईं। ये बहुत आरामदेह थे। इसके साथ ही उन्होंने दीवाल को हिन्दुस्तानी लैंडस्केप और हिन्दुस्तानी जनजीवन से जुड़ी तस्वीरों से सजाया। उन्होंने ग्राहकों के लिए एक अलग कमरे को धूम्रपान कक्ष बनाया। यहां अलंकृत हुक्के और हिन्दुस्तानी जड़ी-बूटियों से मिश्रित तम्बाकू रखे गए।

कॉफ़ी हाउस के उद्घाटन के तुरंत बाद उन्होंने 2 फरवरी, 1810 के मॉर्निंग पोस्ट में एक इश्तिहार दिया। 'एक हिन्दुस्तानी दीन मोहम्मद ने 34 जॉर्ज स्ट्रीट, पोर्टमैन स्क्वायर में लंदन के तमाम कुलीनों और भद्रजनों के लिए 'हिन्दुस्तानी कॉफ़ी हाउस' और हुक्का स्मोकिंग क्लब की स्थापना की है। इसे बड़े करीने और सुरुचिपूर्ण ढंग से सजाया गया है। यहां वे हिन्दुस्तानी लज़ीज खाने के साथ खालिस हिन्दुस्तानी तंबाकू भरे हुक्के का आनंद उठा सकते हैं। उन्हें उनकी पसंद के वाइन भी परोसे जाएंगे। ये भारतीय व्यंजन सम्पूर्णता और उत्कृष्टता के साथ बनाए गए हैं। इंग्लैंड में इस तरह के व्यंजन अब तक न बने होंगे। जो देवी और सज्जन डिनर अपने घर पर ही मंगवाना चाहेंगे उन्हें पूर्व सूचना पर समय की पाबन्दी के साथ खाना उपलब्ध करवाया जाएगा।'

इंग्लैंड में उन दिनों होम डिलीवरी प्रचलन में नहीं था। एक तरह से दीन मोहम्मद ने होम डिलीवरी की भी बुनियाद रखी थी। दुर्भाग्यवश दीन मोहम्मद का यह रेस्तरां अपने समय से कुछ आगे का था। उस वक़्त बाहर खाने का ज्यादा रिवाज़ भी नहीं था। उसके लक्षित ग्राहक घर पर ही निजी रसोइये से खाना बनवा रहे थे। दो वर्षों के अंदर ही दीन मोहम्मद को बहुत नुकसान हुआ और वह दिवालिया हो गया। उसे रेस्तरां बेच देना पड़ा।

वैसे यह जानना दिलचस्प होगा कि 2018 की गर्मियों में लंदन के एक पुस्तक मेले में इसी 'हिन्दुस्तानी कॉफ़ी हाउस' का एक दुर्लभ हस्तलिखित मेन्यू कार्ड 8,500 पौंड (करीब साढ़े आठ लाख रुपये) में बिका।

THE
TRAVELS
OF
DEAN MAHOMET,
A NATIVE OF
PATNA IN BENGAL,
INDIA,
THE EAST INDIA COMPANY.
WRITTEN BY HIMSELF,
In a Series of Letters to a Friend.
IN TWO VOLUMES.
VOL. I.
CORK:
1794.

दीन मोहम्मद की आत्मकथा का एक पृष्ठ

रेस्तरां के व्यवसाय में विफलता के बाद दीन मोहम्मद परिवार के साथ लंदन के ब्राइटन में चला आया। उस वक़्त मोहम्मद की उम्र 55 वर्ष थी। समुद्र के किनारे बसा ब्राइटन पहले से ही एक फैशनेबल रिसॉर्ट था। एक स्वास्थ्य रिसॉर्ट के रूप में ब्राइटन की प्रसिद्धि 1750 के दशक से ही थी। अभिजात और कुलीन वर्ग यहां समुद्र के पानी से इलाज़ के लिए आते रहते थे।

यहां एक ब्रिटिश चिकित्सक डॉ. रिचर्ड रसेल ने समुद्री जल से लोगों का उपचार शुरू किया था। लेकिन समस्या यह थी कि अधिकांश लोग तैर नहीं सकते थे। सो उसने नहाने का एक उपकरण विकसित किया था— घोड़ों द्वारा खींचा जाने वाला लकड़ी का कमरा, जो पहियों से सुसज्जित था। उसे घोड़ों द्वारा समुद्र में खींच कर ले जाया जाता और पेशेवर लोगों द्वारा ग्राहकों को उनकी फिटनेस के आधार पर समुद्री पानी में रखा जाता, नहलाया जाता। वापस बाहर लाकर उन्हें कपड़े पहनाये जाते।

ऐसे में मोहम्मद ने 1820 में यहां एक ऐसे भव्य स्नानघर की शुरुआत की, जहां प्रामाणिक भारतीय तेलों और जड़ी बूटियों से उपचार के बाद चिकित्सीय वाष्प स्नान करवाया जाता। ग्राहकों को तरोताज़ा करने के लिए चम्पू मालिश किया जाता और उन्हें समुद्री जल और फिर मीठे जल से नहलाया जाता।

मोहम्मद का यह व्यवसाय बहुत सफल रहा। उसके स्नानघर ने उच्च वर्ग के लोगों को बहुत आकर्षित किया। उसने गठिया, जोड़ो में दर्द, लकवा, पुराने मोच, सख्त मांसपेशियों इत्यादि का इलाज अपने स्नानघर में भारतीय तेलों और जड़ी बूटियों से सफलतापूर्वक किया। उसकी शोहरत ब्रिटेन के सम्राट जॉर्ज चतुर्थ और विलियम चतुर्थ तक पहुंची। वे भी उसके मुरीद हो गए। उसे सम्राट का शैम्पूईंग सर्जन नियुक्त किया गया। उसे शाही परवाना भी दिया गया।

वह इतना मशहूर हो चुका था कि 1824 में पोलैंड की राजकुमारी प्रिंसेस पोनतोवस्की भी मोहम्मद के स्नानघर में अपना इलाज़ करवाने आई। इलाज़ में सफलता के बाद उसने मोहम्मद को चांदी का कप देकर सम्मानित किया। मोहम्मद के स्नानघर को पहला स्पा माना जा सकता है। यह इतना सफल रहा था कि बाद के दिनों में ब्राइटन में कई अन्य इनडोर स्नानघर खुल गए।

लेकिन 1840 आते आते मोहम्मद के स्नानघर की स्थिति बिगड़ने लगी। शाही संरक्षण ख़त्म होने और साझीदार की मृत्यु के बाद उसे अपना स्नानघर एक छोटे से परिसर में ले जाना पड़ा। इसका उसके व्यापार पर भी असर पड़ा। 1851 के फरवरी महीने में 91 वर्ष की उम्र में जब उसकी मृत्यु-उसके बेटे के घर पर हुई, वह समृद्ध नहीं रह गया था। दो महीने के बाद ही उसकी पत्नी जेन की भी मृत्यु हो गई। दोनों को ब्राइटन के सेंट निकोलस चर्चयार्ड में दफ़ना दिया गया।

15 जनवरी, 2019 को दीन मोहम्मद की किताब को छपे 225 वर्ष पूरे होने के उपलक्ष्य पर गूगल ने शेख दीन मोहम्मद को विशेष डूडल से सम्मानित किया था। इस डूडल में अजवाइन के पत्ते, इमली और नमक जैसी रसोई की सामग्री भी है। यह उसके 'हिन्दुस्तानी कॉफ़ी हाउस' के सम्मान में था।

आज दीवान मोहल्ले के बाशिंदे को इसका इल्म भी न होगा कि इसी गली में खेल-कूद कर बड़े हुए एक बच्चे ने सात समुन्दर पार जाकर अपनी न मिटने वाली पहचान बनाई थी।

जगत सेठ, जो मुग़लों और अंग्रेजों को कर्ज देता था

प्राचीन शहर पटना सिटी के चौक से पूरब की ओर एक गली निकलती है जो उत्तर दिशा में गंगा के घाट पर जाकर खत्म होती है। इसी गली के आखिरी छोड़ पर एक विशाल भवन का अवशेष दिखता है। यद्यपि अब इस पर दो अलग-अलग परिवारों का मालिकाना हक़ है— लेकिन यह कभी हीरानंद साहू का आवास हुआ करता था। उसी हीरानंद साहू का-जिसके वंशज आगे चलकर पूरी दुनिया में जगत सेठ के नाम से मशहूर हुए। 'हाउस ऑफ़ जगत सेठ' के लेखक जे. एच. लिटिल ने तो जगत सेठ परिवार की तुलना विश्व विख्यात बैंकर रोथशील्ड से की है। यह परिवार इतना समृद्ध था कि आज के धनकुबेर एलन मस्क, जेफ बेजोस और बिल गेट्स भी उसके सामने भिखारी प्रतीत होंगे।

वास्तव में जगत सेठों के इस परिवार की बंगाल-बिहार के राजनीतिक व आर्थिक मामलों में बड़ी महत्वपूर्ण भूमिका रही है। इसने ईस्ट इंडिया कंपनी को तो उपकृत किया ही साथ ही इसने छठे मुग़ल सम्राट औरंगज़ेब (1658–1707) के निधन के बाद 18वीं सदी के दूसरे दशक से लेकर छठे दशक तक इन इलाकों में तैनात मुग़ल साम्राज्य के प्रांतीय अधिकारियों की भी मदद की। जगत सेठ ब्रिटिश व्यापारिक घरानों के मुख्य बैंकर तो थे ही साथ ही वे तेजी से ढह रहे मुग़ल साम्राज्य के शासकों और उनके प्रांतीय अधिकारियों को भी वित्तीय सहायता उपलब्ध करवा रहे थे।

17वीं सदी के मध्यकाल में जब भारतीय उपमहाद्वीप में वास्तुकला, संस्कृति और कला अपने उत्कर्ष पर था और भारतीय अर्थव्यवस्था दुनिया की सबसे बड़ी अर्थव्यवस्था थी, राजस्थान के नागौर से गेलारा बिरादरी का हीरानंद साहू पटना की समृद्धि से प्रभावित हो यहां अपनी किस्मत आज़माने आता है। उसके परदादा सिंहराज, दादा अख्यासराज और पिता करम चंद साधारण व्यापारी थे। किन्तु हीरानंद की उद्यमी प्रतिभा ने उसे समृद्धि के लिए नए मार्ग तलाशने के लिए प्रेरित किया। बेहतर संभावनाओं की तलाश उसे पटना ले आई। 17वीं सदी के मध्य में वर्ष संवत

1709 (1652) की अमावस्या के तीसरे दिन हीरानंद साहू अपनी जन्मभूमि को छोड़ पटना आ बसता है।

पटना उन दिनों व्यापार का महत्वपूर्ण केंद्र था। शहर में कई बड़े बैंक और व्यापारियों के प्रतिष्ठान थे। यहां उसने कोठी या बैंक की शुरुआत की और व्यापारियों को कर्ज़ देना शुरू किया। उस वक़्त हिन्दुस्तान पर मुग़ल शासक शाहजहां हुकूमत कर रहा था। यह संयोग ही था कि जिस वक़्त हीरानंद साहू का पटना में आगमन होता है, ठीक उसी वक़्त ईस्ट इंडिया कंपनी भी पटना में अपने कारखाने की स्थापना करता है।

यह वही समय था जब 1652 में, ब्रिजमैन और उसके साथी बालासोर को छोड़ हुगली में कारखाना स्थापित करते हैं। उन्हें वहां निर्देश मिला कि वे अपनी अधिक से अधिक पूंजी का निवेश शोरा में करें और कारखाने में उनका भण्डारण करें। (उन दिनों गोदाम को कारखाना कहा जाता था।) यह शोरा उन्हें पटना से प्राप्त हो सकता है। जरूरत को देखते हुए कंपनी के अधिकारियों ने एक छोटे कारखाने की शुरुआत पटना में की। इसके साथ ही उन्होंने गंगा के उस पार सिंघिया में शोरे के उत्पादन स्थल पर भी एक छोटा कारखाना स्थापित किया।

कंपनी को जब पटना में काफी मुनाफ़ा होने लगा तो पटना स्थित एजेंटों को निर्देश दिया गया कि वे शोरा के कामगारों को नियमित रूप से अपने यहां कार्यरत रखें ताकि लदान के लिए माल हमेशा उपलब्ध रहे। इस क्रम में कंपनी के मुलाजिमों को कई बार हीरानंद साहू से कर्ज लेना पड़ा ताकि उनका व्यापार अबाधित चलता रहे।

पटना में हीरानंद साहू तेजी के साथ समृद्ध होता गया। उसने अपने बेटों को व्यापार का विस्तार करने अन्य शहरों में भेजा। सात बेटों में से एक माणिक चंद को उसने ढाका भेजा, जो उस वक़्त अविभाजित बंगाल की राजधानी थी। ढाका भेजने के पीछे दो मकसद थे। एक तो मौजूदा पारिवारिक बैंकिंग व्यवसाय का विस्तार और दूसरा ढाका के आकर्षक मुनाफ़ा देने वाले बाजार का भरपूर दोहन। ढाका उस समय सूती और अफ़ीम के व्यवसाय का मक्का कहलाता था।

माणिक चंद विशेष रूप से प्रतिभाशाली साबित हुआ। वह बड़े पैमाने पर बड़े व्यापारियों का वित्तीय पोषण करने लगा। इस क्रम में उसकी गहरी मित्रता मुर्शीद कुली खान से हो गई। मुग़ल बादशाह औरंगज़ेब ने मुर्शीद कुली खान को बंगाल सूबा का दीवान बनाया था। दीवान बनने के बाद मुर्शिद कुली खान के अधीन सूबे का खज़ाना और सभी वित्तीय लेनदेन हो गया जो धीरे-धीरे माणिक चंद के नियंत्रण में चला गया। इस मुद्दे पर मुर्शिद कुली खान का गंभीर टकराव बंगाल,

बिहार और उड़ीसा सूबे के तत्कालीन सूबेदार अजीम-उश-शान के साथ हो गया। अजीम-उश-शान औरंगजेब का पोता था। फलस्वरूप मुर्शिद कुली खान का तबादला मकसूदाबाद (मुर्शिदाबाद का तत्कालीन नाम) कर दिया गया। शहज़ादे अजीम-उश-शान को भी पटना स्थानांतरित कर दिया गया।

जब मुर्शिद कुली खान को 1704 में मकसूदाबाद भेज दिया गया, तो उसके गहरे दोस्त माणिक चंद ने भी उसका अनुसरण किया। नए शहर में अपने मुख्यालय को स्थानांतरित करने के बाद मुर्शिद कुली खान ने महिमापुर में एक महलनुमा भवन बनवाया। अब माणिक चंद वास्तव में राजस्व संग्रहकर्ता और खजांची बन गया था। दोनों ने मिलकर नए शहर को विकसित करने का संकल्प लिया। मुर्शिद कुली खान ने अपने नाम पर इस शहर का नाम मुर्शिदाबाद रखा। माणिक चंद ने इस नए शहर के निर्माण पर भारी रकम खर्च किया।

माणिक चंद ने खुद के लिए भी एक विशाल हवेली का निर्माण करवाया। इस हवेली तक पहुंचने के लिए सात रास्ते थे। हवेली के चारों ओर उन सुरक्षाकर्मियों के आवास भी बनवाए गए जो अपने स्वामी की सुरक्षा में तैनात थे। यह करीब चार हजार लोगों का ठिकाना बना। यह कोठी उन दिनों कितना महत्वपूर्ण बन गया था, उसका अनुमान इस बात से लगाया जा सकता है लार्ड क्लाइव और बंगाल के नवाब जगत सेठ से जरूरी सलाह लेने अक्सर यहां आते थे। बंगाल में माणिक चंद का प्रभाव लगभग उतना ही था जितना कि सूबेदार का था। नवाब के सारे वित्तीय मामलों की देखरेख उसी के जिम्मे था। वह नवाब का अत्यंत विश्वस्त सहयोगी था। मुर्शिदाबाद में टकसाल की स्थापना का श्रेय उसे ही जाता है। टकसाल पर नियंत्रण भी पूरी तरह उसी का था।

रॉबर्ट क्लाइव ने मुर्शिदाबाद की तुलना लंदन से करते हुए कहा था कि मुर्शिदाबाद लंदन जितना ही समृद्ध, उतना ही विस्तृत और बड़ी आबादी वाला शहर है। उसने जब यह कहा होगा तो उसके सामने सिर्फ एक व्यक्ति, जगत सेठ की समृद्धि रही होगी।

माणिक चंद की आर्थिक सम्पन्नता का अंदाज़ा इस बात से लगाया जा सकता है कि उसने दो हजार सशस्त्र हथियारबंद मुलाजिम बहाल कर रखे थे जो उसके आवासीय परिसरों, यहां-वहां फैले उसके गद्दियों (व्यावसायिक प्रतिष्ठानों) की सुरक्षा में 24 घंटे तैनात रहते थे। ये हथियारबंद सिपाही टकसाली सिक्कों से भरे बोरे, जेवरातों, कीमती धातुओं से बने गहने, आभूषणों के साथ चालान, हुंडी और अन्य व्यापार से संबंधित कागजातों को बंगाल से पटना, दिल्ली या अन्य व्यापारिक प्रतिष्ठानों तक पहुंचाया करते थे।

ऐसा भी कई बार हुआ जब उनके हथियारबंद सिपाही बंगाल का कुल राजस्व, जो उन दिनों करीब डेढ़ करोड़ रुपयों का होता था— को अपने नाव के बेड़ों के मार्फ़त नदी मार्ग से एक जगह से दूसरी जगह पहुंचाया करते थे।

शहजादा फ़र्रुख़सियर जो 1707 से लेकर 1713 तक बंगाल का नायब सूबेदार था, मुर्शिद कुली खान और माणिक चंद के नजदीकी रिश्तों को लगातार बड़े गौर से देख और समझ रहा था। इन रिश्तों पर उसकी सहमति भी थी। क्योंकि यह उसके लिए फायदेमन्द था। जब मुर्शिद कुली खान ने माणिक चंद को मुर्शिदाबाद में प्रांतीय टकसाल खोलने की अनुमति दी तो फ़र्रुख़सियर ने उसका अनुमोदन किया।

1717 आते आते मुग़लों का प्रभाव कम होने लगा था लेकिन मुर्शिद कुली खान बंगाल में शक्तिशाली होता गया। उसके अधीन यूरोप के व्यापारियों का व्यापार खूब फला-फूला। इधर माणिक चंद भी समृद्ध होता चला गया। अब वह मुर्शिद कुली खान का बैंकर, आर्थिक सलाहकार और प्रतिपालक बन गया था। 1712 में जब फ़र्रुख़सियर बादशाह बना और उसे नकदी की जरूरत हुई तो उसे माणिक चंद के आगे हाथ फैलाना पड़ा। उसने उदारता के साथ बादशाह की मदद की। उसके बाद के अन्य मुग़ल बादशाह भी माणिक चंद और उनके वंशजों पर ही निर्भर रहे। फ़र्रुख़सियर ने खुश होकर उसे नगर सेठ की उपाधि दी। यहीं से जगत सेठों का वित्तीय दबदबा हिन्दुस्तान में शुरू हुआ।

शोहरत और समृद्धि के शिखर पर बैठे माणिक चंद का पारिवारिक जीवन सुखी नहीं था। उसने दो शादियां की थी लेकिन वह निःसंतान था। उसने अपनी बहन धन बाई के बेटे फतेह चंद को गोद लिया। 1714 में माणिक चंद की मृत्यु हो गई। फतेह चंद कुशल और योग्य उत्तराधिकारी साबित हुआ। वह वित्तीय मामलों का विशेषज्ञ और चतुर बैंकर साबित हुआ। वह परिवार के कारोबार को आर्थिक समृद्धि के शिखर पर ले गया। यहां तक कि उसे बादशाह महमूद शाह ने उसे 'जगत सेठ' की उपाधि देकर सम्मानित किया।

फतेह चंद का बैंकिंग और हुंडी का संजाल व्यापक रूप से फैला था। भारतीय उपमहाद्वीप के प्रायः सभी प्रमुख शहरों और प्रमुख व्यापारिक केंद्रों में इसकी उपस्थिति थी। जगत सेठ की निकटता मुर्शिदाबाद के नवाब के साथ तो थी ही— दिल्ली के मुग़ल बादशाहों के साथ भी थी।

यह वह समय था जब बंगाल में व्यापार फल-फूल रहा था। डच, फ्रांसीसी और ब्रिटिश—सभी अपने वर्चस्व के लिए एक दूसरे से होड़ ले रहे थे। मुर्शिद कुली खान की मृत्यु के बाद मुर्शिदाबाद और ढाका के टकसाल का नियंत्रण फतेह चंद के

हाथों में आ गया। वस्तुतः फतेह चंद बंगाल, बिहार, उड़ीसा और उससे भी आगे के बाजारों को नियंत्रित कर रहा था। अब ऐसी स्थिति उत्पन्न हो गई थी कि फतेह चंद को शामिल किये बगैर किसी के लिए भी कोई भी अंतर्देशीय या बाहरी व्यापार करना असंभव हो गया।

अपने चरम के दिनों में यह घराना मुर्शिदाबाद के नवाब के ख़ज़ाने के रूप में था। मुर्शिदाबाद नवाब के प्रभाव की भौगोलिक सीमा को देखा जाए तो वस्तुतः यह बंगाल के बैंक की तरह काम कर रहा था। जगत सेठ ज़मींदारों को धन उधार देते थे। उनसे ब्याज़ वसूली करते थे। सर्राफे के कारोबार में भी इनका दख़ल था। इन्हें राज्य के साथ साथ विदेशी व्यापारियों के लिए भी सिक्के ढालने का अधिकार था। इन्होंने धन का आदान प्रदान और विनिमय दरों को भी नियंत्रित किया।

जगत सेठ के घराने का प्रभाव इतना व्यापक था कि अंग्रेजी, डच, फ्रेंच ईस्ट इंडिया कंपनियों के समेत उस समय सभी बड़े व्यापारिक घराने भी फतेह चंद के साथ मधुर संबंध बनाए रखना चाहते थे। वे फतेह चंद से उम्मीद लगाए रहते थे। भले ही वह सिर्फ सिफारिश के रूप में ही क्यों न हो! अपने राजनीतिक प्रभाव और एकाधिपत्य की वजह से फतेह चंद जगत सेठों में सबसे शानदार, शक्तिशाली और प्रभावशाली था।

तत्कालीन राजनीतिक कारणों से ब्रिटिश कंपनी का प्रभाव बढ़ने लगा था। वहीं मीर ज़ाफर की दिलचस्पी सिर्फ खुद के फायदे में थी। फलस्वरूप जगत सेठ फतेह चंद का झुकाव कंपनी की तरफ बढ़ने लगा और वह उन्हें बड़े पैमाने पर अच्छे दर पर वित्तीय ऋण उपलब्ध कराने लगा।

1744 में फतेह चंद की मृत्यु के बाद उसके पोते महताब राय (फतेह चंद के सबसे बड़े बेटे का पुत्र, जिसकी मौत उनके जीवनकाल में ही हो गई थी) ने जगत सेठ का पदभार संभाला जबकि उसके चचेरे भाई स्वरूप चंद (फतेह चंद के दूसरे बेटे के बेटे) को 'महाराजा' की उपाधि से सम्मानित किया गया। उन दिनों अलीवर्दी खान मुर्शिदाबाद का नवाब था।

महताब राय और स्वरूप चंद के अलीवर्दी खान के साथ अच्छे संबंध थे। वे अलीवर्दी खान की मदद के लिए तत्पर रहते थे। एवज में अलीवर्दी खान ने दोनों भाइयों को दी जाने वाली सहूलियत को जारी रखा। फलस्वरूप जगत सेठों ने आय के नए स्रोतों के साथ अपने व्यापार को नया आयाम दिया। यद्यपि उनका परंपरागत व्यवसाय बैंकिंग, हुंडी और टकसालों और विनिमय का संचालन पहले की तरह सुचारू रूप से चल ही रहा था। इन चीजों में वे तो सिद्धहस्त थे।

इन चचेरे भाइयों के पास इतनी दौलत थी कि यह कहावत ही बन गया कि उनके पास इतना सोना और चांदी था कि वे भागीरथी नदी के प्रवाह को रोक सकते हैं। ईस्ट इंडिया कंपनी के एक इतिहासकार रॉबर्ट ऑर्म के अनुसार, 'महताब राय उस समय दुनिया का सबसे अमीर व्यक्ति था।' उन्हीं दिनों एक बंगला कवि ने जगत सेठ परिवार के लिए लिखा था, 'जैसे गंगा सौ मुखों से अपना जल समुद्र में डालती है, वैसे ही धन जगत सेठ के खजाने में प्रवाहित हो चला आता है।'

अप्रैल 1756 में अलीवर्दी खान की मृत्यु के बाद उसका 23 वर्षीय नाती सिराजुद्दौला बंगाल का नवाब बना। वह अपरिपक्व तो था ही साथ ही बदमिजाज़ भी था। सिराजुद्दौला ने जगत सेठ से ऋण में बड़ी रकम की मांग की। जगत सेठ के इंकार करने पर उसने महताब राय को अपमानित किया और उसे मुर्शिदाबाद के दरबार से अलग-थलग कर दिया।

तब महताब राय ने मीर जाफर के साथ हाथ मिलाया और ईस्ट इंडिया कंपनी के अधिकारियों को नवाब सिराजुद्दौला को उखाड़ फेंकने के लिए राजी कर लिया। सिराजुद्दौला की अपनी मौसी घसेटी बेगम, उसके चचेरे भाई शौकत जंग और एक स्थानीय संपन्न व्यवसायी ओमी चंद भी इस षड़यंत्र में जगत सेठ के साथ थे। जगत सेठ ने इस पूरे अभियान पर दो करोड़ अस्सी लाख खर्च किए।

अगले ही वर्ष 1757 के 23 जून को सिराजुद्दौला को प्लासी युद्ध में ईस्ट इंडिया कंपनी के हाथों करारी शिकस्त मिली। इस हार के कुछ ही दिनों बाद 2 जुलाई को सिराजुद्दौला को मीर जाफ़र के बेटे मीरान ने मरवा दिया। मीर जाफ़र ने मुर्शिदाबाद का टकसाल जगत सेठ से लेकर अंग्रेजों के सुपुर्द कर दिया। यह जगत सेठ के लिए बहुत बड़ा झटका था। उसके बैंकिंग व्यवसाय को इससे काफी क्षति पहुंची। लेकिन इससे भी बड़ा दुर्भाग्य राह जोह रहा था।

मीर जाफ़र अंग्रेजों की उम्मीदों पर जब खरा नहीं उतरा तो 1760 में उसे बंगाल की सूबेदारी से बेदखल कर उसके दामाद मीर कासिम को बंगाल की नवाबी दे दी। मीर कासिम अंग्रेजों को खुश करने के लिए मंहगे उपहार देता रहा। लेकिन जल्दी ही वह अंग्रेजों के अंतहीन लालच से तंग आ गया। मुर्शिदाबाद को छोड़ उसने अपनी राजधानी मुंगेर बना लिया। अंग्रेजों से उसकी ठन गई। अंग्रेजों उसे भी हटाने की तैयारी में जुट गए। मीर कासिम ने कंपनी की बढ़ती ताकत का मुकाबला करने के लिए जगत सेठ महताब राय और उसके भाई स्वरुप चंद से बड़ी रकम की मांग की। जगत सेठ बंधुओं के विलंब करने पर मुर्शिदाबाद छोड़ते वक़्त मीर कासिम

उन्हें अपने साथ मुंगेर लेता चला गया। उसे लगा कि उन्होंने विश्वासघात किया है। मुंगेर में उसने दोनों भाइयों को गंगा नदी में डुबोकर मरवा दिया।

जगत सेठ घराने का पतन यहीं से शुरू हो गया। बेशक महताब राय के बेटे खुशाल चंद को मुग़ल बादशाह शाह आलम द्वितीय ने जगत सेठ की उपाधि दी, लेकिन बंगाल, बिहार और उड़ीसा की दीवानी कंपनी को दे देने से जगत सेठ का आधिपत्य खत्म हो गया। नई प्रशासनिक व्यवस्था में खुशाल चंद के कद को छोटा करते हुए उसे खजांची बना दिया गया। खुशाल चंद की मृत्यु के बाद उसका भतीजा हर्रख चंद उसकी गद्‌दी पर बैठा। उसके बेटे का उसके जीवनकाल में ही निधन हो गया था।

हर्रख चंद के निधन के बाद उसका बेटा इंद्र चंद जगत सेठ के ढह रहे साम्राज्य की गद्‌दी पर बैठा। स्थिति बद से बदतर हो रही थी। इतनी बुरी कि जगत सेठ के एक वंशज गोविन्द चंद को 1844 में मासिक पेंशन के लिए कंपनी के निदेशकों को आवेदन देना पड़ा। 1200 रुपयों का मासिक पेंशन निर्धारित हुआ। वह भी कुछ वर्षों बाद बंद हो गया। कालांतर में यह घराना विस्मृति के घने कोहरे में खो गया।

सौ वर्ष पहले ऐसा था पटना

'अपनी नौजवानी के दिनों में मैंने पटना के हर जमींदार और रईसों के घरों में लोगों को जुटते हुए देखा था। वास्तव में हर एक मोहल्ले के रईसों का दीवानखाना एक क्लब की तरह होता था, जहां मोहल्ले के हरेक लोग, चाहे वे अमीर हों या गरीब, हिन्दू हो या मुसलमान-जुटते थे। मौसम के मुआफ़िक उन्हें चाय या शरबत परोसा जाता था। विद्वत्तापूर्ण बातें होती और साहित्यिक वाद-विवाद होते। शेरो शायरी का दौर चलता। कविता और कहानियां सुनी सुनाई जाती। लोग एक दूसरे का दुःख दर्द सुनते और उसे दूर करने के उपायों पर बातें होतीं। रोजाना आने वालों में अगर कोई एक भी व्यक्ति किसी दिन गैरहाज़िर होता तो रईस या जमींदार अपने कारिंदे को उसकी खोज खबर लेने भेज देते। अगर कारिंदा उस व्यक्ति के बीमार होने की खबर लाता या उसके घर में कोई बीमार होता, तो वह रईस अपने लोगों के साथ उसकी मदद करने उसके घर पहुँच जाते।'

उपरोक्त वाकये का जिक्र पटना के मशहूर शायर जमील मज़हरी के समकालीन शायर वारिस इस्माइल ने पटना सिटी के ही एक अन्य बाशिंदे अबुल कलाम आज़ाद की पटना की करीब सौ वर्ष पुरानी यादों को साझा करते हुए किया था। 1909 में, गुज़री परिवार में पैदा हुए वारिस इस्माइल ने इसके साथ ही अपनी जवानी के दिनों की यादों को भी साझा करते हुए लिखा है, 'प्रत्येक अभिजात वर्ग या रईस अपने घर पर दरबार लगाते थे। मैंने पुराने समृद्ध लोगों और रईसों के यहां बिल्कुल मुग़ल शैली में दरबार लगते हुए देखा था। इन सभाओं में अमीर और गरीब सभी उपस्थित होते थे और सभी को नाश्ता-पानी कराया जाता था।'

उन्होंने लिखा है, 'इन दरबारों में बैठने के तौर-तरीकों और तहजीब का ख्याल रखा जाता था। अगर किसी व्यक्ति का दालान पश्चिम से पूरब की ओर रहता था तब वह मक्का की ओर मुंह करके बैठता था। कुलीन लोग उसके दाहिनी ओर बैठते थे, जबकि आम लोग उसके बायीं ओर बैठते थे। यदि उसका दालान उत्तर-दक्षिण की ओर रहता था तो वह उत्तर की ओर मुंह करके बैठता था। मेरे समय में ही परंपरा

लगभग लुप्त हो गई थी। जब से अंग्रेजों की नक़ल में कुर्सी पर बैठने की परिपाटी शुरू हुई, यह सब कुछ बदल गया। 1930 के दशक के आखिरी दिनों में यह कुलीन दरबार अतीत की बात हो गई थी।'

पटना सिटी कोर्ट के ऑनरेरी मजिस्ट्रेट रहे बदरुल हसन ने अपनी किताब यादगार-ए-रोजगार में भी शहर में रहने वाले हिन्दू और मुसलमानों के बीच आत्मीय और सौहार्दपूर्ण संबंधों के बारे में लिखा है। उन्होंने यह भी लिखा है कि किस तरह दोनों एक-दूसरे के सामाजिक आयोजनों, उत्सवों, समारोहों और धार्मिक आयोजनों में बढ़-चढ़ कर हिस्सा लेते रहे हैं। उन्होंने यह भी इंगित किया है कि दोनों समुदायों के बीच के झगड़ों को कभी भी सांप्रदायिक रूप न देकर उसे हमेशा दो व्यक्तियों के बीच हुए झगड़ों की तरह देखा जाता रहा।

क्या अब इस पर यकीन होगा कि पटना सचमुच ऐसा ही था! यह पटना कहीं गुम हो गया है। उसी पटने को शिद्दत के साथ याद करते हुए सैयद बदरुद्दीन अहमद ने करीब चालीस साल पहले अपनी किताब 'हकीकत भी कहानी भी' में लिखा है, 'मैं अपनी इस किताब का इन्तेसाब पटना के इस गुजरे हुए गंगा-जमुनी समाज की यादों के साथ मानून करता हूं जो पटना ही का नहीं, पूरे हिन्दुस्तान का मुश्तर्का गंगा-जमुनी समाज था जिसकी तामीर में यहां के हर फिरका और हर तबका के लोगों ने यकसां तौर पर हिस्सा लिया था। इस समाज में पूरी कौम एक इकाई थी, इस समाज में भाईचारा और मोहब्बत का राज था, रवादारी और यकजेहती परवान चढ़ती थीं और एकता के सांचे में जज़्बात महसूसात ढलते थे। आज फिर उसी गंगा-जमुनी समाज की जरूरत है ताकि हमारा मुल्क दोबारा जन्नत-निशां बन जाए।'

कभी हर महफ़िल तलबगार थी उनकी

'मेरे बचपन में रोजाना शाम के वक़्त एक लहकती हुई तान दूर फिज़ां में बुलंद होती। मैं तो खैर कमसिन था मगर दूसरे लोग चौंक उठते। आवाज करीब आती जाती और साथ ही साथ यह महसूस होने लगता कि सारी फिज़ा उसकी दिलकश तान से मस्त होती जा रही है। कुछ देर के बाद एक अधेड़ उम्र की औरत नीमवार फ़तगी में आहिस्ता-आहिस्ता कश्मीरी कोठी की तरफ से मेरे मुहल्ले यानी सदर गली के जानिब चलती हुई नजर आती। दस कदम चलती और रुक जाती। रुक जाती तो फिर ऐसी पाटदार आवाज आती जो सुनने वाले को मस्त कर दे फिर अपना राग छेड़ती। दुकानदार अपना काम छोड़ देते और राहगीर रुक कर उसका गाना सुनने लगते। यूं ही गाती हुई वह मेरे मोहल्ले से गुजरती और शाहदरा तक पहुंचती। वहां तक पहुंचने के बाद उसका गाना खत्म हो जाता। आगे बढ़कर न जाने कहां चली जाती।'

—सैयद बदरुद्दीन अहमद, हकीकत भी कहानी भी

यह बड़ी कनीज़ थी। अज़ीमाबाद की तवायफ़, मशहूर गायिका। जोहरा बाई की टक्कर की गायिका बड़ी कनीज़ अपने ज़माने की अज़ीम हस्ती थी। महफ़िलों में उसकी मांग जोहरा से ज्यादा थी। क्योंकि बड़ी कनीज़ बहुत हसीन थी। अपनी कला और अपने सौंदर्य की बदौलत उसने बेशुमार दौलत हासिल की। बड़ी कनीज़ को शराब का चस्का लगा। वह दिन-रात शराब में गर्क रहने लगी। शराबखोरी ने उसके पेशे पर भी बुरा असर डाला। आमदनी कम हुई तो देसी शराब पीने लगी। पीने पर कोई नियंत्रण न था। आखिरकार वह विक्षिप्त हो गई। बड़ी कनीज़ से वह बौराही कनीज़ बन गई। आख़िर में तो यह हालत थी कि जब वह गाती हुई गुज़रती तो उसकी हालत जानने वाले रूपये-पैसे स्वयं दे देते। पर उसकी खुद्दारी ऐसी थी कि मुफ़लिसी की हालत में भी उसने किसी के आगे हाथ नहीं फैलाया।

एक वक़्त में अपने एक-से-बढ़कर-एक फनकारों की वजह से गंगा-जमुनी तहज़ीब के लिए मशहूर अज़ीमाबाद (औरंगजेब के पोते शहजादा अज़ीम-उश-शान

का पटना को दिया नाम) मौसिकी-ओ-अदबो-तहज़ीब का भी केंद्र माना जाता था। 1697 में जब अज़ीम-उश-शान बंगाल, बिहार और उड़ीसा का गवर्नर बना तो उसने पटना को दिल्ली की तरह बनाना चाहा। करोड़ों खर्च किए। उसके बाद पटना के सौंदर्य, यहां मिलने वाली सुविधाएं, यहां के रईसों, नव्वाबों की चर्चा हिंदुस्तान के अनेक रियासतों में होने लगी। जिसकी वज़ह से एक-से-एक नामी गायक-वादक, तवायफ़ें और विद्वान अज़ीमाबाद का रुख करने लगे। हिन्दू और मुसलमानों की मिश्रित आबादी वाले अज़ीमाबाद की शोहरत और रौनक उन दिनों इतनी बढ़ गयी थी कि यह पूरे हिंदुस्तान का अज़ीज़ बन गया था।

ऐसा नहीं था कि पटना में तवायफ़ों का अस्तित्व कोई नई बात थी। गणिकाएं, जिन्हें आज हम तवायफ़ कहते हैं, विकसित शहरी समाज का महत्वपूर्ण हिस्सा रही हैं। प्राचीन पाटलिपुत्र में भी नृत्य-संगीत में पारंगत कई गणिकाओं का उल्लेख मिलता है। कोशा, सालवती और चिंतामणि-मौर्य काल की महत्वपूर्ण गणिकाएं रही हैं। तब की राज-नर्तकी सिर्फ नर्तकी ही नहीं होती थी, वरन् तत्कालीन भारतीय समाज में उसकी अपनी प्रतिष्ठा थी, मर्यादा थी। राज्य के महत्वपूर्ण समारोहों में राज महिषी के सामानांतर उसके रथ चलते थे। एक ओर जहाँ वह रसिकों के आकर्षण का केंद्र होती थी वहीं दूसरी ओर अभिजात कुलों के लड़कों की आचार्य भी-क्योंकि वे सभी अनिवार्यतः विदुषी भी होती थीं। उस काल में वे राज्य के लिए आय का जरिया भी बन गई थीं। वे नियमित रूप से सम्राट को करों का भुगतान करती थीं।

गुप्त काल में, जिसे सही अर्थों में भारतीय संस्कृति का स्वर्ण युग कहा गया है, गणिकाओं को महत्वपूर्ण स्थान दिया गया है। उस काल के नाट्य साहित्य में उनके आवास, विलासपूर्ण जीवन शैली, उनके प्रेमी, उनके यहां आने वाले ग्राहक, विभिन्न कलाओं में उनकी योग्यता, उनके रहने का स्थान, और वे जहाँ से आई हैं, उन्हें राज्य या वहां के रईसों से मिलने वाला संरक्षण, सबों का वर्णन है।

मुग़लकाल में अज़ीमाबाद यानि पटना के जमींदारों, रईसों और नवाबों की छत्रछाया में कला और संस्कृति फलती-फूलती रही। यह पटना के अमन-चैन और तरक्की का दौर था। अज़ीमाबाद न केवल राजनैतिक दृष्टि से महत्वपूर्ण था बल्कि व्यापार और कला कौशल में भी अग्रणी था। यह एक लंबे समय तक सांस्कृतिक गतिविधियों का प्रमुख केंद्र बना रहा।

फ्रांसिस बुकानन 19वीं सदी के शुरू के दिनों में पटना आया था। उसने अपनी रिपोर्ट में पटना की तवायफ़ों का जिक्र करते हुए लिखा है, 'पटना में पांच नाचने-गाने वालियों का समूह है। एक समूह में 5-6 लड़कियां होती हैं। इनमें दो हिन्दू हैं, तीन

मुसलमान। ये बाई कहलाती हैं। ये सुशिक्षित और नाच-गाने में निपुण होती हैं। इनके गाने आमतौर पर प्रेम और श्रृंगार रस के होते हैं। इस वक़्त महताब की बड़ी पूछ है। दुर्गा पूजा के मौके पर उसे कलकत्ता से बुलावा आता है। 15 वर्ष की उम्र में उसे तीन रातों के प्रदर्शन के लिए 1000 रुपये दिए जाते थे।'

पटना की तवायफें (पटना कलम चित्र शैली)

बुकानन जब पटना आया था तब महताब 36 वर्ष की थी। उस वक़्त भी रात भर के मुजरे के लिए उसकी फीस 700 रुपये थी। जबकि अन्य दूसरी गायिकाओं की फीस केवल 15 रुपये थी। जितनी अच्छी उसकी गायिकी थी, उतनी खूबसूरत भी थी।

पटना में गानेवालियों की एक लंबी फ़ेहरिस्त रही है जिनमें बड़ी कनीज़, छोटी कनीज़, मोहम्मद बांदी, अल्लाजिलाई, बी रमजू, बी छुट्टन, फैज़ी, चन्दर, मुंदर, गंगाधरी, विद्याधरी बाई, रामदासी, हैदरजान, तन्नो बाई, फैज़ी और जोहरा बाई जैसी फ़नकारा अपने इल्मोहुनर में बेमिसाल थीं। इनके जलसों में बनारस, इलाहाबाद और आगरे की तवायफ़े अक़सर शामिल होती थीं।

शेर-गो तवायफ़ो में बांदी जान 'नाज', अमीरज़ान 'अमीर', जिया अज़ीमाबादी, अमीरुल निशा और साहिबजान का नाम उल्लेखनीय है। जोहरा बाई भी अच्छी गज़लगो थी। वैसे ठुमरी गाने में वह अव्वल थीं। पटना की रमजो, बी छुट्टन और मोहम्मद बांदी कुशल फनकार थीं। मोहम्मद बांदी संभवत: पटना की पहली तवायफ थीं जिनका ग्रामोफोन रिकॉर्ड बना। उन्हें न केवल टप्पा, ठुमरी, दादरा गाने में महारत हासिल थी, बल्कि वह होरी, चैती और कजरी में भी उतनी ही प्रवीणता से गाती थीं।

पटना लगातार दूसरे शहरों के नामी गायक-गायिकाओं, वादकों और तवायफ़ों को आकर्षित कर रहा था। सैयद बदरुद्दीन अहमद ने अपनी किताब में लिखा है, 'खुदा जाने पटना की रंगीन मिज़ाजों में कौन सी कशिश और यहां की कैसी हुस्नप-रस्ती थी जो हुस्न वालों को दूसरी जगह से यहां खेंच लाती थी।'

इलाहाबाद से पटना आ बसी अल्लाजिलाई के बारे में उन्होंने लिखा है, 'अभी 1902 का आगाज़ हुआ था कि एक क़ेताला आल्मे हसीना इलाहाबाद से पटना पहुंची और यहां की रंगीन फिज़ां पर सुबह का सितारा बनकर चमक उठी। अल्लाजिलाई का हुस्न हकीकत में जुनूनअंगेज था। कितने होश वाले हवास खो बैठे। इसका गाना भी गज़ब था। वो हुस्न और मौसिकी दोनों की मलिका थी। आते ही पटना पर छा गई।'

अशोक राजपथ पर चौहट्टा से लेकर पटना सिटी चौक तक के इलाकों में तवायफों के कई कोठे बस गए थे। जोहरा बाई का मच्छरहट्टा में तो अल्लाजिलाई का चौक पर शानदार कोठा था। सैयद बदरुद्दीन अहमद लिखते हैं, 'अल्लाजिलाई के ख़ूबसूरत मकान का बालाखाना रानियों और शहजदियों की इशरतगाहों से कम सजा हुआ न था। बेल्जियम कट ग्लास के बने पांच सौ कैंडल पावर वाले रंगबिरंगे झाड़-फानूस, चांदी और हाथी दांतों की बनी दीवारगीरें, सुनहरे और रुपहले फूल पत्तियों से बनी छत, चांदी के फ्रेम में मढ़े बड़े-बड़े आईने, चांदी के गमले और गुलदान, संगमरमर की मेजें और उन पर जरी की कामदार मेज़पोशें, रूमी और ईरानी कालीनें, काशानी मख़मल और जर-निगार पर्दे-ये सभी बेशकीमती चीज़ें उसने गुज़री के नवाब से हासिल किये थे। अपने कमरे में खूबसूरत तकिये से लगी बैठी हुई अल्लाजिलाई क्लियोपेट्रा की तस्वीर नजर आती थी।'

अल्लाजिलाई बेहद खूबसूरत ही नहीं ठुमरी और दादरा की बेहतरीन अदाकारा भी थी। पटना सिटी के पुराने रसिक 90 वर्षीय विश्वनाथ शुक्ल चंचल (पिछले वर्ष इनका निधन हो गया है) ने एक बातचीत बताया था, 'उसके देह का रंग ऐसा गोरा और अंग-प्रत्यंग इतना कोमल था कि जब वह पान की गिलौरी मुंह में दबाकर उसका पीक घोंटती तो पारदर्शी शीशे की तरह साफ़ गले से नीचे उतरती हुई दिखाई पड़ती थी। ऐसी हुस्नपरी के गले से जब ठुमरी और दादरा के बोल निकलते तो सुनने वाले उस पर मर मिटने को तत्पर रहते। वह साड़ी और सिर में जड़ीदार टोपी पहनती थी। वह हुक्का पीने की शौक़ीन थी। खुशबूदार तंबाकू के चिलम जब उसके हुक्के पर रखे जाते तो उससे उठनेवाले गमकदार धुएं से महफ़िल गमगमा उठती। पटना की कोई ऐसी महफ़िल न थी जहां इसकी मांग

न हो। लोग कहते हैं कि अल्लाजिलाई के बगैर महफ़िल और मुजरे सुनसान मालूम होते।'

अल्लाजिलाई का बहुत कम उम्र में ही निधन हो गया। वह 17 वर्ष की उम्र में इलाहाबाद से पटना आई। 20 की होते-होते वह पटना पर छा गई थी और 24 वर्ष की उम्र में उसका निधन हो गया। उसकी मौत से शहर के रसिक और कलाप्रेमी बहुत मर्माहत हुए थे। बदरुद्दीन अहमद ने लिखा है, 'ये मेरे बचपन का जमाना था। लेकिन मुझे याद है कि किस तरह पटना के लोग इसकी मौत से मुतासिर हुए थे। उस वक़्त तो मुझे ताज्जुब होता था कि तवायफ़ की मौत का इस कदर चर्चा कैसा! मगर बाद में यह बात समझ में आई कि उस वक़्त लोगों में इस तरह की बात का चर्चा होना इनके मिज़ाजे-तबियत के मुआफ़िक था। क्योंकि हुस्नपरस्ती का शौक उस वक़्त तक आमतौर पर बुरी निगाहों से नहीं देखा जाता था।'

यह सच था। उन दिनों कुलीन वर्ग अपने बच्चों को शिष्टाचार की तालीम के लिए तवायफ़ों के पास भेजते थे। कोठे अदब और सलीके के मदरसे हुआ करते थे। यहां के सलाम करने, बातचीत करने, बैठने-बिठाने, आवभगत करने, रुखसत करने के तौर तरीके सीखने लायक और अनुकरणीय थे।

अल्लाजिलाई को पटना से पांच मील दूर गंगा नदी के किनारे दफ़नाया गया। पक्की दरगाह के घिरे हुए अहाते के दरवाजे के सामने की ओर अन्य कब्रों से अलग

अल्लाजिलाई की कब्र

पत्थरों से बनी हुई ऊंची कुर्सी पर अल्लाजिलाई की मज़ार है। आसपास के लोग बताते हैं कि कभी यह बहुत खूबसूरत हुआ करता था। कब्र के चारो तरफ पत्थर के बेहतरीन जालीदार कठघरे लगे हुए थे। सिरहाने संगमरमर का शमादान भी था। अब ये सब मौजूद नहीं हैं लेकिन मज़ार पर खूबसूरत अक्षरों में लिखा एक कतबा (Epitaph) अभी भी है।

जोहरा बाई की ठुमरी के बारे में कलामर्मज्ञ गजेंद्र नारायण सिंह अपनी किताब 'बिहार की संगीत परंपरा' में लिखते हैं, 'ठुमरी गाने में जोहरा अव्वल थी। 'कहन' ऐसी दिलकश कि उनकी एक 'बोल' पर ठुमरी के उस्ताद तथा विख्यात हारमोनियम वादक भैया साहब गणपतराव ऐसे लट्टू हुए कि गंडा बंधवाने के लिए अपनी कलाई तक बढ़ा दी। मियां अलीकदर के तबले की ठमक और बहादुर खां की सारंगी की खनक से उनकी ठुमरियों में चार चाँद लग जाते थे।'

मोहम्मद बाँदी के ठुमरी-दादरे का पहला ग्रामोफ़ोन रिकॉर्ड 1902 में बना। 'मोहम्मद बाँदी न केवल ठुमरी और दादरा गाने में माहिर थी बल्कि होरी, चैती, कजरी में भी दखल रखती थीं। भैरवी उनका पसंदीदा राग था। उन दिनों 'भैरवी की महफ़िलें' अलग से हुआ करती थीं जिसमें मोहम्मद बाँदी अपना सिक्का जमाने से नहीं चूकती थीं। उनके बोलो की 'कहन' और 'पुकार' में खिंचाव होता था। अपनी ठुमरियों को वह छोटी-छोटी तानों से विशेषकर टप्पे की तानों से सजाती थीं।' गजेंद्र नारायण सिंह लिखते हैं।

'अब न वे दिन रहे न लोग! रईसी गई, तवायफ़ें भी गईं।' विश्वनाथ शुक्ल चंचल ने आह भरते हुए कहा था। 'अब न कला के कद्रदान रहे न वे कलाकार! अब तो लोगों को यह पता भी नहीं कि शाम ढलते ही कभी चौक का इलाका झाड़-फानूस से जगमगा उठते थे! मोगरे और बेला-चमेली के गजरे और हिना, गुलाब और केवड़े के इत्र की खुशबू से फिज़ां तर हो जाती थी। संगीत की गूंज और घुँघरुओं की रुनझुन से पूरा वातावरण थिरकने लगता था। संगीत के रसिया रईसों और जमींदारों की सजी-संवरी फिटिन और बग्घियों का ताँता लग जाता था। आज़ादी के बाद जमींदारी ख़त्म हुई और उसके साथ ही संगीत का यह नायाब हुस्न भी जाता रहा। कोठे उजड़ गए। तवायफ़ें गुमनामी में चली गईं। अब सिर्फ उनके क़िस्से-कहानियां ही बची रह गईं हैं।'

पए फ़ातिहा कोई आए क्यूँ

पए फ़ातिहा कोई आए क्यूँ कोई चार फूल चढ़ाए क्यूँ
कोई आ के शम्अ' जलाए क्यूँ मैं वो बेकसी का मज़ार हूँ...

रौजा मस्ज़िद, महाराज घाट, पटना सिटी के परिसर के एक कोने में ताले लगे दरवाजे में बंद जोहरा बाई की कब्र तक पहुंचने में काफी वक़्त लगा। यह उस जोहरा बाई की कब्र है, जिसकी एक वक़्त में इतनी शोहरत थी कि देश के कोने-कोने से संगीतप्रिय दरबारों में उनकी बुलाहट होती थी। ठुमरी में जोहरा अव्वल थी। जोहरा बाई की ठुमरी के बारे में कलामर्मज्ञ गजेंद्र नारायण सिंह अपनी किताब 'बिहार की संगीत परंपरा' में लिखते हैं, 'ठुमरी गाने में जोहरा अव्वल थी। 'कहन' ऐसी दिलकश कि उनकी एक 'बोल' पर ठुमरी के उस्ताद तथा विख्यात हारमोनियम वादक भैया साहब गणपतराव ऐसे लट्टू हुए कि गंडा बंधवाने के लिए अपनी कलाई तक बढ़ा दी। मियां अलीकदर के तबले की ठमक और बहादुर खां की सारंगी की खनक से उनकी ठुमरियों में चार चाँद लग जाते थे।'

जोहरा बाई को अब कोई याद नहीं करता। पटना सिटी में ही लोगों को उनके बारे में नहीं पता। उनकी कब्र का भी पता पटना सिटी के बाशिंदे कला समीक्षक 82 वर्षीय नवीन रस्तोगी से मिला। आसपास के लोगों को भी नहीं पता कि यह कब्र जोहरा बाई की है। मस्जिद के मुतवल्ली भी इसे जोहरा की कब्र नहीं मानते। लेकिन उसी मोहल्ले के 88 वर्षीय सेवानिवृत डीएसपी श्री दीनानाथ जेटली इसके जोहरा की कब्र होने की पुष्टि करते हैं। नवीन रस्तोगी के मुताबिक दरभंगा महाराज के खर्चे से कब्र को खूबसूरत शक्ल दी गई थी।

जोहरा बाई का बचपन दरभंगा महाराज के दरबार में ही बीता था। वहां उनकी तालीम भी हुई थी। मैं पटना सिटी निवासी अपने मित्र राकेश कपूर के साथ जोहरा बाई के निधन की तारीख जानने की उत्सुकता के साथ यहां आया था। लेकिन कब्र की हालत इतनी बुरी थी कि कुछ भी पता करना संभव नहीं हुआ। जोहरा बाई की

कब्र की बगल में एक अपेक्षाकृत छोटी कब्र भी थी। यह छोटी कब्र उनकी इकलौती बेटी की थी, जिसका निधन उनके जीवनकाल में ही हो गया था।

जोहरा बाई को लेकर कई भ्रांतियां हैं। एक तो वे मूल रूप से कहां की थीं और उनके निधन का समय कौन सा था। गजेंद्र नारायण सिंह अपनी किताब 'बिहार की संगीत परंपरा' में लिखते हैं, 'मौसिक़ी की दुनिया में कई जोहराएं हो गईं— पटना, आगरा, लखनऊ, कपूरथला और अम्बालावाली जोहरा। मौसिक़ी की दुनिया में हर की अपनी ख़ासियत थी। पटनावाली जोहरा आगरेवाली जोहरा से अलग थी।' गजेंद्र नारायण सिंह ही नहीं, अन्य कई संगीत अध्येताओं ने भी दोनों को अलग माना है। जबकी छानबीन करने पर यह स्पष्ट हुआ कि जोहरा बाई पटना वाली और जोहरा बाई आगरेवाली दोनों एक ही थीं।

सैयद बदरुद्दीन अहमद ने अपनी किताब 'हकीकत भी कहानी भी' में स्पष्ट रूप से लिखा है, 'जोहरा बाई आगरा की रहने वाली थी। 1885 का जमाना होगा जब वो अपनी मां के साथ कमसिनी में महाराजा दरभंगा के दरबार में पहुंची।' वहीं ग्रामोफोन कंपनी के साथ हुए जोहरा बाई के अनुबंध में भी साफ़ दर्ज है— 'पांच फरवरी, 1908 को ग्रामोफोन कंपनी लिमिटेड 7 एस्प्लेनेड पूर्व, कलकत्ता और जोहरा बाई, जो पहले आगरा में रहती थी, वर्तमान में पटना सिटी के मोहल्ला मच्छरहट्टा, थाना ख्वाजा कलां में रहती हैं— के बीच एक अनुबंध पर हस्ताक्षर किये गए।'

जोहरा बाई की उम्र को भी लेकर भी गजेंद्र नारायण सिंह भ्रान्ति में हैं। अपनी किताब 'महफिल' में पटना के मशहूर हारमोनियम वादक बाबू श्याम नारायण सिंह के हवाले से वे बताते हैं कि सर सुल्तान अहमद के बेटे की शादी में सुल्तान पैलेस में आयोजित चार दिनों तक चलने वाली महफ़िल में जोहरा बाई ने शिरकत की थी। सर सुल्तान अहमद के वंशजों के मुताबिक उनके बेटे की शादी 1924 में हुई थी। बदरुद्दीन अहमद अपनी किताब 'हकीकत भी कहानी भी' में जोहरा बाई के निधन का साल 1910 या 1911 बताते हैं।

जबकि डिस्कोग्राफर माइकल कीनियर के मुताबिक ग्रामोफोन और टाइपराइटर लिमिटेड कंपनी के लिए जोहरा बाई ने अपने गाने की आखिरी रिकॉर्डिंग 1910 के नवम्बर महीने में दिल्ली में की थी। जोहरा बाई को उनके गाने के तीन साल के अनुबंध के लिए प्रति वर्ष 2500 रुपये का भुगतान किया गया था। उन्हें आखिरी भुगतान 4 फरवरी, 1911 को किया गया था। जून, 1914 में ग्रामोफोन कंपनी की तरफ से जो कैटलॉग छापा गया था उसमें स्वर्गीया जोहरा बाई दर्ज़ है। इसलिए

जोहरा बाई की कब्र

बदरुद्दीन अहमद भी अंशत: गलत प्रतीत होते हैं। एक अनुमान के मुताबिक जोहरा बाई का निधन 1913 में हुआ होगा।

जोहरा बाई पर प्रामाणिक ढंग से संभवत: सैयद बदरुद्दीन अहमद ने ही लिखा है। पटना सिटी के सदर गली निवासी गंगा-जमुनी तहजीब के जबर्दस्त पैरोकार सैयद बदरुद्दीन अहमद की पैदाइश 1901 में हुई थी। उनकी किताब 'हकीकत भी कहानी भी' से हमें पटना के तत्कालीन समाज की पुख्ता जानकारी हासिल होती है। उन्होंने जोहरा बाई ही नहीं, पटना की अन्य तवायफ़ों के बारे में भी खूब लिखा है। उन्होंने पटना की अन्य तवायफ़ों का जिक्र करते हुए लिखा है, 'यूं तो बी रमजू, बी छुट्टन, बड़ी कनीज़, बी हैदर जान, बी हिना यहूदन, अल्लाजिलाई और मोहम्मद बांदी—इन सबों की हर महफ़िल में मांग रहती थी। ये सब पटना की नामी तवायफ़ों में थीं—लेकिन फ़ने मौसिकी में जो कमाल जोहरा बाई को हासिल था और इस फन में जितना इनका नाम निकला और हर जगह और हर शहर में मशहूर हुआ और आखिरी दम तक वह कमाल और वह शोहरत, जो इनके नाम के साथ बाबिस्ता रही, वो इनमें से किसी को नसीब नहीं हुई।'

बदरुद्दीन अहमद ने जोहरा बाई का जिक्र करते हुए लिखा है, 'जोहरा बाई आगरा की रहने वाली थी। 1885 का जमाना होगा जब वो अपनी मां के साथ कमसिनी में महाराजा दरभंगा के दरबार में पहुंची। इस वक़्त के महराजा

दरभंगा की दरियादिली तमाम हिन्दुस्तान में मशहूर थी। हिंदुस्तानी मौसिकी के बड़े सरपरस्त थे। इस फन के कामिल इनके यहां खिंचे चले आते थे और इनके दामने दौलत से बाबिस्ता हो जाते थे। महाराजा का दरबार इस तरह हिन्दुस्तान के बड़े लोगों का 1857 के बाद मामन व मस्कन बन गया था। जोहरा बाई ने मौसिकी की तालीम बड़े-बड़े उस्तादों से पाई। वहां से तालीम पाकर निकली तो पटना में आकर बस गई। पटना से इनकी शोहरत तमाम हिन्दुस्तान में फैली। बड़ी-बड़ी महफ़िलें इनके बगैर फीकी रहती। ये गाती तो ऐसा मालूम होता कि दर्रो दीवार से नग़मे फूटे पड़ते हैं। फ़िज़ा से नग्मों की बारिश हो रही है। और महफ़िल में रागिनी देवी अपनी जाहोजलाल के साथ विराजमान हैं। इसके पास दूर दूर से गानों के माहिर और उस्ताद आते थे और कुछ न कुछ इससे फैज़ हासिल कर के ले ही जाते थे।'

'इन्हें देखकर यह अंदाजा लगाना मुश्किल था कि यह तवायफ़ है या किसी अच्छे घर की शरीफजादी। इसकी मुंकसिर मेजाजी इनकी रक़ीब तवायफ़ों का दिल भी मोह लेती थी। इसकी शराफत पसंदी का भी एक वाकया सुनिए। स्कूल और कॉलेज के चंद तुल्बा एक दफा इनके यहां पहुंचे। यह सूरत देखकर समझ गई कि शरीफ तालिब-ए-इल्म लड़के हैं। इनकी खूब आवाभगत की। इनके आने का मकसद पूछा। इन सबों ने गाना सुनने की ख्वाहिश जाहिर की। तो तानपुरा लेकर बैठ गई। बगल के कमरे से समाजी भी आ गई। दो घंटे तक गाना सुनाती रही। गाना ख़त्म हुआ तो हंस कर बोली तसल्ली हुई कि नहीं? खैर लड़के बहुत खुश थे। सबों ने इसका शुक्रिया अदा किया और घर वापस आ गए।'

जोहरा बाई की रिकॉर्डिंग

बदरुद्दीन लिखते हैं, 'अपने आखिरी ज़माने में इन्होंने तायब होकर निकाह कर लिया था। मगर गाने का धंधा जारी रखा था। गाना छूटता भी तो कैसे! गाना ही तो इसकी जान और जिंदगी बन गई थी। और आखिरी में इसने गाने पर ही अपनी जान भी कुर्बान कर दी। एक बाद दफा एक बड़े मुश्किल राग की मश्क रियाज कर रही थी।

यह एक ऐसा राग था जिस पर हिन्दुस्तान के बड़े-बड़े गवैये काबू न पा सके थे। आखिरी महरलों में यह राग जोहरा बाई के काबू में तो आया मगर इसकी बड़ी कीमत देनी पड़ी। फेफड़ों पर जोर पड़ा और मुंह से खून आने लगा।'

'डॉक्टर आए। ईलाज भी शुरू हुआ। डॉक्टरों ने सख्ती के साथ हिदायत दी थी कि कम-से-कम एक साल तक गाना-बजाना बंद रखो। और मुकम्मल आराम करो। तंदुरुस्त हो जाओ तो फिर गाना बजाना शुरू करना। गाने में ही तो जोहरा बाई की जिंदगी थी। जरा अच्छी हो चली थी तो थी इन्होंने फिर इसी राग की मश्क शुरू कर दी। मुंह से फिर खून आया और मुश्किल से रुका। इलाज तो डॉक्टरों का जारी ही था। वे फिर आए और दवाइयां और बढ़ाई। फिर वह कुछ सेहतमंद हो चली थी कि एकलौती औलाद लड़की हैजा में बीमार पड़ी और चल बसी।'

'जोहरा बाई बेटी से बेहद मुहब्बत करती थी और उसे अपने पेशे से अलग रखकर फ़ारसी अरबी और मह्जबियात की तालीम अच्छे अच्छे मौलवियों से दिलवाई थी और इस फ़िक्र में थी कि कोई अच्छा शरीफ लड़का मिल जाए तो उससे इसकी शादी कर दे। बेटी का यह सदमा जोहरा बाई अपनी बीमारी में बर्दाश्त नहीं कर सकी। 1910 या 1911 में इसका इंतकाल हुआ। और इसके साथ वह राग भी दफ़न हो गया जिसे हासिल करने में इसने अपने फेफड़े के टुकड़े-टुकड़े कर डाले थे।'

बदरुद्दीन आगे लिखते हैं, 'मच्छरहट्टा में इसका आलीशान मकान और कोठा लबे सड़क था। इसके मकान से लगे हुए मुख़्तसर हिस्से में सड़क के किनारे आज भी इसकी और इसकी बेटी की कब्र नजर आती है। जोहरा बाई छरहरे बदन की सांवली और क़बूले सूरत तवायफ थी, रंग सांवला और आंखें बड़ी-बड़ी थी। चेहरे के हुस्न का बदल इसकी आँखों में था जो मख्मूर मालूम होती थी देखने वालों को भी मख्मूर कर देती थी। जोहरा बाई को अकबर शाह दानापुरी से बड़ी अकीदत थी। तायब होने के बाद उन्हीं से मुरीद भी हुई और उन्हीं से अपने ऐशआर पर इस्लाह भी लेती रही।'

गजेंद्र नारायण सिंह ने जोहरा बाई की काबिलियत और उसकी खुद्दारी का जिक्र अपनी किताब 'महफ़िल' में करते हुए लिखा है, 'जोहरा आला दर्जे की कलावंत तो थीं ही, बड़ी संवेदनशील भी थीं। अपनी आन-बान और शान के लिए न्योछावर हो जाने वाली भी थीं। उनके स्वाभिमान को थोड़ी भी ठेस लगती तो उन्हें बर्दाश्त नहीं होता था।'

'महफ़िल' में आगे उन्होंने लिखा है, 'पटना वाली जोहरा की शोहरत की ऐसी धूम मची थी कि रामपुर नवाब के संगीत प्रिय दरबार से उसकी बुलाहट

जोहरा बाई

हुई। ठुमरियों के बोल वह ऐसे भरती थी कि उनकी एक बोल पर ठुमरी के शहंशाह भैया साहब गणपतराव ऐसे फ़िदा हुए कि गंडाबद्ध शिष्य बनने के लिए अपनी कलाई बढ़ा दी थी।'

'रामपुर दरबार में जोहरा बाई की खास महफ़िल लगाई गई। दरबार में ऊंच-नीच दिखाने की प्रवृत्ति कलाकारों में जबर्दस्त होती थी। जोहरा 'छोटी चीजों' की माहिर फनकार मानी थीं। उनके रंग को धोना टेढ़ी खीर थी। नवाब के मुंहलगे संगीतकारों ने उन्हें नीचा दिखाने के लिए नवाब को उकसाया कि जोहरा से ख्याल गाने की तलब की जाए, ताकि उसकी मिट्टी पलीद हो जाए। पर जोहरा ने कच्ची गोलियां नहीं खेली थीं। उनकी तालीम पुख्ता थी। उन्होंने ऐसा जमकर भूपाली ख्याल सुनाया कि दरबार के संगीतकारों के होश उड़ गए।'

'नवाब बहादुर ने गदगद होकर जोहरा से कुछ मांगने को कहा। जोहरा के कलाकार को तो पहले ही ठेस पहुंच चुकी थी। उन्होंने बड़ी शान से अर्ज किया कि दुबारा कभी रामपुर दरबार में न बुलाई जाए।' वे कहते हैं, 'कहने को तो ये गाने वाली तवायफ़ें थीं, लेकिन अपनी कला की नाकद्री बर्दाश्त नहीं कर सकती थीं। बड़ी खुद्दार हुआ करती थीं ये तवायफ़ें!'

दरभंगा दरबार और महाराजा दरभंगा के साथ जोहरा बाई के संबंधों के बारे में भी गजेंद्र नारायण सिंह ने लिखा है। उन्होंने 'महफिल' में ही लिखा है,

'पटना वाली जोहरा बाई दरभंगा के महाराजाधिराज रामेश्वर सिंह की समकालीन थीं। रामेश्वर सिंह वैसे तो तंत्र विद्या में महारत रखते थे, किंतु संगीत प्रेमी भी थे— खासकर जोहरा की ठुमरियों के प्रशंसक थे। कहते हैं, रामेश्वर सिंह के दरबार में आठ-दस साल की उम्र से ही जोहरा की परवरिश और मौसिकी की तालीम दरबार के गवैयों से हुई थी।'

आगे उन्होंने लिखा है, 'किसी बात पर महाराजा से मनमुटाव हो जाने के कारण जोहरा बाई चौक, पटना सिटी में आकर रहने लगीं। महाराजा रामेश्वर सिंह के निधन के पश्चात जब उनके पुत्र कामेश्वर सिंह गद्दीनशीन हुए, तो गाने-बजाने की महफ़िल हुई। जोहरा बाई पटना से बुलाई गईं। दो दिनों की महफिल में शिरकत करने के बाद दो हजार रुपए और कीमती दुशाला देकर विदाई की गई। जोहरा ने बड़े अदब से नए महाराज को सलाम बजाया, फिर हाथ जोड़कर कहने लगीं— 'हुजूर, मैं तो इस दरबार की बेटी हूं। जो कुछ पाया, यहीं पाया। लाजिमी तो था कि मैं दरबार की बेटी की तरह बुलाई जाती, किन्तु अफसोस के साथ कहना पड़ता है कि बुलाई गई हूँ एक तवायफ की तरह! लेकिन मेरे दिलो-दिमाग से पुराना रिश्ता अब तक नहीं गया है। इस मुबारक मौके पर एक बहन की तरफ से यह नजराना कबूल कीजिए।' और पांच हजार रुपयों की थैली भेंट कर जोहरा पटना वापस हो गईं।*

जोहरा बाई के प्रशंसक, हृदय की सर्जरी करने वाले संगीत पारखी डॉ. अजीत प्रधान ने एक मज़ेदार किस्सा सुनाया था— 'ऐसा हुआ कि गौहर जान के बुलावे पर मौजुद्दीन खान जोहरा बाई पटना वाली का ठुमरी सुनने गए। जब से मौजुद्दीन खान ने उनकी ठुमरी सुनी, उन्हें कुछ और अच्छा ही नहीं लगता था। यहां तक के गाने बजाने तक में मन नहीं लगता, खाने पीने का भी कोई ठिकाना नहीं था। मौजुद्दीन खान की यह हालत देखकर भैया गणपत राव ने पूछा, 'मियाँ आखिर बात क्या है?' मौजुद्दीन ने बताया कि 'जोहरा बाई ऐसा गाती है कि उनके गाने के सामने सबका गाना फीका पड़ जाता है। वो ठुमरी की रूह है, जिसके सामने दूसरों के गाने बेजान जिस्म की तरह हैं। सच तो यह है कि उनकी ठुमरी सुनने के बाद मुझे एहसास हुआ कि मैं अभी ठुमरी के फ़न की शुरूआती मंज़िलों पर हूं। वो ठुमरी की आफ़ताब है और मैं इक ज़र्रे के बराबर हूं।'

* इन तथ्यों में विरोधाभास दिखता है। महाराजा रामेश्वर सिंह का निधन 1929 में हुआ था और जोहरा बाई का निधन 1913 के आसपास ही हो गया था। बहुत संभव है कि 1907 में महाराजा कामेश्वर सिंह के जन्मोत्सव के अवसर पर जोहरा बाई को बुलाया गया हो।

भैया गणपत राव, अभी तक ये नहीं जानते थे कि जोहरा बाई फन के इतनी बुलंदियों पर पहुंची हुई है। मौजुद्दीन खान की जुबानी, उनकी तारीफ़ सुनने के बाद वो बेताब हो गए और अपने आप को रोक न सके। 'चलो मुझे भी मिला दो उससे, मुझे मिलना है जोहरा से।' और मौजुद्दीन खान और वसीर खान के साथ भैया गणपत राव अज़ीमाबाद (पटना) जा पहुंचे। भैया गणपत राव ने जोहरा को खबर भिजवाई कि वो आए हैं और जोहरा से मिलना चाहते हैं। जोहरा को जब ये मालूम हुआ कि मौजुद्दीन खान भी साथ आए हैं। तब उन्होंने मिलने से इनकार कर दिया। 'हमें परखने आए हैं— ये बनारस वाले!' जोहरा ने प्यारे नवाब साहब को कहा। बड़ी मुश्किल से जोहरा उनसे मिलने को तैयार हुई।

'पंचम' में तानपुरे को मिलाया गया और प्यारे नवाब साहब ने सितार पर राग 'खमाज' की छोटी आलाप से शुरुआत की। उस्ताद बहादुर खान सारंगी पर थे, और मियाँ अली कदर तबले पर।

"पिया के आवन की सुनत खबरिया
राह तकत हैं नेक नजरिया"

'खमाज' की इस ठुमरी की बोल को बड़ी नजाकत से कह कर जोहरा जैसे ही सम पर आई भैया गणपत राव से रहा नहीं गया— 'वाह बीवी वाह, वाह बीवी वाह'—कह कर नाच उठे। तभी जोहरा अन्तरे पर उतर आई।

"तड़पत हूं मोहे कल न परत है
यूं ही बीती जात उमरिया"

यह सुनते ही मोजुद्दीन खान के दिल में जज़्बात का एक दरिया उमड़ पड़ा और वो बेखुद हो गये और मदहोशी की कैफियत में डूब गये। तभी जोहरा बाई ने 'थट मल्हार' में दूसरी ठुमरी शुरू की।

"डोले रे जोबन मधमाती गुजरिया,
सांवरी सूरत पर परत नजरिया,
चटपट चाल चलत कुंजन में
ओढ़े कुसुम रंग लाल चुनरिया"

ये सुनते ही मौजुद्दीन खान ने कहा— 'बस करो बीवी, अब बर्दाश्त नहीं होता।' मौजुद्दीन खान का ये हाल हुआ कि अब वो अज़ीमाबाद (पटना) छोड़ना ही नहीं चाहते थे और जोहरा बाई के कोठे पर उनका रोज का आना-जाना लगा रहा। जोहरा बाई का गाना सुने बगैर उन्हें करार नहीं आता था। मौजुद्दीन खान ने ये तय कर लिया

था कि वो अज़ीमाबाद में ही अपना मुस्तकिल आशियाना बना लेंगे। लेकिन भैगा गणपत राव के बहुत मनाने पर वो बनारस वापस गए और ऐसा वापस गए कि जिंदगी में फिर उन्हें अज़ीमाबाद का दीदार नसीब नहीं हुआ।

कहते हैं, मौजुद्दीन खान को दुबारा पटना आने ही नहीं दिया गया—सबको ये डर था कि मौजुद्दीन खान अगर दुबारा अज़ीमाबाद गए तो वो वहीं के बन कर रह जाएंगे।'

1908-1911 के दरमियान जोहरा बाई के 60 से अधिक गाने रिकॉर्ड किए गए थे। एशिया, मिडिल ईस्ट और हिन्दुस्तान के प्रारंभिक साउंड रिकॉर्डिंग उद्योग पर गहन शोध करने वाले डिस्कोग्राफर माइकल कीनियर (1945-2019) ने जोहरा बाई की रिकॉर्डिंग पर शोध कर जो तथ्य उपलब्ध कराए हैं, वे काफी महत्वपूर्ण हैं।

माइकल कीनियर के मुताबिक 1900 के दशक की शुरू के वर्षों में भारत में कई साउंड रिकॉर्डिंग कंपनियां सक्रिय थीं, लेकिन इनमें ग्रामोफोन और टाइपराइटर लिमिटेड कंपनी सबसे आगे रहा। लोगों की रुचि को समझते हुए उसने साउंड रिकॉर्डिंग के लिए मध्य कलकत्ता के सियालदह में एक स्टूडियो बनाया।

1906-07 के दरमियान ग्रामोफोन और टाइपराइटर कंपनी के विलियम कोनार्ड गाइसबर्ग ने भारत का व्यापक स्तर पर दौरा किया और कई बोलियों और संगीत शैलियों में कई सौ रिकॉर्डिंग तैयार किए। यद्यपि इनमें से कुछ रिकॉर्डिंग औसत दर्जे की थी जो आम जनता की रुचि को देखते हुए रिकॉर्ड की गई थी।

1908-09 सीज़न के लिए, ग्रामोफोन कंपनी लिमिटेड ने स्थानीय संगीत प्रेमियों की सलाह पर उत्तर और दक्षिण भारतीय संगीत की शास्त्रीय शैलियों के कई उच्च श्रेणी के संगीतकारों और कलाकारों को अनुबंधित किया। रिकॉर्डिंग में कार्यभार की अधिकता को देखते हुए दो रिकॉर्डिंग विशेषज्ञों की जरूरत महसूस की गई। जॉर्ज वाल्टर को फरवरी 1908 में मुंबई में रिकॉर्डिंग शुरू करने के लिए भेजा गया वहीं फ्रेडरिक विलियम को अप्रैल 1908 में कलकत्ता भेजा गया।

कंपनी ने कोलकाता में रिकॉर्डिंग के लिए कई महत्वपूर्ण कलाकारों के साथ विशेष अनुबंध किया। इनमें जोहरा बाई पटनावाली, दिल्ली की मुमताज़ जान, कलकत्ता की विदुषी बेदना दस्सी, मुंबई की मिस अच्छन, मेरठ की नवाब जान, दिल्ली, झज्जर की ज़ेबन जान और दक्षिण की मिस वनजाची शामिल थीं।

माइकल कीनियर के मुताबिक 5 फरवरी, 1908 को ग्रामोफोन कंपनी लिमिटेड ने जोहरा बाई के साथ जो अनुबंध किया वह कुछ इस प्रकार था— आज 5 फरवरी, 1908 को ग्रामोफोन कंपनी लिमिटेड 7 एस्प्लेनेड पूर्व, कलकत्ता और जोहरा बाई, जो पहले आगरा में रहती थी, वर्तमान में पटना सिटी के मोहल्ला मच्छरहट्टा, थाना ख्वाजा कलां में रहती हैं— के बीच एक अनुबंध पर हस्ताक्षर किये गए।

इस अनुबंध में जोहरा बाई को आगरा की पूर्व निवासी हुसैनी जान की बेटी के रूप में वर्णित किया गया है। अनुबंध की शर्तों के मुताबिक जोहरा को 2500 के वार्षिक वेतन के साथ 3 साल की अवधि के लिए अनुबंधित किया गया था। इस अवधि में उन्हें तीन वर्षों के लिए अपने सर्वश्रेष्ठ गीत और गज़ल, ठुमरी, दादरा अच्छी और मधुर धुनों के साथ गाने थे। प्रत्येक वर्ष 25 गानों की रिकॉर्डिंग करने की बात तय की गई थी।

ज़ोहरा को उसका वेतन रिकॉर्डिंग के समय या रिकॉर्डिंग पूरी होने के 6 महीने के भीतर दिया जाना था। ज़ोहरा बाई को भी समझौते की अवधि के दौरान किसी अन्य रिकॉर्डिंग कंपनी के लिए गाने की मनाही थी। अनुबंध के मुताबिक ग्रामोफोन कंपनी लिमिटेड को अपनी ओर से रिकॉर्डिंग करने के लिए आवश्यक रिकॉर्डिंग विशेषज्ञ और मशीन प्रदान करना था। इसके साथ ही अगर यह रिकॉर्डिंग पटना के बाहर हुई तो जोहरा बाई और उनके साजिंदों को यात्रा खर्च के साथ आवास और भोजन की व्यवस्था करना कंपनी के जिम्मे था।

अनुबंध की शर्तों के मुताबिक पहली रिकॉर्डिंग फ्रेडरिक ने अप्रैल, 1908 के आखिरी दिनों में कलकत्ता में की थी। यद्यपि स्थान के बारे में स्पष्ट जानकारी उपलब्ध नहीं है लेकिन यह या तो चौरंगी स्थित ग्रैंड होटल में की गई थी यह शहर के किसी थिएटर में विशेष रूप से तैयार किए कमरे में की गई थी। कलकत्ता सत्र में जोहरा के 25 गानों की रिकॉर्डिंग की गई। उसके पहले दिल्ली की मिस काली जान और जोहरा के बाद कलकत्ता की ही मिस गौहर जान की रिकॉर्डिंग की गई। जोहरा के पच्चीस गानों में तीन को छोड़ बाकी सभी व्यावसायिक थीं।

अनुबंध के दूसरे वर्ष की रिकॉर्डिंग लखनऊ में जॉर्ज वाल्टर ने की। लखनऊ रिकॉर्डिंग का सत्र 18 **नवंबर**, 1909 **को** जोहरा की रिकॉर्डिंग के साथ शुरू हुआ। लखनऊ रिकॉर्डिंग सत्र में 26 गानों की रिकॉर्डिंग हुई। एक गाना को दुहराया गया था। ये रिकॉर्ड व्यावसायिक रूप से तैयार किए गए थे। यद्यपि इनमें से कुछ रिकॉर्ड को पांच साल के बाद जारी किया गया था।

अनुबंध के तीसरे वर्ष में रिकॉर्डिंग दिल्ली में 21 नवंबर, 1910 को शुरू हुआ, जिसमें 12 रिकॉर्ड तैयार किए गए। यह रिकॉर्डिंग जॉर्ज के देखरेख में की गई। नवंबर 1910 में दिल्ली में की गई रिकॉर्डिंग जोहरा की आखिरी रिकॉर्डिंग थी। यद्यपि इस सत्र के रिकॉर्ड कई वर्षों के बाद जनता को उपलब्ध कराए गए।

इस रिकॉर्डिंग के बाद जोहरा ज्यादा दिनों तक जिन्दा नहीं रहीं। मुश्किल गाने के रियाज़ और बेटी की मौत का गम, दोनों ने मिलकर उन्हें बुरी तरह तोड़ दिया था। मौत के बाद उन्हें बेटी की बगल में ही दफना दिया गया। कब्र अब जंग लगे दरवाजे के पीछे सुनसान पड़ी है। अब यहां कोई नहीं आता।

एक थी तन्नो बाई और एक थे धरीक्षण तिवारी

एक सच्ची कहानी, जो मुझे पटना सिटी के एक बुजुर्ग ने सुनाई थी।

यह 1920-30 के दरमियान की बात है। तब पटना का दिल बसता था— चौक में। पटना सिटी में गुरहट्टा से लेकर चमडोरिया तक, सड़कों के दोनों तरफ फनकारों और रूपगर्विता तवायफ़ों के कोठे थे। शाम होते ही यह इलाक़ा गुलज़ार हो जाता। रईसों और नवाबों की बग्घियों और टमटमों की आवाजाही शुरू हो जाती। रात की महफ़िल नाच की महफ़िल होती थी और वह 'खड़ी महफ़िल' कहलाती थी। इस महफ़िल में तवायफें खड़ी होकर नृत्य के साथ भाव बताती थीं और गायन करती थीं। दिन की महफ़िल 'भैरवी की महफ़िल' कहलाती थी और यह सुबह में शुरू होती थी। इन महफ़िलों में मेहमानों के लिए खाने का भी भरपूर इंतज़ाम रहता था।

तो इसी गुरहट्टा मोहल्ले में पिछली सदी में 'मुज़रे की रानी' के नाम से मशहूर एक तवायफ़ हुई थी— तन्नो बाई। खूबसूरती भी बेमिसाल! जमींदारों, रईसों की महफ़िल की जान हुआ करती थीं तन्नो बाई। कच्चे, पक्के दोनों गायकी में महारत हासिल था। वह सिर्फ गायिका ही नहीं, नृत्य प्रवीण भी थीं। वे बड़े एहतियात के साथ आतीं और महफ़िल लूट ले जातीं। वह समझदार थी और बड़े सलीके वाली भी।

गुरहट्टा में तन्नो बाई का कोठा शहजादियों के इशरतगाह से कम न था। बेल्जियम कट ग्लास के बने हजार, पांच सौ कैंडल पावर वाले रंग-बिरंगे झाड़-फानूस, चांदी और हाथी दांत की बनी दीवारगीरें, सुनहरे फूल पत्तियों से सजी छत, चांदी के फ्रेम में मढ़े बड़े-बड़े आईने, चांदी के गमले और फूलदान, संगमरमर की मेजें और उन पर जरी की कामदार मेज़पोश, ईरानी कालीनें— इन सभी बेशकीमती चीजों से तन्नो बाई की शानोशौकत का अंदाजा लगाया जा सकता है।

इसी चौक की कचौड़ी गली में रहते थे धरीक्षण तिवारी। वैष्णव संप्रदाय के छोटी मंदिर के पुजारी। इलाके के सर्वमान्य पुरोहित। सुन्दर, सलोना चेहरा और दुधिया गोरा

रंग। भव्य ललाट पर लंबा टीका। लंबे-चौड़े सुगठित शरीर पर भागलपुरी तसर का कुरता, कंधे पर कोरदार रंगीन गमछा और बगुले के पंख जैसी सफ़ेद धोती। तिवारी जी छुआछूत, धरम-करम मानने वाले थे। लेकिन उन्हें सुनने की तमीज थी। राग-रागनियों की समझ थी और स्वयं सुरीले भी थे। समाज में बड़ी प्रतिष्ठा थी। रईसों और जमींदारों के यहां आना जाना था।

एक बार शहर के दीवान मोहल्ले में एक रईस के बेटे के शादी में वे पुरोहित होकर गए। शादी के बाद जब मुज़रा हुआ तो उन्होंने तन्नो बाई का जादू चलते देखा। तिवारी जी मुग्ध हो गए। आत्मविभोर होकर सुनते रहे। उन्हें इस बात का ख्याल भी था कि वे पुरोहित हैं, ब्राह्मण हैं और सामने एक तवायफ़ गा रही है। बहुत जब्त किया अपने को। लेकिन फिर भी जब तन्नो बाई दाद की हक़दार हुई तो वे सर हिलाकर दाद देते। लेकिन ज़ुबान बंद ही रहती। सही जगह पर सिर को हिलते देख तन्नो की नज़र उन पर टिक गई। उन्होंने इस सीधे-सादे ब्राह्मण पुजारी को पहली ही नज़र में तोल डाला। फिर तो वह उनकी ओर मुड़ कर बैठ गई। आलाप, तान, सरगम, मुर्की-तन्नो ने चुन-चुन कर तीर फेंके। तिवारी जी घायल होते चले गए, पर मुंह से आह या वाह नहीं निकला। हिलता हुआ सिर ही उनकी ज़ुबान बन गया।

इसके बाद तो ऐसा सिलसिला शुरू हुआ कि शहर के जिस मुज़रे में तन्नो जाती, धरीक्षण तिवारी को खबर होती तो अपनी घोड़ी पर बैठ कर वहीं पहुंच जाते। अब तन्नो थोड़ा खुली। अपने जौहरी को देख वह खिल जाती। उन्हें बड़े अदब से सलाम भी करती। साजिंदों से कह तिवारी जी को आगे बैठवा देती। इसके बाद तो ऐसा लगता मानों तन्नो बाई उन्हीं के लिए ही गा रही हों।

दुआ-सलाम के आगे तिवारी जी कुछ न बोलते और न ही तन्नो बाई ने आगे बढ़ने की जुर्रत ही की। करीब 20-25 मुजरों के बाद तन्नो ने एक बार हिम्मत कर तिवारी जी को पान पेश किया। तिवारी जी ने पान लेकर अपने माथे से लगाया और रूमाल में लपेट अपनी जेब में रख लिया। तन्नो मुस्कुराई। समझ गई तिवारी जी उसके हाथ का पान नहीं खा सकते। लेकिन उन्होंने पान का मान रखा।

इसी तरह कई महीने, वर्ष बीत गए। एक बार कचौड़ी गली के बड़े जमींदार बनवारी राजा के यहां से बुलावा आया। बेटे की शादी थी। पांच दिन की महफ़िल लगवाई गई थी। बनारस की मशहूर तवायफ़ें बुलायी गई थीं। तन्नो को भी बुलाया गया। उन्हें एक हज़ार शुद्ध टकसाली चांदी के रुपयों की पेशगी भी दी गई। तन्नों जब महफ़िल में आई तो उनकी नजरें तिवारी जी को ढूंढने लगी। जब वे कहीं नजर नहीं आये तो उन्होंने अपने तबलिये से पूछा। तबलिये ने लोगों से

दरयाफ़्त कर बताया, 'बी साहिबा! पिछली पूर्णिमा की रात तिवारी जी का इंतकाल हो गया।'

तन्नो जहां थीं— वहीं पत्थर की मूर्ति की तरह हो गई। आँखें गर्म-गर्म आंसू की मोतियों से लबालब भर गई। फिर थोड़ी देर में जब संभली तो रुपयों से भरी थैली लेकर वह जमींदार के पास पहुंची। कहा, 'मुआफ़ करिएगा जमींदार साहब! आज मैं नहीं गा सकूंगी।' और उन्होंने थैली वापस कर दी।

इस घटना के बाद तन्नो बाई कई दिनों तक सदमे की हालत में रही। हमेशा गुलज़ार रहने वाला उनका कोठा वीरान हो गया। तन्नो बाई के तबलिये मातादीन के वंशज के मुताबिक तन्नों बाई अब दिन भर अपनी कोठरी में गुमसुम पड़ी रहतीं। कई बड़े जगहों से बुलावा आया। पेशगी की बड़ी रकम भी भिजवाई गई। सबों को ठुकरा दिया। उनके कारिंदे हैरत में थे कि बी साहिबा को क्या हो गया है! अब तो उनके भूखे मरने की नौबत आ गई थी। बहुत आरज़ू मिन्नत कर, अपने बच्चों का वास्ता दे, उन्होंने तन्नो बाई को मनाया। तन्नो बाई की महफ़िल फिर से गुलज़ार होने लगी। लेकिन चेहरे पर एक वीरानी चस्पा हो गई थी और आंखों में गहरी उदासी। सुनने वालों को तन्नो बाई की आवाज़ में एक नया दर्द और नई कशिश महसूस हुई।

इसके बाद तन्नों बाई काफी दिनों तक जिन्दा रहीं। बाद में उन्होंने मुज़रा करना छोड़ दिया था। उनका ज्यादा वक़्त अब खुदा की इबादत में बीतने लगा था। उम्र के छठे दशक में तन्नो बाई का इंतकाल हुआ। उन्हें पटना सिटी के पक्की दरगाह में दफ़ना दिया गया। तन्नो बाई को कोई संतान न थी। उन्होंने अपनी सारी जायदाद यतीमख़ाना और मदरसे को दे दी।

उधर कई महीनों के बाद एक दिन धरीक्षण तिवारी की पत्नी उनके पोथी-पतरों को झाड़-पोंछ रही थीं तो उन्हें एक रुमाल में बंधा हुआ सूखा पान का बीड़ा मिला। तिवारी जी की पत्नी को आश्चर्य हुआ। तिवारी जी तो पान खाते ही नहीं थे। फिर यह पान क्यों था—वह समझ नहीं पाईं थी।

तवायफ़ की मुहब्बत उसे कहां ले आई

तवायफ़ों के साथ उनकी धूर्तता, उनके छल की भी अनेक कहानियां जुड़ी हुई हैं। लेकिन पटना सिटी की तवायफ़ों पर काम करते हुए मुझे उनके प्यार, उनकी वफादारी, करुणा और उनके समर्पण की अनेक कहानियां सुनने को मिली। मुझे जिया अज़ीमाबादी मिलीं, जिन्होंने अपने प्रेमी की मौत की खबर से आहत होकर आत्महत्या कर ली। साबरा बी मिलीं, जिन्होंने अपने प्रेमी के डूबते व्यवसाय को बचाने के लिए अपनी सारी संपत्ति न्योछावर कर दी। फिर बी छुट्टन मिलीं, जिन्होंने अपने युवा प्रेमी को न केवल पढ़ाया-लिखाया— बल्कि उसे एक काबिल वकील भी बनाया। साथ ही उन्होंने अपने प्रेमी की शादी उसकी मां की पसंद की लड़की से भी करवा दी। तो उसी बी छुट्टन की सच्ची कहानी यहां पेश है।

यह कहानी 1875 के आसपास की है। बेपनाह हुस्न की मलिका बी छुट्टन के गाने की शोहरत दूर-दूर तक थी। यह बी छुट्टन की मौसिकी का कमाल ही था कि दूर और नजदीक हर जगह उनके सैकड़ों चाहने वाले थे। उनके कद्रदानों में महाराजा, नवाब, रईस और आम जन भी थे।

पटना सिटी के मच्छरहट्टा मोहल्ले में सतघरवा, बी छुट्टन की वजह से दूर-दूर तक मशहूर था। इस जगह तकरीबन सात मकान एक ही ढंग के बने हुए थे। इन्हीं में से एक मकान की ऊपरी मंजिल पर बी छुट्टन रहती थीं। उसमें सड़क की ओर खुलने वाली एक खिड़की थी। शाम के वक़्त बी छुट्टन बन संवर कर खिड़की पर आकर बैठतीं। खिड़की के सामने ही एक पान की दूकान थी, जहां पान खाने के बहाने आँख सेंकने आए हुए लोगों की भीड़ लगी रहती थी। उसी दूकान पर एक भोली-भाली सूरत वाला एक लड़का, जिसकी उम्र 14-15 की रही होगी— कुछ दिनों से आकर खड़ा रहने लगा। वहां खड़े दूसरे लोग आपस में बातें करते रहते। उनका आपस में हंसी-मजाक भी होता रहता, लेकिन यह लड़का बी छुट्टन की खिड़की की तरफ टकटकी लगाए खड़ा रहता।

कुछ दिनों तक उसे देखते रहने के बाद बी छुट्टन ने उसे अपने मुलाज़िम के मार्फ़त अपने पास बुलवाया। लड़के को पास में बिठाया। नाम पता पूछा। लड़के की घबराहट देख वह समझ गईं कि उसे डर है कि नाम और पता जाहिर होने पर घर पर कहीं खबर न हो जाए। यह समझ कर बी छुट्टन ने उस लड़के से इस ढंग से बातें की कि उसका डर ख़त्म हो गया। फिर उसने नाम बताया अली अहमद और मकान का पता भी बताया। बताया, जब पांच बरस का था कि वालिद का इंतकाल हो गया। दो बहन बड़ी थीं, नहीं रहीं। अब यह अकेला बच रहा है। वालिद के मरते ही चाचा ने जायदाद में बेईमानी कर ली। थोड़ी सी जमींदारी बच रही है। कुछ किराया आता है। बस ऐसे ही खर्च चलता है। पढाई के बारे में बताया कि थोड़ी सी उर्दू, फ़ारसी घर पर पढ़ी है। स्कूल में दो साल हुए दाखिला करवा दिया गया है। रिश्ते के एक मामू मोगलपुरा में रहते हैं, दो चार दिनों में आकर खैरियत पूछ जाते हैं।

यह सब जानकर छुट्टन ने उसे समझाया, 'शरीफों के बच्चे पान की दुकान पर नहीं खड़े रहते। अच्छा है कि तुम मेरे पास आ जाया करो। इसे अपना ही घर समझो।' अली अहमद को यह सब सपना सा लग रहा था। उसे यकीन नहीं हो रहा था कि जहां बड़े-बड़े लोगों की पहुंच नहीं, वह दरवाजा खुद-ब-खुद खुल गया था। दो हफ्ते ऐसे ही गुज़र गए। एक दिन छुट्टन ने अली से पूछा, 'मियां, सच-सच बताओ— क्या बात है?'

अली ने अपनी नजरें झुका ली। कहने की हिम्मत तो न थी। सिर्फ यह कहा कि हर वक़्त आपके पास बैठे रहने को जी करता है। घर पर तबियत नहीं लगती है और पढ़ने में भी मन नहीं लगता है। जब छुट्टन ने पढ़ाई के बारे में पूछा, तो पता चला पैसे न रहने की वज़ह से स्कूल से नाम भी कट गया था।

छुट्टन ने अली को डांटा। कहा, 'मेरी मुहब्बत हासिल करने की पहली शर्त तो यह है कि जी लगा कर पढ़ना शुरू करो। रोज़ाना स्कूल जाओ। अंग्रेजी और हिसाब के लिए एक अच्छा मास्टर रखो। जो खर्च होंगे, मैं दूंगी। रात में पढ़ो, सुबह उठकर पढ़ो। शाम में मेरे पास डेढ़ दो घंटे के लिए चले आओ।'

अली रुपये लेने के लिए तैयार नहीं थे। तब छुट्टन ने दोबारा यह कहकर जोर दिया- 'अगर मुझे अपना समझते हो तो रूपये लेने से इंकार न करो।' रुपये देते हुए बोली, 'अब स्कूल में दोबारा नाम लिखवा लो। अच्छा उस्ताद भी रख लो और स्कूल की सब किताबें खरीद लो।'

अब छुट्टन को अली के पूरे हालात के साथ दिलचस्पी हो गयी थी। उन्होंने पता लगा लिया था कि घर पर पैसे की तंगी रहती है। मकान और दुकान के किराये

भी वसूल होते हैं, तो नाकाफी होते हैं। शरीफ मां खुद मुसीबत सहती है मगर बेटे को तकलीफ नहीं होने देती। बेचारी मां समझ रही है कि साहबजादे स्कूल में पढ़ रहे हैं।

दूसरे दिन अली आए तो छुट्टन ने कैफियत पूछी। अली ने स्कूल के दाखिले की रसीद दिखलाई। खरीदी हुई किताबों की रसीदें भी सामने रख दीं और बताया कि स्कूल के टीचर अगले दिन से रोज़ाना सुबह में दो घंटे पढ़ाया करेंगे। अली कुछ परेशान भी थे। कहने लगे कि अगर अम्मा पूछेंगी कि मास्टर का तनख्वाह कहां से आएगा और इतने सारे पैसे कहां से आये तो क्या जवाब दूंगा। छुट्टन ने आसान तरकीब बताई। कहा, 'अपनी वालिदा से कह देना मरहूम वालिद के एक दोस्त है। उन्होंने जबरदस्ती मास्टर का भी बंदोबस्त कर दिया है और किताबें भी खरीद कर दी हैं।'

अली ने अपनी वालिदा को यही कहा, मगर वह इस पर तैयार न हुईं कि दूसरे का एहसान क्यों लें? मगर जब अली की तालीम का ख्याल आया तो चुप ही रहीं। अली ने बी छुट्टन का मुहब्बत हासिल करने के लिए जी लगाकर पढ़ना शुरू किया। इम्तिहान हुआ, तो बड़े अच्छे नंबरों से उसमें पास हुए। छुट्टन के यहां अली का रोज़ाना आना जाना जारी था। छुट्टन भी मुहब्बत की नजरों से देखकर अली की हिम्मत बढ़ाती रहती। मगर वायदा हमेशा याद दिलातीं।

अली इंट्रेस पास कर गए। छुट्टन ने अपनी मुहब्बत का हवाला देते हुए आगे की पढ़ाई के लिए अली को कलकत्ता भेजा। अली छुट्टन से दूर नहीं रहना चाहते थे। सो मां के अकेले होने का बहाना बनाया। तब बी छुट्टन ने अपने खर्चे से एक बूढ़े मुलाज़िम को अली की मां की खिदमत के लिए रखवाया। अब अली की एक न चली। उसे कलकत्ता जाना पड़ा। यह वह वक़्त था जब ऊँची तालीम हासिल करने के लिए कलकत्ता मुफ़ीद माना जाता था।

अली को भी अब धुन लग गयी थी कि मुहब्बत हासिल करने की जब यही सूरत है तो मुकम्मल तालीम हासिल कर लें। इसके अलावा इंट्रेंस का इम्तिहान पास कर लेने के बाद उन्हें भी तालीम का मज़ा मिलने लगा था। दिन गुजरते देर नहीं लगती। चार वर्ष में अली, एफ.ए और बी.ए का इम्तिहान अच्छे नंबरों के साथ पास कर लेने के बाद फिर पटना वापस आ गए। इस बीच भी जब छुट्टियों में आते तो ज्यादा वक्त बी छुट्टन के यहां गुजारने की कोशिश करते। मगर बी छुट्टन कहा करती थीं कि घर पर ज्यादा रहो। अपनी वालिदा के साथ रहकर उनकी देखभाल करो। और उनकी ख़िदमत करना अपना फ़र्ज़ समझो।

बी.ए. पास करने के बाद बी छुट्टन की सलाह मान कर अली वकालत की तालीम हासिल करने कलकत्ता चले गए। बी छुट्टन भी कलकत्ता को पटना पर बराबर तरजीह देती रहीं। वह चाहती थीं कि अली अहमद उनसे दूर ही रहे। कलकत्ता इसी लिहाज़ से मौजूं था। अली ने कलकत्ता के कॉलेज में दाखिला लिया और कानून की पढाई करने लगे। अली की वालिदा को अब अली की शादी की फ़िक्र होने लगी थी। रिश्ते तलाश कर इनकी पसंद के लिए पेश किया जाता। मगर अली बहाना बना कर टाल देते— इतनी जल्दी क्या है। वकालत पास कर लें तो फिर देखा जायेगा।

अली का ननिहाल वालों से क़रीबी रिश्ता था। वे पटना के नजदीक किसी गांव में रहते थे। अच्छे खुशहाल थे। उन्हें एक ही लड़की थी। खूबसूरत और पढ़ी लिखी भी। अली की मां ने अपने बेटे के लिए शादी की बातचीत का सिलसिला शुरू किया। अभी वकालत का आखिरी इम्तिहान ख़त्म ही हुआ था और शादी भी तय नहीं हुई थी कि अली की वालिदा बीमार पड़ गयी। तबियत ज्यादा ख़राब हुई तो अली को तार दिया गया। वे दौड़े आए और अपनी वालिदा को ज़्यादा बीमार देख कर घबरा गए।

अली की वालिदा ने उन्हें तसल्ली दी। डॉक्टरों का भी ख्याल था कि खतरे की कोई बात नहीं है। दवा शुरू होगी तो बीमारी घटती जाएगी। एक दिन वालिदा ने शादी की बात छेड़ी। अली बहुत चकराए। घबराए भी। मां की बीमारी देख कर मना करने की हिम्मत नहीं होती थी। मगर दिल तो दूसरी जगह लगा हुआ था। हां करते, तो किस तरह करते। मां ने इनकी परेशानियां देखीं तो लड़की और उसके परिवार वालों की खूबियां गिनाने लगीं। वालिदा अली की मंजूरी का इंतज़ार करने लगीं।

अब अली से बर्दाश्त न हो सका। मां का दिल तोड़ नहीं सकते थे। रो पड़े। अब तो मां के घबराने की बारी थी। बेटे को रोता देख कर तसल्ली देने लगी। अली ने कहा, 'अम्मीजान! जो बात दस साल से मैं आपसे छिपाये हुए था— अब आप पर जाहिर किये बिना चारा नहीं।' और अली ने शरमाते हुए बी छुट्टन के साथ अपनी मुहब्बत, उनके एहसानात का— उनकी हमदर्दी का और उनकी शराफत और मुहब्बत से किये हुए बर्ताव का— सब किस्सा कह सुनाया। अली की वालिदा सन्नाटे में आ गईं। कुछ देर के बाद बोली, 'बेटा! क्या सचमुच एक तवायफ़ से शादी करोगे? अली ने जवाब दिया, 'अब बात तो आपको मालूम ही हो गया फिर भी आपकी रज़ामंदी के बगैर शादी न होगी। इसके अलावा अभी वकालत के इम्तिहान का आखिरी नतीजा भी नहीं मालूम।'

तब अली की वालिदा ने कहा, 'बेटा! है तो वो तवायफ़! लेकिन शरीफ़ों से बढ़कर। तुम पर ही नहीं, उसका मुझ पर भी एहसान है। तुम्हारी जिंदगी उसने

सवार दी और जो मैं तुम्हारे लिए न कर सकी, वो सब कुछ उसने तुम्हारे लिए कर दिखाया। तुम्हें तालीम दिलाकर और तुम्हें तालीम हासिल करने पर मजबूर कर उसने मेरा भी सर बिरादरी के लोगों में ऊंचा कर दिया। अगर तुम उससे शादी कर लो तो मुझे कभी कोई रंज न होगा। फैसला तुम्हारे हाथ है और मुझे तुम्हारी ख़ुशी चाहिए।'

मां-बेटे की बातें ख़त्म हुई तो अली, छुट्टन के यहाँ दौड़े हुए पहुंचे। पहले तो मां की ख़ैरियत कही और आज का सारा वाकया कह सुनाया। छुट्टन मुस्कुरा कर चुप रही। कोई जवाब नहीं दिया।

इस बीच अली की वालिदा की बीमारी बढ़ती गयी। एक दिन छुट्टन ने कहा, 'मैं तुम्हारी वालिदा को देखना चाहती हूं। वो बीमार हैं। अगर मैं उनकी कुछ खिदमत नहीं कर सकती और अगर इसके लायक नहीं समझी जा सकती तो कम से कम एक नजर देख कर आती। तुम अपनी वालिदा से मेरी तरफ से इजाजत मांगो। और अगर वो ख़ुशी से दें— तो मेरी तमन्ना पूरी हो जाएगी कि मैंने एक नजर देख लिया और उनकी खिदमत में हाजिर होकर सलाम कर लिया।'

अली वापस घर आए। मां के सामने छुट्टन की गुज़ारिश पेश की। अली की वालिदा भी चाहती थी कि छुट्टन को देखें। उन्हें इस बात का डर जरूर था छुट्टन के आने के बाद तमाम बिरादरी में हंगामा उठेगा कि एक तवायफ़ एक शरीफ़ज़ादी के घर गयी। उस ज़माने में तवायफ़ें शरीफ़ घर के जनानखाने में नहीं जा सकती थीं। और शरीफ़ औरतें इनसे पर्दा करती थीं। अली की वालिदा ने कुछ सोच कर कहा, 'हां, बेटा कल उनको जरूर लाओ। मैं ख़ुशी के साथ उनसे मिलूंगी।'

दूसरे दिन छुट्टन अली के घर आईं। अली की वालिदा को सलाम किया। सिमट कर अलग बैठीं तो अली की वालिदा ने जिद कर अपने पास बिठा लिया। पहले तो अली के लिए जो कुछ भी बी छुट्टन ने किया था— उसका शुक्रिया अदा किया। फिर बड़े प्यार के साथ बात करने लगी। छुट्टन शुक्रिया के अल्फ़ाज़ पर बोल उठीं, 'हुजूर! शुक्रिये की इसमें कौन सी बात है। अगर मुझ जैसी तवायफ़ किसी शरीफ की खिदमत कर सके तो इसके लिए शुक्रिया क्या?'

अली की वालिदा ने नाश्ते का भी इंतज़ाम किया था। बीमार थीं— पलंग से उठना मुश्किल था, मगर बड़े इसरार करके मुहब्बत से हर चीज खिलाई। छुट्टन घंटों वहां रहकर चलने लगीं तो अली की वालिदा ने बड़ी मुहब्बत से उन्हें रुखसत किया और कहा, 'तुम्हें देखकर मुझे बहुत ख़ुशी हुई है। अगर जी चाहे-तो आ जाया करो। मैं तुम्हारा एहसान नहीं भूलूंगी।' छुट्टन ने फिर कहा, 'हुजूर बार-बार अहसान

और शुक्रिया का नाम लेकर मुझे शर्मिंदा न करें। मैं तो खुद आपकी अहसानमंद हूं कि आपने मुझे अपने करीब आने का मौका दिया।'

अब छुट्टन खुद भी रोज़ाना अली के घर आने जाने लगीं। वहां बैठकर तामीरदारी भी करती और अली को तसल्ली भी देती। मगर वालिदा की हालत रोज़ ब रोज़ ख़राब होती जा रही थी। एक रोज छुट्टन पहुंची तो देखा कि आखिरी वक़्त आ पहुंचा था। मगर वह पूरे होश में थीं। कमजोरी से हिलना तो पहले ही मुश्किल हो गया था। फिर भी छुट्टन को देखा तो मुस्कुराई। इशारे से अपने पास बुलाया। अली वहीं पर मौजूद थे। वालिदा ने बड़ी धीमी आवाज़ में छुट्टन से कहा कि बेटी, मैं तुम्हारा ही इंतज़ार कर रही थी। और फिर करीब बुलाया। अली को इशारे से कहा, 'तुम भी करीब आ जाओ।' जब दोनों उनकी चारपाई से लगकर बैठे तो उन्होंने दोनों के हाथों को अपने कमजोर हाथों में लिए देर तक मुस्कुरा कर दोनों की तरफ देखा कुछ दुआएं पढ़ीं और दोनों के हाथ मिला दिए।

छुट्टन और अली अहमद अवाक बुत बने हुए यह सब कुछ देखते रहे। दोनों की आंखें वालिदा के रंग बदलते हुए चेहरे पर लगी हुई थी। वालिदा कभी आँखें बंद कर लेतीं कभी खोल लेतीं। फिर प्यार भरी नजरों से दोनों को देखती। मगर होठ थे कि बराबर हिले जा रहे थे। और-अल्फ़ाज़ जुबान से आहिस्ता आहिस्ता निकल रहे थे।

छुट्टन और अली समझ गए थे कि आखिरी वक़्त आ पहुंचा है, अब दवाएं बेकार हैं। दोनों का दिल उमड़ रहा था मगर आंसू रुके हुए थे। वालिदा का एक हाथ अली की हाथों में था। दूसरा छुट्टन अपने हाथों में लिए उसको कभी सहलाती तो कभी मुहब्बत से उसको चूमती जाती। अब साँसे भी बेतरतीब होने लगी थी। चेहरे पर मौत की जर्दी छाती जा रही थी। आँखें भी बेनूर होने लगी। यकायक दोनों के देखते देखते एक बार जोर से कलमा पढ़ा, हिचकी आयी और चली गई।

मां के मरने के बाद अब अली का घर में और भी जी नहीं लगता था। घर पर था भी कौन-जिसकी अली को फ़िक्र होती! अब वह सारा वक्त छुट्टन के यहां गुजारने लगे। वह भी इनकी खिदमत में लगी रहती। शाम के वक़्त जब ग्राहकों के आने का वक़्त हो जाता—छुट्टन अली को समझा बुझा कर वापस घर भेज देती। रिश्ते की एक दो बूढ़ी औरतें अली के खाने पीने का इंतज़ाम आकर देती। वे घर आकर बिस्तर पर पड़े रहते।

एक महीने के बाद वकालत के इम्तिहान का नतीजा निकला। अली अहमद आखिरी इम्तिहान भी बड़े अच्छे नंबरों से पास कर गए। एक दिन छुट्टन ने अली

से कहा, 'मियां! तुमने मेरी शर्तें पूरी कर दी। मेरा मकसद भी पूरा हो गया। आज मैं तुमसे खुल कर बातें करना चाहती हूं। जरा गौर से सुनो और समझने कोशिश करो।'

फिर कहने लगी, 'दुनिया जिसको आमतौर पर से मुहब्बत कहती है वह सिर्फ जिस्मानी लगाव का नाम नहीं—मुहब्बत का जज्बा हर जज्बा से ऊंचा, बड़ा ही पाकीज़ा, काबिले एहतराम जज्बा है। मुझको भी तुमसे मुहब्बत है। आज से नहीं बल्कि उस दिन से-जिस दिन मेरे बुलाने पर तुम पहली मर्तबा मेरे यहाँ आये थे। उस वक़्त तुम 15 साल के थे और मैं 25-26 साल की थी। मेरी और तुम्हारी उम्र में तक़रीबन 12 साल का फर्क था।' आगे छुट्टन ने कहा, '26 साल की उम्र में ही मैंने अपने पेशे की बदौलत दुनिया का खूब तमाशा देखा है और मुहब्बत के मायने खूब समझने लगी थी। तुम मासूम थे। न मुहब्बत से वाकिफ थे न दुनिया का तुमको तजुर्बा था। तुम झूठ को भी सच समझते थे और मैं सच को भी झूठ समझने की कोशिश करती थी।'

छुट्टन ने कहा, 'अब वक्त आ गया है कि तुम वही करो जो तुम्हारी वालिदा की तमन्ना थी। जिसको उन्होंने दिल में दबा दिया था। तुम्हारे लिए भी इसके सिवा दूसरा रास्ता नहीं है। क्योंकि मेरी तमाम मुहब्बत अगर तुम्हारे लिए है लेकिन वह अब एक बीबी की नहीं बल्कि एक मां की मुहब्बत है।'

अभी तक ख़ामोशी के साथ सारी बात सुनते रहे अली यह सुनकर बड़े जोर से चौंके। जिंदगी में पहला मौका था जब छुट्टन से बड़े सख्त लहजे में बोले— 'आप यह क्या बक रही हैं?'

छुट्टन मुस्कुराईं। अली अहमद का हाथ थाम कर मुहब्बत से थपथपाया और कहने लगीं, 'जरा अकल से काम लो। क्या यह सही नहीं कि मेरी और तुम्हारी उम्र में तक़रीबन 12-13 साल का फर्क है। मैं 36-37 की हूं। और तुम 24 साल के भी पूरे नहीं। मेरी उम्र का उतार शुरू हो गया है। तुम्हारी जवानी की अभी शुरुआत ही हो रही है और मैं उम्र की ढलान पर पहुँच कर अपनी जिंदगी का बहुत कुछ मकसद पा चुकी हूं। अभी तुम्हें एक शरीफ इंसान की तरह अपने मकसद और अपनी जिंदगी को कामयाब बनाना बाकी है। पागल न बनो और मुझे भी पागल न बनाओ। घर जाओ और इस मसले पर ठंडे दिल से गौर करो।

अली ग़मगीन हो उठे। पांव कंपकपाने लगे थे। बी ने यह सब देखा, मगर चुप रही। उनका दिल भी अपने फैसले पर कांप रहा था। बरसों की मुहब्बत एक तरफ खींच रही थी। लेकिन शराफ़त का तकाज़ा यही था। इन बातों का यही अंजाम होना था। दूसरे दिन अली सुबह के वक़्त आये। कहने लगे— मैंने भी फैसला कर लिया

है कि मुझे क्या करना चाहिए! बी ने पूछा, 'हां, कहो— क्या करोगे?' बोले, अब जिंदगी भर शादी नहीं करूंगा।

छुट्टन ने डांटा— 'ये क्या कह रहे हो, तुमको शादी करनी है और वहीं करनी होगी जहां तुम्हारी वालिदा की ख़्वाहिश थी। जहां उन्होंने तुम्हारी शादी की बात भी चलाई थी।' अली ने जवाब दिया— यह तो अजब तमाशा है! आप मेरी वालिदा की ख़्वाहिश पूरी करना चाहती हैं और उनकी ख़्वाहिश की वादाख़िलाफ़ी भी कर रही हैं।

छुट्टन ने पूछा— 'यह कैसे?' तो बोले— 'वालिदा मरहूम ने अपने आखिरी वक़्त में तुम्हें और मुझको करीब बुलाया। मेरा और तुम्हारा हाथ अपने हाथ में लेकर हम दोनों के हाथ मिला दिए। ऐसा करते हुए वह खुश नजर आ रही थीं। इसका साफ़ साफ़ मायने तो यही है कि वो अपनी जिंदगी में हम दोनों को एक कर गईं।'

छुट्टन ने जवाब दिया— 'इसका यह भी तो मायने होता है कि वो तुमको मेरे हवाले कर गईं। वह चाहती रही होंगीं कि जिस तरह वह तुमसे मुहब्बत करती थीं मैं भी तुमसे वैसी ही मुहब्बत करूं। और उन्हीं की तरह तुम्हारा ख्याल रखूं। अली, देखो जो मुहब्बत तुम मुझसे चाहते हो वो तो मैं अब तुमको दे नहीं सकती। मगर तुम्हारी वालिदा की दी हुई ममता जो उसकी जगह ले चुकी है- खुदा के वास्ते उसको न ठुकराओ।' कहते-कहते छुट्टन की आँखों से आंसू के चंद कतरे टपक पड़े।

आखिर वही हुआ— जो छुट्टन चाहती थीं। अली की शादी उनकी मां की पसंद की हुई लड़की से ही हुई। छुट्टन ने अली को कलकत्ता में ही वकालत करने की सलाह दी। अली जिंदगी भर उन्हीं की सलाह पर चलते आये थे, क्यों इंकार करते! अली के ससुर की भी यही राय हुई।

अली ने कलकत्ता में वकालत शुरू की। आगे चल कर उसने खूब दौलत कमाया और शोहरत भी हासिल की। जब भी कभी वे सबों को लेकर पटना आते, तो छुट्टन की ईद हो जाती। रोज़ाना अली के घर जाती। बच्चों को खूब सारा प्यार और दुलार देती।

सतघरवा का इलाका अभी भी है। लेकिन अब वह घर नहीं है, जिसमें कभी बी छुट्टन रहा करती थीं। वहां अब नए ढंग के मकान और दुकान बन गए हैं। वहां अब न कोई छुट्टन को याद करता है, न अली अहमद को!

(यह किस्सा अली अहमद के गहरे दोस्त सैयद मोहम्मद फखरू नबी साहब, जिनका 1945 में निधन हुआ, ने सैयद बदरुद्दीन अहमद को सुनाया था। सन्दर्भ: हकीकत भी कहानी भी)

कैसी होती थीं पटना की महफ़िलें

पटना की एक महफ़िल का नजारा पेश है— पटना के मशहूर वकील और पटना विश्वविद्यालय के कुलपति रहे सर सैयद सुल्तान अहमद के साहबजादे की शादी में चार दिनों की महफ़िल सुल्तान पैलेस के अहाते में शामियाना लगाकर आयोजित की गई थी। शमियाना और सजावट की चीजें कलकत्ते से मंगवाई गई। मुरारी प्रसाद एडवोकेट को, जिनकी बड़ी मोतीबाई से रिश्तेदारी थी— और जो स्वयं संगीत में गहरी पैठ रखते थे, खासतौर से तवायफ़ों को चुन-चुन कर लाने के लिए भेजा गया था। कलकत्ता से नूरजहां बुलाई गई थी और इलाहाबाद से जानकीबाई 'छप्पन छुरी' आई थीं। पटना की भी कई नामचीन तवायफ़ों को भी बुलाया गया था।

रात की महफ़िल कभी नूरजहां से खत्म होती, तो कभी जानकीबाई से। नूरजहां की जवानी का आलम था— हीरे-मोतियों से टंका पेशवाज पहनती थीं— हुस्नपरी सी लगती थीं। जानकीबाई सूरत नहीं सीरत की भी धनी थीं। दो तानपूरे और दो सारंगी के स्वरों के साथ जब सुर भरतीं, तो पूरे शामियाने में सुरों की बारिश होने लगती— सुनने वाले सुरों की उस बरसात में भीगते जाते और आह-वाह की दाद से महफ़िल गुलजार होती जाती।

अब एक और महफ़िल देखा जाए— गुजरी, पटना सिटी के नवाब सैयद इब्राहिम हुसैन खान ने अपने साले मुनीर साहब की शादी में पांच दिनों की महफ़िल लगवाई थी। देश की मशहूर गानेवालियां बुलाई गई थीं। इन पांच दिनों की महफ़िल की सबसे नायाब सिफ़त यह थी कि हर दिन की महफिल के लिए नया इंतजाम रहता था। जलसाघर के नक्शे में हर रोज तबदीली की जाती थी। एक दिन सब्ज झाड़, सब्ज फानूस, सब्ज कंदीलें, सब्ज परदे और सब्ज फर्श-फरोश की बहार होती तो दूसरे दिन सभी चीजें सुर्ख नजर आतीं। तीसरे दिन सभी चीजें जर्द (पीला) रंग की बहार लिए होतीं और चौथे एवं पांचवें दिन गुलाबी तथा सफ़ेद समाने-आराइश से महफिल सजती थी।

कला-मर्मज्ञ गजेंद्र नारायण सिंह ने पटना की कई ऐसी महफिलों का जिक्र करते हुए अपनी किताब 'महफ़िल' में पटना की संगीत और महफ़िल की परंपरा पर विस्तार से लिखा है। उन्होंने लिखा है, 'शादी-ब्याह के खास मौकों पर अस्थायी महफिल सजाई जाती थी। अस्थायी महफ़िलें (जलसाघर, जहां नाच-गाना आयोजित होता था) की लंबाई-चौड़ाई डेढ़-डेढ़ सौ फ़ीट होती थी, जिसमें जरी-गोटे से फूल-पत्ते और सलमा-सितारे बनाए जाते थे। झाड़-फानूस लगाए जाते थे और उनमें मोमबत्तियां जलाई जाती थीं। गर्मी में सफेद और तथा सर्दियों में सुर्ख कालीन फर्श पर बिछाई जाती थी। लोगों के बैठने के लिए मसनद और गाव-तकिये लगाए जाते थे। दीवारों पर शीशे और आईने तथा नकली मोतियों के झालर लगाए जाते थे। इन महफ़िलों में पटना की सरनाम तवायफ़ें और बाहर की जानी-मानी तवायफ़ें भी शिरकत करने के लिए बुलाई जाती थीं।'

पटना की एक और महफ़िल का नजारा लीजिए— मोहल्ला बेलवरगंज के रईस बेनी प्रसाद के लड़के की शादी में दो दिनों की महफ़िल लगाई गई। दिन के मुजरे की महफ़िल जमी हुई थी। हिन्दुस्तान की मशहूर तवायफ़ जानकीबाई 'छप्पन छुरी' इलाहाबाद से खासतौर पर बुलाई गई थी। देखने में सांवली, चेहरे पर जख्मों के निशान, पर गले में मिश्री की डलिया घुली हुई थी। महफ़िल में उन्होंने गाना शुरू किया और शौक़ीन सिमटकर उनके करीब आ गए। इसमें एक बुजुर्गवार सामने बैठे थे और अपनी वाह-वाह से जानकीबाई को अपनी ओर मुखातिब किए हुए थे। जानकीबाई गजल पेश कर रही थीं—

> ''माशूके नौजवां पे सभी होते हैं फ़िदा,
> जनाने पैर पर जो फ़िदा हो तो जाने।''

इस पर उक्त बुजुर्ग ने कहकहे लगाए और जानकीबाई से आंखें मिलाकर बोल उठे, 'वल्लाह, क्या मेरे दिल की बात कही है।' जानकीबाई ने मुस्कुराहट बिखेर कर अपनी आंखें फेर लीं, गोया कयामत ढा गई हो।

रामजी मिश्र 'मनोहर' ने अपनी किताब 'दास्ताने पाटलिपुत्र' में पटना सिटी के धवलपुरा मोहल्ला के निवासी मशहूर रईस और बैंकर राय जयकृष्ण के एकलौते बेटे विनय कृष्ण की शादी के मौके पर हुई महफ़िल का जिक्र किया है। उन्होंने लिखा है, 'विनय कृष्ण की शादी में दावत के साथ महफ़िल का जो जबर्दस्त इंतज़ाम उन्होंने किया था वह पटना के इतिहास में अपना सानी नहीं रखता है। लगातार एक सप्ताह तक दावतें चलती रही। अलग-अलग दिन

पटना की एक महफ़िल (पटना क़लम चित्र शैली)

हर तबके के लोगों की दावत हुई और सातों दिन धवलपुरा कोठी के सजे-सजाए मंडप में महफ़िल चलती रही। इस महफ़िल की विशेषता यह थी कि सातों दिन अलग-अलग, हर तबके के लोगों को, महफ़िल का भी लुत्फ़ उठाने का मौका मिला। अमूमन शहर के बड़े रईसों या नवाबों के यहां होने वाले महफ़िलों में सिर्फ उन्हीं के तबके के लोग या उनके साहिब-मुसाहिब ही शरीक हो पाते थे।'

टेढ़ी घाट के खान बहादुर सैयद इब्राहिम हुसैन के छोटे भाई सैयद युसूफ हुसैन बैरिस्टर की शादी में जो महफ़िल सजी थी उसकी लोगों को बहुत दिनों तक याद रही थी। रामजी मिश्र 'मनोहर' लिखते हैं, 'उस शादी में नामी तवायफ़ों का जमावड़ा तो था ही-इस शादी में नाचघर का लुत्फ़ सबसे ज्यादा इसलिए था कि वे बरसात के दिन थे। इंतज़ाम इस तरह किए गए थे कि मुस्तकिल बारिश में भी इसकी आरजी छत से पानी न चुए। सामने इब्राहिम हुसैन के मकान के पोस्तों से टकराती हुई दरियाये गंगा की तूफानी मौजें पूरी महफिल का दिलकश नजारा पेश करती थीं।'

महफ़िलों में भांड भी बुलाए जाते थे। कहावत थी 'महफ़िलें वीरान जहां, भांड न बाशद।' उनकी नित नई नकलों, स्वांग और चुटकियों से महफ़िल जानदार बन जाती थी।

महफ़िल अमूमन दो रात और दो दिन चलती थी। इन महफ़िलों का लुत्फ़ अंग्रेज हाकिम-हुक्काम भी उठाते थे। अंग्रेज हाकिम पतलून की जगह पायजामा, अंगरखा और दुप्पली टोपी पहनकर ही महफ़िल में शरीक होते थे। अंगरखा, अचकन, शेरवानी चूड़ीदार, पायजामा के अलावा चुन्नट डाले हुए घेती-कुर्ता, रेशमी चादर, टोपी या साफा पहनने का रिवाज था। शीतकाल में तरह तरह के दुशाले और जामेवारों से लैस रईसों की सजधज देखते ही बनती थी। तवायफ़ें कीमती पेशवाज पहनकर महफ़िलों में प्रवेश करती थीं।

गजेंद्र नारायण सिंह के मुताबिक अस्थायी महफ़िलों के अलावा मुरादपुर से पटना सिटी के कटरा मोहल्ला तक जमींदारों और रईसों की कोठियों और बगीचों में स्थायी महफ़िल तथा नाच घर बने हुए थे, जहां बराबर रागरंग चलता था। ऐसी स्थायी महफ़िलें सजाने का अज़ीमाबाद (पटना) के रईसों का खास शौक था। हर रईस अपनी-अपनी औकात और पसंदगी से महफ़िल सजाते थे। जिसमें बनारस, इलाहाबाद, आगरा, लखनऊ आदि जगहों से तवायफ़ें शिरकत करने के लिए बुलाईं जातीं थीं।

महफ़िल को मोटे तौर पर तीन श्रेणियों में बांटा जा सकता है— राज दरबार की महफ़िल, रईसों की महफ़िल तथा कोठेवालियों की महफ़िल। महफ़िलें राज प्रसाद अर्थात पैलेस की बारादरी, रईसों के जलसाघरों, मकान के आंगन, बैठकखाना या बगीचों या फिर तवायफ़ों के कोठों पर जमती थी। दो प्रकार के महफ़िलें होती थीं— रात की महफ़िल नाच की महफ़िल होती थी और वह 'खड़ी महफ़िल' कहलाती थी। इसमें तवायफ़ें खड़ी होकर नृत्य के भाव के बताकर गायन करती थीं। साजिंदे भी कमर में साज बांधकर खड़े होकर बजाते थे। दूसरी महफ़िल दिन की महफ़िल यानी भैरवी की महफ़िल कहलाती थी, जो सुबह शुरू होती थी। इसमें तवायफ़ें बैठकर गाती थीं।

इन महफ़िलों का माहौल बाई जी के आगमन से गर्म होता था। हर गाने वाली के अपने संगतिये साजिंदे हुआ करते थे। यानी पेटी बजाने वाला, सारंगिया और तबलची। महफिल में हर चीज की प्रस्तुति के अलग-अलग ठेके हुआ करते थे, जिसे तबलिया बड़ी नफरत से पेश करता था। गाने की संगत में तबले की जो मलाहत होती थी, वह आज के गाने-बजाने में नहीं दिखती।

मशहूर है कि पटना के तबला नवाज मियां अली कदर के बाएं की गमक ऐसी थी कि लगता था, कबूतर गुटर रहा है। गानेवालियों के गले के साथ सारंगियों की गजें ऐसी चलती थीं कि सुरों की उन दिलफरेबी उड़ान से लगता था कि सुनने वाले

संगीत के स्वप्निल लोक में विचर रहे हों। सारंगी के सनक, तबले की ठमक और पायल की रुनझुन से महफ़िलें गुलजार और आबाद रहती थीं।

इन महफ़िलों में मेहमानों के लिए खाने-पीने का पूरा इंतजाम रहता था। जाड़े के दिनों में थोड़ी-थोड़ी देर पर चांदी के मुत्तअद बड़े तख़्त पर गर्म 'शीरी चाय' की प्यालियां लिए खास मुलाजिम सलीके के साथ पूरी महफ़िल में पेश करते थे। तपते दिनों में यानी गर्म मौसम में ठंढई और शरबत का दौर चलता। तरह-तरह के ठंढई और शरबत तैयार किए जाते थे जो सुनने वालों के दिलो दिमाग में तरावट लाते थे। चांदी के पानदान में तबक लगी गिलौरियां, चिकनी डलिया (सुपारी), इलायची और खुशबूदार किवाम पेश किया जाता। गुलाब और केवड़े के तर गोटों से सजी सुराहियों में रखे पानी से मेहमान अपनी प्यास बुझाते।

तरह-तरह के नक्काशीदार हुक्के महफ़िलों में रईसों की रूचि का वर्धन करते। हुक्के की तंबाकू को लज्जतदार बनाने के लिए कम रियाज़ नहीं करना पड़ता था। कड़वाहट कम करने के लिए शीरा मिलाकर तंबाकू की खूब कुटाई की जाती थी। यह खमीर पसंद के मुताबिक अनानास, सेब, अंगूर, बेर, लौंग या जाफरान का होता था। खुशबू के लिए चन्दन का बुरादा, गुलाब या केवड़े का इत्र डाला जाता था। ऊंचे दर्जे के शौकीन लोग बड़ी इलायची, जायफल, जावित्री जैसे मसालों को मिलाना पसंद करते थे। चिलमों से भरे इस रोगनी तम्बाकू के निकलने वाले गमकदार धुएं से महफ़िल गमगमा उठती थी।

संगीत-रसिक स्वर्गीय विश्वनाथ शुक्ल 'चंचल' ने पटना सिटी के रईसों और उनके जालसाघरों को याद करते हुए बताया था, 'वे रईस, वे तवायफें और उनके जलसाघर अब सिर्फ यादों में ही बचे हैं। बालकृष्ण गंज के जमींदार का जलसा-घर, गुजरी के नवाब लुत्फ़ अली खान साहब का जलसाघर-लुत्फ़ अली खान का जलसाघर तो बाउली हॉल में था, जो मुगलकालीन स्थापत्य का बेहतरीन नमूना था। अल्लाजिलाई का झाऊगंज वाला मकान तो राजे-महराजों के रंगमहल को मात देता था। इसकी दीवारों और छत में बनी चित्रकारी बदहाली में भी तत्कालीन वैभव की तस्वीर पेश करती थी।'

गंगा नदी तथा पूरब और पश्चिम दरवाजों के नहरों (पटना सिटी के पुराने बाशिंदे राकेश कपूर के मुताबिक कभी 120 फ़ीट चौड़े रहे ये नहर अतिक्रमित होकर महज चार फ़ीट के होकर रह गए हैं।) में नाव के बजरों पर भी महफ़िल लगाई जाती थी। इन महफ़िलों की अलग ही शान हुआ करती थी। यह बनारस के बुढ़वा मंगल के तर्ज पर लगाई जाती थी।

पटना में चार सार्वजनिक त्यौहार बड़े जोश-खरोश से मनाए जाते थे। फागुन में 'वसंतोत्सव' चैत माह में 'मदनोत्सव', बरसात में 'वर्षामंगल' तथा शरद ऋतु में 'कौमुदी महोत्सव'। किन्तु फागुन और चैत के उत्सव विशेष रूप से लोगों के आकर्षण की वस्तु थी। पूरे फागुन और चैत माह में मुरादपुर से लेकर पटना सिटी के कटरा तक-सड़क के दोनों किनारों पर आकर्षक ढंग से शामियाने लगाए जाते थे। इन महफ़िलों में रात भर गाना बजाना चलता रहता था। इन महफ़िलों में हर तबके के लोगों का प्रवेश था। यानी ये 'महफिले आम' कहलाती थी। यहां अमीर-गरीब का भेद नहीं रहता था। परस्पर सौहार्द तथा सद्‌भाव का अपूर्व दृश्य दिखता था। आम महफ़िलों का चलन केवल पटना में ही था।

चैत माह में पटना सिटी के हर मोड़ पर बड़े-बड़े शामियाने खड़े किए जाते। जिसके इर्द-गिर्द अगिन, श्यामा तूती, बुलबुल आदि चिड़ियों के पिंजरे-मोतिया, जूही, चमेली, गुलाब के गजरों से ढंक दिए जाते थे। महफिल में नाचती-गाती बाईजी के स्वर में स्वर मिलाकर जब ये पक्षी चहकते तो विचित्र ही समां बंध जाता था।

स्वर्गीय गजेंद्र नारायण सिंह ने एक बातचीत में अफसोस प्रकट करते हुए कहा था, 'ऐसी महफिलें धूसर अतीत के गर्भ में समा गई हैं। केवल इनकी स्मृतियों की मिठास रह गई है। जमाने की रफ्तार के मुताबिक गाने-बजाने का माहौल आम-फहम होता चला गया। संगीत में व्यावसायिकता आ गई जो गुणात्मक दृष्टि से घातक साबित हो रहा है। जाहिर है, संगीत में गुणात्मक परिवर्तन के साथ अनुपातिक गिरावट आयी है। इस जमाने की आपाधापी में महफिलें तो फिर जीवित नहीं हो सकतीं, किंतु हिन्दुस्तानी संगीत को यदि उसके वास्तविक शक्लोसूरत में रखना है, तो महफ़िली संगीत की जो चारित्रिक विशेषताएं थीं, उन्हें जीवंत रखना होगा, अन्यथा गुणियों की तपश्चर्या का सुपरिणाम शास्त्रीय संगीत चूं-चूं का मुरब्बा बनकर रह जाएगा।'

एक मुसलमान ने अपने हिन्दू दोस्त के लिए जान दी

पटना सिटी पोस्ट ऑफिस और चौक पुलिस स्टेशन के दाहिनी और बाईं ओर गंगा नदी तक का हिस्सा झाऊगंज कहलाता है। यह इलाका अवध के नवाब आसफुद्दौला के विश्वस्त सहयोगी और उनके दोस्त राजा झाऊ लाल के नाम पर बसा हुआ है। अंग्रेजों ने जब उन्हें लखनऊ से निर्वासित कर दिया तो उन्होंने अपना बचा जीवन इसी मोहल्ले में बिताया था। चिमनी घाट से आधा किलोमीटर पश्चिम दिशा में उनकी हवेली थी। यद्यपि उस हवेली का कोई भी चिन्ह अब मौजूद नहीं है।

उत्तर प्रदेश के शाहजहांपुर के सक्सेना कायस्थ घराने से ताल्लुक रखने वाले राजा झाऊ लाल अपनी नौजवानी के दिनों में फैज़ाबाद आ गए थे। उनके पिता गुलाब राय नवाब शुजाउद्दौला के यहां बतौर क्लर्क नियुक्त थे। नवाब शुजाउद्दौला ने झाऊ लाल को शाही अस्तबल का दरोगा बनाया। राजा झाऊ लाल ने जल्दी ही दरबार में अपनी साख बना ली थी। बहू बेगम (उमत-उल-ज़ोहरा) उन पर बहुत भरोसा करने लगीं थीं। वे उन्हें प्यार से लल्लू जी के नाम से पुकारती थीं।

एक बार जब आसफुद्दौला किसी बात पर अपनी मां से नाराज़ हो फैज़ाबाद से लखनऊ आ गए और पैसों के लिए उनसे झगड़ा करने पर उतारू हो गए तो झाऊ लाल ने ही उन्हें समझा बुझा कर शांत किया। आसफ़ुद्दौला के लखनऊ जा बसने के बावजूद झाऊ लाल ने फैज़ाबाद में ही रहना मुनासिब समझा। उन्होंने वहीं रहकर बहू बेगम का साथ दिया।

कालान्तर में जब आसफुद्दौला ने लखनऊ में अपना दरबार जमा लिया तो उन्हें झाऊ लाल की याद आई। आसफुद्दौला को झाऊ लाल की क्षमता और उनकी निष्ठा पर पूरा यक़ीन था। झाऊ लाल को पहले उन्होंने दीवानखाना का दरोगा बनाया, फिर शाही ख़ज़ाने का वज़ीर। उन्हें राजा की पदवी से भी नवाज़ा। झाऊ लाल थे तो कायस्थ, लेकिन उनकी इस्लाम में गहरी आस्था थी। वे कर्बला की ज़ियारत तक कर चुके थे। दूसरी ओर आसफुद्दौला मुसलमान होते हुए भी

हिन्दू धार्मिक त्योहारों में बढ़-चढ़ कर हिस्सा लेते थे। आसफुद्दौला की होली मशहूर रही है। यहीं दोनों में गहरी दोस्ती हो गई।

दोनों की दोस्ती से उनके कई दरबारियों को ईर्ष्या होने लगी। वे झाऊ लाल के खिलाफ षड्यंत्र करने लगे। उन पर झूठे आरोप लगाए गए। जिस वजह से उन्हें तीन बार जेल भी जाना पड़ा। लेकिन हर बार वे बेदाग बाहर निकल आए। उनके कट्टर प्रतिद्वंदी मोहम्मद रज़ा खान और राजा टिकैत राय उनका बाल बांका भी नहीं कर सके। इसके उलट झाऊ लाल ने ही मोहम्मद रज़ा खान और राजा टिकैत राय को वित्तीय गड़बड़ी और राज्य के हित के खिलाफ काम करने के आरोप में अवध अदालत से निष्कासित करवा दिया।

इन दोनों पर लखनऊ के ब्रिटिश रेजिडेंट जॉर्ज फ्रेडरिक चेरी के साथ मिलकर नवाब के खिलाफ़ साजिश करने का आरोप था। यह आरोप पूरी तरह से निराधार भी नहीं थे क्योंकि फ्रेडरिक शीघ्र ही नवाब के दरबार में उनकी बहाली की गुहार लगाए पहुंच गया। झाऊ लाल अपने मालिक को हमेशा अंग्रेजों की कुटिल इरादों को लेकर आगाह करते रहे थे और चेतावनी भी देते रहे थे। उन्होंने नवाब को चेताया था कि अंग्रेजों से दोस्ती और उन पर विश्वास करने के घातक परिणाम हो सकते हैं।

झाऊ लाल की सलाह को मानते हुए आसफुद्दौला ने ब्रिटिश रेजिडेंट को तत्काल लखनऊ छोड़ने के लिए कहा। फ्रेडरिक के पास कोई चारा नहीं था सिवाय इसके कि वह लखनऊ छोड़ दे। वह वहां से बनारस चला गया। जीवन भर वह इस अपमान को भूल नहीं सका। झाऊ लाल की सलाह पर नवाब द्वारा की गई इस कार्रवाई को अंग्रेजों पचा नहीं पाए। उन्होंने इसे एक बड़े अपमान की तरह देखा। वे अवध में झाऊ लाल की बढ़ती ताकत को चुपचाप सह लेने को तैयार नहीं थे।

झाऊ लाल को हमेशा के लिए अवध से निष्कासित करवाना अब अंग्रेजों का एकमात्र उद्देश्य हो गया था। इसके लिए नवाब के साथ कोई पत्राचार करने की बजाए गवर्नर जनरल सर जॉन शोर 21 फरवरी, 1797 को स्वयं ही लखनऊ पहुंच गया। इस उद्देश्य को पूरा करने के लिए वह अपने साथ कलकत्ता में अवध कोर्ट के एजेंट तफज्जुल हुसैन खान को साथ लेता आया।

तफज्जुल हुसैन खान ने विभिन्न युक्तियों का सहारा लिया और अवध के दरबार में शामिल हो गया। इतना ही नहीं, उसने वे सारे विभाग भी हासिल कर लिए जो निष्कासित हुए मोहम्मद रजा खान के पास थे। अब वह झाऊ लाल के विरोधी मंडली का सरगना बन गया। झाऊ लाल के विरोधी अब तक नवाब को झाऊ लाल

के खिलाफ भड़का सकने में असफल रहे थे इसलिए इस बार उन्होंने धार्मिक आधार पर नवाब को भड़काने का प्रयास किया।

उन दिनों ईरानी यात्री और धर्मोपदेशक अल-बहबहानी अवध में ही था। उसने अपनी किताब 'मिरात-ए-अहवाल-ए-जहाँनुमा' में इस प्रसंग का जिक्र करते हुए लिखा है, 'इन लोगों ने राजा झाऊ लाल के खिलाफ यह आरोप लगाया कि मुस्लिम होने और नमाज पढ़ने के दावों के बावजूद वे हिंदू रीति-रिवाजों और प्रथाओं का पालन करते हैं।'

इसके बाद भी आसफुद्दौला झाऊ लाल के खिलाफ कोई भी कड़ी कार्रवाई करने से परहेज कर रहे थे। वे जानते थे कि कुछ कमजोरियों के बावजूद, झाऊ लाल निर्विवाद रूप से अपने स्वामी के सबसे वफादार सेवक थे और वास्तव में अवध की क्षेत्रीय अखंडता और स्वतंत्रता के बारे में चिंतित रहते थे।

आसफुद्दौला को अब परोक्ष रूप से यह धमकी दी गई कि अगर वह झाऊ लाल को दरबार से निष्कासित नहीं करते हैं तो भविष्य में किसी भी आपदा के समय उनकी मदद नहीं की जाएगी। आख़िरकार आसफुद्दौला को बड़े भारी मन से अपने सबसे वफादार नौकर के खिलाफ कार्रवाई करने के लिए मजबूर होना पड़ा।

2 अप्रैल, 1797 को झाऊ लाल को नवाब ने नौकरी से बर्खास्त कर दिया। गवर्नर जनरल सर जॉन शोर अपनी योजना की सफलता से बेहद खुश हुआ। वह लखनऊ में तब तक जमा रहा जब तक झाऊ वहां से निकल नहीं गए। उनके निकलने के बाद वह 9 अप्रैल को कलकत्ता के लिए रवाना हो गया।

आसफुद्दौला ने अपने चहेते दोस्त झाऊ लाल को अपने साथ वह सब कुछ ले जाने की अनुमति दी, जो वह ले जाना चाहते हों। साथ ही उन्हें इस बात की भी अनुमति दी कि वे जहां भी जाना चाहें, वहां जाएं। नवाब ने झाऊ लाल के लिए पांच हजार रुपयों का पेंशन भी स्वीकृत किया। अंग्रेजों ने भी उन्हें कुछ इसी तरह का आश्वासन दिया।

ब्रिटिश सरकार के सचिव ई.बी. एडमोंस्टोन ने 16 जून, 1797 को एक पत्र लिख कर राजा झाऊ लाल को समर्थन देने का आश्वासन देकर उनकी आहत भावनाओं को शांत करने की कोशिश की। लेकिन वास्तव में, अंग्रेज उन्हें अवध के निकट किसी स्थान पर बसने की अनुमति देने के इच्छुक नहीं थे। ऐसा न हो कि वह उनके खिलाफ फिर से साजिश रचे।

इसलिए, जब झाऊ लाल ने बनारस में रहने की इच्छा व्यक्त की, तो एडमोंस्टोन ने उन्हें स्पष्ट कर दिया कि वह कंपनी के प्रांतों के भीतर जहां भी रहना सबसे सुवि-

धाजनक समझें, वहां रहने के लिए स्वतंत्र हैं, लेकिन बनारस प्रांत में नहीं। इसलिए, उनके सामने अब अंतिम विकल्प पटना रह गया था।

नि:संदेह, अंग्रेज इससे खुश थे क्योंकि पटना लखनऊ से बहुत दूर और अंग्रेजों के सीधे प्रशासनिक नियंत्रण में था, जहां झाऊ लाल की ओर से किसी भी अवांछनीय गतिविधि पर आसानी से नजर रखी जा सकती थी और उसे रोका जा सकता था।

इसके बाद जो हुआ वो दोस्ती और लखनऊ-दोनों की तारीख़ में एक मिसाल है। 'शहरनामा फ़ैज़ाबाद' में हिमांशु वाजपेयी लिखते हैं, 'झाऊ लाल की जुदाई ने आसफुद्दौला को एकदम तोड़ दिया। दोस्त के साथ हुआ सितम वो भुला नहीं पाए। इस वाकए से नवाब इस क़दर ग़मजदा हुए कि गहरे अवसाद में चले गए। एक दिन उन्होंने अपने हकीम को बुलवाया और उससे पूछा— 'क्या कोई ऐसी बीमारी है, जिसका इलाज मुमकिन न हो और आदमी जल्द-से-जल्द मर जाए।' हकीम बोला— 'अगर इंसान खाना खाने के बाद तुरन्त रोज देर तक पानी में नहाए, तो उसे कोई बचा नहीं सकता।' इसके बाद आसफुद्दौला ने इसको अपना नियम बना लिया। दोपहर और रात में खाना खाने के बाद वे सीधा गोमती की तरफ जाते थे और पानी में उतर कर देर तक नहाते थे। नतीजन बहुत जल्दी ही उनकी तबीयत ख़राब हो गयी। इलाज उन्हें करवाना भी नहीं था और हो भी नहीं सका। आख़िरकार एक दिन नवाब दुनिया-ए-फानी से कूच कर गए।'

21 सितम्बर, 1797 को महज़ 48 वर्ष की आयु में आसफुद्दौला की मौत हो गई। जब अपने प्रिय दोस्त और मालिक की मौत की खबर दूर पटना में रह रहे झाऊ लाल को मिली तो वे छटपटा कर रह गए। अपने आवाम के बीच बेहद लोकप्रिय रहे आसफुद्दौला की मौत से अवध की जनता भी बहुत मर्माहत हुई थी। उनकी दरियादिली और उनकी परोपकारिता की वजह से अवध में एक कहावत बहुत मशहूर थी— 'जिसको ना दे मौला, उसको दे आसफुद्दौला।'

उधर पटना में रहते हुए झाऊ लाल अपने अच्छे आचरण से कंपनी के लोगों को खुश कर अपने पैतृक स्थान लखनऊ लौटने की जुगत लगाने लगे। इससे पहले कि उन्हें कोई सफलता मिल पाती, वजीर अली खान की षड्यंत्रकारी गतिविधियों का खुलासा होने पर वह भी संदेहों के घेरे में आ गए। दरअसल 14 जनवरी, 1799 को बनारस में पूर्व ब्रिटिश रेजिडेंट जॉर्ज फ्रेडरिक चेरी और उनकी टीम की हत्या कर दी गई। वजीर अली खान पर इस घृणित हत्या का आरोप लगाया गया। लेकिन इससे पहले कि वह पकड़ा जाता, वह बनारस से फरार हो गया।

जल्द ही एक अफवाह फैल गई कि झाऊलाल और उनके सहयोगी राय बालक राम, जिन्हें लखनऊ से निष्कासित कर दिया गया था, का इस हत्या में हाथ था। हन दोनों का वज़ीर अली खान के साथ पत्र-व्यवहार हो रहा था। फलस्वरूप सरकार के सचिव जी. एच. बार्लो ने 22 फरवरी, 1799 को पटना के मजिस्ट्रेट हेनरी डगलस को एक पत्र लिख कर झाऊ लाल और राय बालक राम को पकड़ने और उन्हें कड़ी सुरक्षा में रखने को कहा। साथ ही उनके निजी कागजातों को भी जब्त करने के लिए कहा।

परिणामस्वरूप झाऊ लाल के आवास के आसपास पहरेदार तैनात कर दिए गए। झाऊ लाल इस आरोप से हताश हो गए और छुप कर सीधे गवर्नर जनरल से न्याय मांगने के लिए कोलकाता चले गए। लेकिन वहां उन्हें और भी निराशा हुई। उन्हें सरकार की पूर्व अनुमति प्राप्त किए बिना, सीधे गवर्नर जनरल से संपर्क करने के लिए फटकार लगाई गई। उन्हें तुरंत पटना लौटने के लिए कहा गया।

सरकार ने एक दूसरा पत्र 6 मार्च, 1799 को लिख कर पटना के मजिस्ट्रेट को निर्देश दिया कि वे झाऊ लाल के परिजनों और उनके अनुचरों की संख्या का पता लगाए साथ ही उनकी गतिविधियों पर भी निगरानी रखें। इसके साथ इन लोगों के स्थानीय सम्बंध और इनके विदेशी पत्राचारों पर भी नजर रखें। किसी भी बहाने राजा झाऊ लाल को पटना छोड़ने की अनुमति न दें। इस प्रकार झाऊ लाल लंबे समय तक पटना में अपने घर की चार दीवारों तक ही सीमित रहे। ये प्रतिबंध तब हटा लिए गए जब वजीर खान के साथ गुप्त संबंध रखने का आरोप सही नहीं पाया गया।

फिर भी झाऊ लाल को कोई राहत नहीं मिली। निराशा उनके साथ हमेशा लगी रही। लखनऊ छोड़ते वक़्त वे अपनी संपत्ति अपने सहयोगी जसवंत राय के जिम्मे कर आए थे। इस संपत्ति से उन्हें बेदखल कर दिया गया। लखनऊ में उन्होंने कुछ लोगों को कर्ज दे रखे थे। उससे भी उन्हें वंचित कर दिया गया। नवाब से मिलने वाला पेंशन भी रोक दिया गया। इस तरह झाऊ लाल आर्थिक रूप से दिवालिया हो गए।

झाऊ लाल की आर्थिक स्थिति को देखते हुए लॉर्ड वेलस्ली ने एक 01 अक्टूबर, 1801 से 2000 रुपए की मासिक पेंशन की अनुमति दी। साथ ही यह चेतावनी भी दी कि यदि वे कोई गलती करेंगे तो यह पेंशन बंद कर दी जाएगी। झाऊ लाल के सहयोगी राय बालक राम को 1807 में लखनऊ लौटने की अनुमति दे दी गई। लेकिन झाऊ लाल को इससे वंचित रखा गया। दिसंबर, 1815 के शुरू के दिनों में पटना में झाऊ लाल की मृत्यु हो गई। वे आख़िरी दिनों तक अवध और अपने दोस्त को याद करते रहे।

पटना में राजा झाऊ लाल की कोई निशानी मौजूद नहीं है। लेकिन लखनऊ में आसफुद्दौला और राजा झाऊ लाल की दोस्ती और उनके बीच के रिश्तों की यादें अभी भी मौजूद हैं। लखनऊ में राजा झाऊ लाल ने इमामबाड़ा बैतुलमाल और एक खूबसूरत मस्जिद बनवाई थी। उसी के पास हरदोई रोड पर नवाब आसफुद्दौला ने बाबा हज़ारा, बाबा गोमतीदास और कल्याणगिरी का मंदिर बनवाया था। अगर आप कभी लखनऊ जाएं तो इन्हें देख सकते हैं।

जहन्नुम में भी उन्हें चाहिए था दोस्त का साथ

आज की पटना सिटी और बीते दिनों का पुराना पटना किसी जमाने में रईसों-नवाबों की जगह थी। उनके दिलचस्प क़िस्से अभी भी पुराने लोगों की स्मृतियों में बची हुई हैं। ऐसा ही एक किस्सा राय नन्द लाल का है। राय नन्द लाल का आलीशान मकान दीवान मोहल्ला में था। पटना के हाई प्रोफाइल रईसों में थे। दोस्तों और रिश्तेदारों में अच्छी इज्ज़त थी। जी हुजूरी करने वाले लोग भी साथ लगे रहते थे। यह वह समय था जब शहर के हर रईसों के यहां मजलिसें जमा करती। इन मजलिसों में हिन्दू-मुसलमान का कोई फर्क नहीं था। यह शहर अपने गंगा-जमुनी तहज़ीब के लिए मशहूर था।

बदरुद्दीन अहमद ने अपनी किताब 'हकीकत भी कहानी भी' में लिखा है, 'इस वक़्त हर रईस के यहां, जिसमें खाते-पीते, शरीफ, तिजारती, पढ़े-लिखे लोग होते-की सोहबतें रोज बरपा रहती। जिसमें खाना-पीना भी शरीक रहता। कभी-कभी कोई रईस भी अपने हम चश्म दूसरे रईस के यहां पहुंच जाता। ऐसे में जब दो-चार रईस इकठ्ठा हो जाते तो फिर इस सोहबत में जलजला आ जाता। अगर किसी सोहबत में साथ जमा होते तो आपस में ऐसी चुटकियां लेते कि सोहबत जाफरान बन जाती।'

उन्होंने राय नन्द लाल के बारे में लिखा है, 'राय नन्द लाल की डेढ़-दो लाख की सालाना आमदनी जमींदारी की थी। इसी लिहाज से शाहाना खर्च भी थे। मुलाजामीन की बड़ी फौज रहती थी। इनके यहां हिन्दू और मुसलमानों का कोई फर्क नहीं था। बल्कि मुसलमानों की तादाद ज्यादा नजर आती थी। सरशाम के वक़्त शेरो-शायरी सुखन के चर्चे होते और चुटकुले लतीफे बयान होते। गाने-बजाने की बात निकलती तो सोहबतें में बाहर से आया हुआ कोई गवैया भी मौजूद ही होता। कुछ देर गाने बजाने से भी तफरीह हो जाती। दास्तानगोई का जिक्र होता तो इनका अपना दास्तानगो कोई टुकड़ा दास्तान का अपने अंदाज बयां में शुरू करता।'

नवाब लुत्फ़ अली खान और राय नन्द लाल की दोस्ती और उनके आपस के रिश्तों का एक दिलचस्प वाकये का जिक्र करते हुए बदरुद्दीन अहमद ने लिखा है, 'राय नन्द लाल के करीबी दोस्तों में नवाब लुत्फ़ अली खान थे। ये पटना के बहुत दौलतमंद रईस और महाजन थे। उनकी महाजनी का कारोबार मुल्क के कई हिस्सों में फैला हुआ था। राजा-महाराजा, नवाब इनके आगे झुके रहते थे। लाखों-लाख का कारोबार था। राय नन्द लाल का खर्च कभी आमदनी से ज्यादा हो जाता तो ये अपने दोस्त नवाब लुत्फ़ अली खान से कर्ज ले लेते।'

आगे उन्होंने लिखा है, 'बहुत दिन हुए, जब राय नन्द लाल का-कुछ अगले लोगों से एक लतीफा सुना था। एक दिन राय नन्द लाल और दो-चार रईस, नवाब लुत्फ़ अली खान मरहूम के यहां सोहबत में मौजूद थे। बात इधर-उधर से होती हुई मजहब पर निकल आयी। राय नन्द लाल ने कहा कि मेरा क्या, मुझे अपना हश्र तो मालूम है। गुनहगार अज़ली हूं। मरूंगा तो सीधे जहन्नुम में जाऊंगा। लोग कहते हैं कि जहन्नुम में अज़ाब है। हर तरफ आग भड़क रही है। गुनहगार ईंधन बने जल रहे हैं। पानी के गरम-गरम फव्वारे उठ रहे हैं। गुनहगार प्यास से तड़प रहे हैं। वही गरम पानी पीने को मिला और उन्होंने मजबूरी में पी लिया। बस फिर कानों और मुंह के साथ सारी अंतड़ियां भी पानी की गर्मी से पिघलकर बाहर निकल गई।'

'फिर राय नन्द लाल अपने दोस्तों की तरफ मुखातिब होकर ये बोले कि सब कुछ सही, मगर साथ ही— ये भी देखिए कि सारे ऐश करने वाले भी तो वही होंगे। वह केताला आल्मे तवायफ, जिनकी जरा सी मुस्कुराहट पर लोग दीन और ईमान निसार कर देते हैं— वो भी तो वहां होंगी। जगह-जगह मजमा लगा होगा। तबले थिरक रहे होंगे, ताने उड़ रही होंगीं। एक तरफ नगीना बाई के मालकौस का गाना गजब ढा रहा होगा। दूसरी तरफ तारा बाई की रसीली आवाज में मीना की तोड़ी क़यामत बरपा रही होगी। नत्थू खां की सारंगी से निकलते हुए बोल गाने वाले को सहारा दे रहे होंगे। झंगू महाराज के तबले की थाप के साथ पुरकैश ताने और ऊपर उठती जा रही होंगी। मैं कभी इस टोली में जा पहुंचूंगा, गाना सुनूंगा, गानेवाली को बढ़-बढ़ कर छूट दूंगा और आगे बढ़कर दूसरी टोली में जा पहुंचूंगा। वहां के पुरकैश गाने से जी खुश होगा। दिल खोल कर वहां भी खूब छूट दूंगा।'

'मजलिस में बैठे हुए राय नन्द लाल के एक दोस्त ने पूछा कि ये तो बताईये राय साहब! जहन्नुम में रुपये आप कहां से लाएंगे— जो छूट दिया करेंगे! राय साहब ने मुस्कुरा कर लुत्फ़ अली खान की तरफ देखा और पूछने वाले से कहा— ये भाई साहब भी तो साथ रहेंगे। इनसे कर्ज लूंगा और छूट दूंगा। सब लोग इस लतीफ़े पर खिलखिला कर हंस पड़े।'

मंझले नवाब की दरियादिली

न अब मंझले नवाब रहे, न उनकी यह इमारत रही। इस खूबसूरत लाल इमारत को करीब सात साल पहले जमींदोज कर दिया गया। वीरान पड़े इस इमारत को असामाजिक तत्वों ने अपना अड्डा बना लिया था। तब इसका जीर्णोद्धार करने की बजाए सरकार ने इसे जमींदोज कर दिया। होना तो यह चाहिए था कि इस इमारत को संरक्षित किया जाता। दरअसल पुरानी इमारतों का विध्वंस हमें हमारे अतीत से अलग कर देता है। इससे जुड़ी हुई कहानियां कुछेक लोगों की स्मृतियों में ही रह पाती हैं। इस लाल इमारत और इसके बाशिंदों की कहानी भी कुछ लोगों की स्मृतियों में और कुछ किताब के पन्नों में ही सिमट कर रह गई है।

बाउली हॉल के नाम से मशहूर यह इमारत पटना सिटी के गुज़री मोहल्ले के जाने माने रईस नवाब लुत्फ़ अली खान मरहूम की थी। उन्होंने इसे नवाब मुनिरुदौल्ला उर्फ़ रज़ा कुली खान से खरीदा था। नवाब मुनिरुदौल्ला मुग़ल बादशाह शाह आलम द्वितीय का वज़ीर था। 1765 में शाह आलम द्वितीय से बंगाल, बिहार, उड़ीसा की दीवानी ईस्ट इंडिया कंपनी को दिलवाने में उसने महत्वपूर्ण भूमिका अदा की थी।

कालान्तर में मुनिरुदौल्ला ने पटना सिटी में जमीन का एक बड़ा टुकड़ा खरीद कर उस पर एक आलीशान महल बनवाया। इस महल के साथ उसने एक बावड़ी भी बनवाई। बावड़ी एक तरह का कुआं, जलाशय या छोटा तालाब होता है, जिसमें पानी तक पहुंचने के लिए सीढ़ियां बनी होती हैं। समय के साथ यह महल पुराना हुआ। इसकी दीवारें कमजोर हुईं और यह जर्जर हो गया। लेकिन बावड़ी बची हुई रही। तब इसे नवाब लुत्फ़ अली खान ने खरीद लिया। पुरानी इमारत को जमींदोज कर उन्होंने उसी जगह पर इंडो-सेरासेनिक शैली में इस खूबसूरत इमारत को बनवाया। बावड़ी की वजह से यह इमारत बाउली हॉल के नाम से मशहूर हो गया। मंझले नवाब इन्हीं लुत्फ़ अली खान मरहूम के मंझले साहबज़ादे थे। उनकी पूरी जिंदगी इसी इमारत में बीती। नवाब सैयद इब्राहिम हुसैन खान उर्फ़ मंझले नवाब अपनी दरियादिली के लिए मशहूर थे।

मंझले नवाब और उनकी इस हवेली के बारे में बदरुद्दीन अहमद ने अपनी किताब 'हकीकत भी कहानी भी' में कुछ इस तरह से लिखा है, 'इनकी जवानी के बहुत से क़िस्से मशहूर हैं। बाउली हॉल इनकी रिहाइश की जगह थी। हर नस्ल के उम्दा-उम्दा घोड़े इनके अस्तबल में थे। घोड़ों के अलावा इनको शेरों को भी पालने का भी शौक था। कई नस्ल के विलायती कुत्ते भी इनके यहां पले हुए थे। अपने मकान में इन्होंने एक तरफ जानवरों का अजायबखाना बना रखा था। मकान के अहाते में पत्थर की खूबसूरत जालियों के अंदर नवाब मुनिरुदौल्ला का छोटा सा मकबरा अब भी बाकी है।' नवाब मुनिरुदौल्ला पर तंज करते हुए उन्होंने लिखा है, 'यही वो मुनिरुदौल्ला हैं जिन्होंने खानदाने मुग़लिया का हक़ नमक इस तरह अदा किया था कि शाह आलम से दीवानी बंगाल, बिहार, उड़ीसा की अंग्रेजों को दिलवाई।'

उन्होंने लिखा है, 'मंझले नवाब मरहूम गोरे-चिट्टे मंझले कद के दुबले-पतले आदमी थे। मगर हाथों में खुदादाद जोर था। बड़े जानदार चार घोड़े की चौकड़ी इनके हाथों के इशारों पर इस तरह चलती जैसे कोई एक मामूली घोड़े को चला रहा हो। एक दफा चार घोड़ों की चौकड़ी पर जा रहे थे। फर्शी गाड़ी में चार ताकतवर दिलेर घोड़े जुते हुए थे। घोड़ों की लगाम इनके हाथों में थी। घोड़े तेज रफ़्तार में सड़क पर सरपट दौड़ते चले जा रहे थे कि अचानक बीच सड़क पर मंडराती हुई एक बुढ़िया पहुंची। लोगों ने शोर मचाया और खुद मंझले नवाब ने ये देखा कि बुढ़िया का घोड़ों के टापुओं के लपेट में आना यकीनी है। फिर भी उन्होंने बुढ़िया को बचाने की

बाउली हॉल

कोशिश करते हुए घोड़ों की बागें समेट कर अपनी तरफ जो खींची-चारो घोड़े अपने पीछे के कदमों पर खड़े टंग कर रह गए। अब बुढ़िया तो लड़खड़ाती हुई बचकर एक तरफ भागी और लोग मंझले नवाब मरहूम के पतले-पतले हाथों की कुदरत देखकर दंग रह गए।'

बदरुद्दीन अहमद ने मंझले नवाब की दरियादिली के बारे में लिखा है, 'मैंने मंझले नवाब साहब का आख़िरी जमाना देखा, जब वो बुढ़ापे की मजबूरी से घर बैठ चुके थे। फिर भी हाजतमंदों की इनके पास भीड़ लगी रहती थी। जायदाद कोर्ट ऑफ़ वार्ड के ताल्लुक थी। तक़रीबन एक लाख सलाना आमदनी थी। कोई कर्ज न था। सिर्फ इंतजाम की सहूलियत की लिए गवर्नमेंट ने इनकी जायदाद को कोर्ट ऑफ़ वार्ड में लिया था। इनकी देखभाल हुकूमत के ताल्लुक थी। डॉक्टर नौकर था। डिप्टी मजिस्ट्रेट रोजाना आकर इनकी खैरियत पूछ जाता। हफ़्ते में साहब जिला कलेक्टर भी आकर इनको देख जाता। इनका आलम यह था कि जो भी इनके पास अपनी गर्ज लाया, उसे खाली हाथ कभी वापस नहीं किया।'

'हुकूमत ने एक मैनेजर इनके लिए मुक़र्रर कर दिया था। वह भी बराबर साथ रहता था। खर्च इनके हाथ से उड़ते रहते थे। बेचारा मैनेजर इनकी दरियादिली से आजिज रहता था। मंझले नवाब साहब जब सुबह सोकर उठते तो जरूरतमंद इनके पास आते। ये सबों की खैरियत पूछते। फिर मैनेजर को हुक्म देते, सबको कुछ देकर रुखसत करो। शाम को भी यही हालत रहती। बहुत से शरीफ़ लोग, जिनकी हालत बहुत ख़राब हो गई होती, उन्हें अपने पास रख लेते थे। उनका खाना-पीना सब इनके जिम्मे होता। कलेक्टर जो बजट इनकी खर्च का बनाता वह हमेशा फेल हो जाता था। क्योंकि इनकी दरियादिली किसी हद की पाबंद न थी। कलेक्टर और डिप्टी कलेक्टर दोनों इनको समझाते कि रुपए इस तरह न फेंके। मगर ये जवाब देते कि रुपए कहां फेंक रहा हूं! ये तो हकदारों को देता हूं जिनकी हुकूक इन रुपयों में अल्लाह ताला ने पैदा कर दिए हैं। जायदाद पर कोई कर्ज न था इसलिए आमदनी की हद में इनकी ज्यादा खर्च को गवर्नमेंट रोक भी नहीं सकती थी।'

मंझले नवाब की दरियादिली उनके आखिरी दिनों तक बनी रही थी। आखिरी दिनों में वे नवाब साहब की गुज़री वाली हवेली में उठ आए थे। गुज़री में यह एक बड़ी शानदार हवेली थी। उन्हें सालाना आमदनी के अलावा लाखों रुपए नवाब लुत्फ़ अली खान से तड़के में मिले थे। खर्च करते थे। एक ही बेटी थी। उसका इंतकाल हो चुका था। इसलिए जो आमदनी थी, उसको बिला रोक-टोक खर्च करते रहे। फिर भी एक लाख की सालाना आमदनी अपने वारिसों के लिए छोड़ गए।

खिड़की पर बैठ वह महिलाओं को घूरता रहता था

इतिहास के पन्नों को पलटते हुए कई बार रोचक प्रसंगों पर नजर पड़ती है। ऐसा ही एक प्रसंग फ्रेंच ईस्ट इंडिया कंपनी के एक अधिकारी काउंट ऑफ़ मोदाव के संस्मरणों को पढ़ते हुए मिला। मोदाव 11 अक्टूबर, 1774 को एक राजनीतिक मिशन पर कुछ दिनों के लिए मुंगेर होते हुए पटना आया था। दरअसल वह मुग़ल बादशाह और उनके कुछ वजीरों की मदद से अंग्रेजों को भारत से खदेड़ना चाहता था। था तो यह एक राजनीतिक मिशन, लेकिन उसने पटना के बारे में अपने संस्मरण में विस्तार से लिखा है। उसने इंग्लिश ईस्ट इंडिया कंपनी के पटना फैक्टरी के प्रमुख की शैतानी के बारे में भी लिखा है।

उसने अपने संस्मरण में तत्कालीन पटना खास कर बांकीपुर में अंग्रेजों और डचों द्वारा बसाए गए बस्ती की विस्तृत जानकारी दी है। उसने लिखा है, 'डचों और अंग्रेजों ने मिलकर पटना के समीप बांकीपुर नाम के एक बड़े गांव में रहने के लिए शानदार बस्ती बसायी है। किसी भी तरफ से देखो तो यह बगीचों से घिरा नजर आता है। यह ख़ूबसूरत दिखता है। प्रतीत होता है कि अंग्रेजों ने इसे बनाने में काफी खर्च किया है। डचों ने भी यहां शानदार इमारतों का निर्माण किया है।'

मोदाव ने इंग्लिश फैक्टरी के पटना प्रमुख के खुराफात का जिक्र करते हुए लिखा है, 'अंग्रेजों द्वारा बनाए गए बग़ीचे के अहाते के अंदर इंग्लिश फैक्टरी के प्रमुख ने एक मंदिर बनवा रखा है। इस मंदिर में सुबह के समय शहर की कम उम्र की महिलाएं बगल की गंगा नदी में नहा कर पूजा करने नियमित रूप से आती हैं। फैक्टरी प्रमुख अपने बंगले की खिड़की पर बैठ कर पूजा करने आयी महिलाओं को तब तक घूरता रहता है जब तक उनका आना-जाना बंद नहीं हो जाता।'

पटना के आसपास के गांवों में भी मोदाव खूब घूमा। उसने आश्चर्य प्रकट किया कि क्या इससे भी खूबसूरत कोई गांव हो सकता है। उसने पटना के इर्द-गिर्द करीब बीस मील तक का चक्कर काटा। उसे खूब आनंद आया। उसने लिखा है, 'जमीन का कोई छोटा-सा टुकड़ा भी व्यर्थ खाली नहीं दिखा। खेती के जरिए इनसे लाभ

स्नान कर लौटती महिलाएं (पटना क़लम चित्र शैली)

उठाया गया है। पूरे इलाके में सिंचाई की बढ़िया व्यवस्था है। हर जगह जीवन और ताजगी है। एक आनंददायक जीवन के लिए वह सब कुछ है, जिसकी कल्पना की जा सकती है।'

मोदाव पटना की वाणिज्यिक क्षमता से बहुत प्रभावित होता है। वह लिखता है, 'व्यवसाय के लिए पटना एक महत्वपूर्ण शहर है। यहां दूर-दूर से कारोबारी नियमित रूप से आते हैं। वे यूरोपीय व्यापारियों द्वारा गंगा नदी के मार्फ़त लाए गए वस्तुओं को खरीदते हैं। लेकिन यहां की दो बेशकीमती वस्तुएं ऐसी हैं जिनकी अपनी महत्वपूर्ण भूमिका है। इस इलाके में दुनिया का सबसे बढ़िया शोरा मिलता है। पोस्ते के मौसम में किसान बड़े पैमाने पर पोस्ता की खेती करते हैं। यहां पैदा होने वाला पोस्ता उत्कृष्ट किस्म के होते हैं जिनसे अफीम निकाला जाता है। अफीम की खपत पूर्वी एशिया के देशों में की जाती है।'

मोदाव पटना में बड़े पैमाने पर होने वाले नमक की तिजारत का भी जिक्र करता है। उन दिनों नमक यहां कोरोमंडल के तटों और ओडिशा से लाया जाता था। मोदाव लिखता है, 'गंगा के मार्फ़त जितनी मात्रा में नमक यहां लाया जाता है वह लगभग अविश्वसनीय है। यहां से यह नमक हिन्दुस्तान के बड़े हिस्से में बेचा जाता है। नदी के बाएं किनारे के इलाकों से लेकर विशेष रूप से यह तिब्बत तक भेजा जाता है। साथ ही पहाड़ की अन्य घाटियों तक इनकी तिजारत की जाती है।'

मोदाव अपने राजनीतिक मिशन में सफल नहीं रहा। उसकी मंशा पूरी नहीं हो पायी। 24 अक्टूबर की सुबह वह एक छोटी नाव पर सवार होकर सोनपुर के लिए निकल पड़ा था।

समाज के डर से वह घर में ही जल मरी

यूरोपीय लोगों की एक खासियत रही है कि वे सदियों से दुनिया की यात्रा करते रहे हैं। वे नई जगहों पर जाते रहे, घूम-घूम कर नई खोज करते रहे। कई देशों को उन्होंने अपना उपनिवेश भी बनाया। इसके साथ ही वे उत्साही लेखक भी थे। उनमें से कई लोगों ने अपनी यात्राओं के विस्तृत विवरण लिख छोड़े हैं।

जेमिमा किंडरस्ले ऐसी महिलाओं में से एक थीं, जिन्होंने 18वीं शताब्दी के उत्तरार्ध में ब्रिटिश साम्राज्य के नए उपनिवेश भारत का दौरा किया था। भारत में रहकर उन्होंने जो कुछ देखा, समझा उसका सावधानीपूर्वक दस्तावेजीकरण भी किया। इस प्रक्रिया में वह पहली अंग्रेज महिला बनी जिसने अपनी यात्राओं का विवरण लिखा।

जेमिमा अपने पति कर्नल नैथेनियल के साथ रहने के लिए 1764 में इंग्लैंड से जहाज द्वारा भारत के लिए रवाना हुई। उसके पति कर्नल नैथेनियल दानापुर में तैनात थे। जेमिमा ब्राज़ील, दक्षिण अफ्रीका होते हुए हिंदुस्तान पहुंची। यह वह समय था जब मुग़ल सत्ता अपने अंतिम दौर में था। मुगल सत्ता के अंतिम अवशेष भी क्षीण हो रहे थे। जेमिमा ने उस वक़्त भारत की धरती पर कदम रखा, जब अंग्रेजों को बंगाल की दीवानी दी जाने वाली थी।

जेमिमा खूब पढ़ी लिखी थी। वह उतनी ही जिज्ञासु भी। उसने अपनी क्षमता का अच्छा उपयोग किया। उसकी दृष्टि पैनी थी। उसने यहां रहकर जो कुछ भी देखा, समझा उसे पत्र की शक्ल में लिखा। उसके ये पत्र उस समय के लोगों और सामाजिक इतिहास का चित्रण बखूबी करती है।

जेमिमा ने अपने पत्रों में लिखा है कि हिन्दू अंधविश्वासी और कठोर जाति प्रथा से बंधे हुए थे। व्यापारी कुटिल और लालची थे। यहां के अधिकांश लोग आलसी और व्यवहार में स्त्रैण थे। निरंकुश शासकों ने उन्हें गतिहीन और निर्वीय बना दिया था। कई मायनों में यह ऐसी जगह है जिसे अंग्रेजों द्वारा बचाने की जरूरत है। (यहां जेमिमा में श्रेष्ठता का अहंकार भी दिखता है।)

जेमिमा जहाज से पांडिचेरी उतरती है। वहां से वह कई जगहों से होते हुए इलाहाबाद पहुंचती है। यहां वह कई महीनों तक रहती है। उसके बाद नदी मार्ग से वह पटना की ओर रवाना हुई। पटना वह 1766 के नवंबर में पहुंचती है। वह अपने पति के पास दानापुर छावनी आती है। कैंटोनमेंट का इलाका उसे अच्छा लगता है। 1767 के मार्च महीने में पटना भ्रमण के क्रम में वह बांकीपुर (वर्तमान पटना) से गुजरती है।

वह अपने पत्र में लिखती है, 'पटना (वर्तमान पटना सिटी) से करीब तीन मील दूर गंगा के तट पर बसा बांकीपुर एक सुन्दर गांव है। यहां अंग्रेजी सेना के लिए एक अस्थायी छावनी है। इस छावनी में बांस और फूस के छोटे-छोटे घर बने हुए हैं, जो बंगला कहलाते हैं। इनमें अंग्रेजी सेना की एक तिहाई फौज रहती है। यहां से करीब चार मील दूर दानापुर में गंगा के किनारे ही फौजियों के बैरक बने हैं। यहां पर्याप्त मात्रा में भवन बने हुए हैं। यह इस प्रान्त का फौजियों का मुख्यालय है।'

बाद के दिनों में जेमिमा के ये पत्र 'फ्रॉम द आइलैंड ऑफ़ टेनरिफ, ब्राज़ील, द केप ऑफ़ गुड होप, एंड द ईस्ट इंडीज' के नाम से किताब की शक्ल में प्रकाशित हुई। इसमें उसने लिखा है, 'पटना बिहार की राजधानी है। गंगा के समीप बसा हुआ यह बहुत बड़ा शहर है। शहर और इसके उपनगरों को मिलाया जाए तो यह करीब पांच मील लंबा है। लेकिन उस अनुपात में यह चौड़ा नहीं है। कई जगहों पर एक ही सड़क है। इस मौसम में सभी गंगा किनारे ही रहना पसंद करते हैं। शहर में एक विशाल किला है और हिन्दुस्तानी शैली में बने कई पत्थर के भवन हैं। लेकिन शहर के बड़े हिस्से में फूस और बांस से बनी झोपड़ियां ही हैं। ये बड़े दरिद्र से दिखते हैं। अधिकांश सड़कें बेहद संकीर्ण हैं। ये पक्के भी नहीं हैं। बरसात के दिनों में शहर गंदगी से असह्य हो जाता है। गर्मी के दिनों में यह धूल से भरा रहता है।'

'पटना यातायात के लिए बेहद महत्वपूर्ण है। इंग्लिश कंपनी का यहां एक बड़ी सी फैक्टरी (गोदाम को फैक्टरी कहा गया है।) है। इस फैक्टरी से शोरा, अफीम, नमक, सुपारी और तंबाकू का कारोबार बड़े पैमाने पर किया जाता है। यह व्यापार का बड़ा केंद्र है। फ्रेंच और डचों की भी फैक्ट्रियां हैं। यहां कालीन बनाई जाती है। मोटे छींटदार सूती कपड़ों का भी उत्पादन बड़े पैमाने पर होता है। यहां उम्दा किस्म के लिनन के मेजपोश भी बनाए जाते हैं। मलमल के कपड़े भी बनते हैं। यद्यपि वे बहुत उम्दा किस्म के नहीं होते हैं।'

पटना के हुक्का की प्रशंसा करते हुए वह लिखती है, 'यहां के हुक्के बहुत मशहूर हैं। कहा जाता है कि यहां से बढ़िया हुक्का पूरे हिंदुस्तान में कहीं और नहीं बनता है। खासकर इसमें प्रयुक्त होने वाला चिलम! कुछ चिलम तो तांबे और चांदी

से बनाए जाते हैं। ये चिलम उत्कृष्ट कारीगरी के नमूने होते हैं। इसके अतिरिक्त यहां और कई तरह के व्यवसाय हैं जो बहुत उपयोगी हैं।'

'शहर के अधिकांश घर फूस के बने होते हैं इसलिए अक्सर जाड़े के दिनों में इनमें आग लग जाती है। जाड़े के दिनों में लोग घर को गर्म रखने के लिए अंगीठी जलाते हैं। स्वाभाविक ही है कि रात में उन्हें नींद आ जाती होगी और वे सो जाते होंगे। इससे न केवल उनकी मौत होती है वरन और कई लोगों की जाने चली जाती हैं। कभी-कभी तो पूरा पड़ोस ही नष्ट हो जाता था। एक ऐसे ही अग्निकांड में कई मुसलमान बगल की एक मस्जिद में शरण लेने चले गए। इस उम्मीद में कि उनकी जान बच जाएगी। मस्जिद पत्थर की बनी थी— और वह इतना गर्म हो गया कि उसमें शरण लिए सारे लोग उसकी गर्मी से मर गए।'

जेमिमा ने एक लोमहर्षक घटना का जिक्र करते हुए लिखा है कि एक समृद्ध मुस्लिम परिवार के मुखिया की गैरहाज़िरी में उसके घर में आग लग गई। घर में उसकी पत्नी और बच्चे थे। उसकी पत्नी ने पति की अनुपस्थिति में आग से बचने के लिए बाहर निकलने की बजाए घर के अंदर जल कर मर जाना मुनासिब समझा। उसे डर था कि अगर वह पर्दा से निकल कर बाहर आईं तो उसकी भर्त्सना की जाएगी। तब वह पितृसत्तात्मक समाज के सामने किस मुंह से जाएगी!

जेमिमा किंडरस्ले 1769 में भारत से इंग्लैंड वापस लौट गई। उसके ये पत्र आठ वर्षों बाद प्रकाशित हुए थे।

जब छींट के कपड़ों पर यूरोप में पाबंदी लगी

इतिहास के पन्नों को पलटते हुए कई बार रोचक तथ्यों से सामना हो जाता है। तब सचमुच लगता है कि इतिहास अतीत नहीं है बल्कि अतीत का एक मानचित्र है जो नए यात्रियों की यात्रा को सुगम बनाने के लिए विशेष दृष्टिकोण से तैयार किया गया है। उन्हीं पन्नों को पलटते हुए फ्रांसिसी यात्री, लेखक और फोटोग्राफर लुई रूसले की 1864 में पटना के बाजार में खींची गई एक तस्वीर पर नजर पड़ी। यह तस्वीर पटना के एक दुकानदार और उसके ग्राहक की है। इस तस्वीर में जिस चीज ने सबसे पहले ध्यान आकृष्ट किया था— वे थे उनके कपड़े। उन्होंने छींटदार कपड़े पहन रखे थे।

फ्रांसिसी यात्री, लेखक और फोटोग्राफर लुई रूसले 1864 के अप्रैल महीने में पटना आया था। वह हिन्दुस्तान में पुरातात्विक अन्वेषण, नृवंशविज्ञान, और धार्मिक मान्यताओं पर शोध करने आया था। वह उम्दा फोटोग्राफर था और डार्करूम के काम में उसे महारत हासिल था। वह हिंदुस्तान में 6 वर्षों तक घूमता रहा। लौटकर उसने 'इंडिया एंड इट्स नेटिव प्रिंसेस' नाम से एक किताब लिखी। इसी किताब में वह तस्वीर दिखी।

पटना का एक दुकानदार और ग्राहक
(फोटो: लुई रूसले)

ईस्ट इंडिया कंपनी का मुलाजिम रॉबर्ट ह्यूज 1620 में पहली बार सूती कपड़ों के कारोबार के लिए ही पटना आया था। पटना का कपड़ा उद्योग खासकर यहां उत्पादित छींट के कपड़ों की पश्चिम के देशों में बहुत मांग थी। उन दिनों जो भी सूती कपड़ा पश्चिम जा रहा था वह कालीकट होते हुए

ही जा रहा था। कालीकट का सूती कपड़ा उद्योग भी काफी समृद्ध था। इसलिए साधारण बुनावट के सफेद सूती कपड़ों को कालीकट के नाम पर कैलिको कहा जाने लगा। यहां तक कि पटना में निर्मित सूती कपड़ों को भी कैलिको कहा जाने लगा। भारतीय सूती छींट कपड़ों की भी खूब मांग थी।

भारत सदियों से सूती छींट कपड़ों का उत्पादन और निर्यात कर रहा था। लेकिन 1498 में जब पुर्तगाली समुद्री यात्री वास्को डि गामा भारत के कालीकट पहुंचा तब भारतीय छींट के कपड़ों ने दुनिया में हलचल मचाना शुरू कर दिया।

हार्वर्ड के इतिहासकार डॉक्टर स्वेन बेकर्ट कहते हैं, 'जब वास्को डि गामा पुर्तगाल लौटा तो अपने साथ न सिर्फ़ बेशकीमती मसाले लेकर पहुंचा बल्कि उसके पास भारत के कुछ शानदार सूती कपड़े भी थे। यह उस व्यापार की शुरुआत थी जो बाद में हिंसक हो गई और जिस पर अधिकार के लिए 100 साल बाद यूरोपीय देशों में ईस्ट इंडिया कंपनियों का गठन हुआ।'

वास्को डि गामा के पुर्तगाल लौटने के बाद यूरोपीय व्यापारियों ने हिंद महासागर क्षेत्र में कपड़ों का निर्यात शुरू किया। यूरोप में भारतीय छींट अभिजात वर्ग के घरों में इस्तेमाल होते थे, खासकर छोटी बैठक और रंगीन कालीनों वाले बेडरूम में। 17वीं सदी के मध्य से छींट का इस्तेमाल पहनने के कपड़े बनाने में होने लगा था। कैलिको क्रेज से यूरोप के कैलिको और छींट कपड़ों के आयातकों को भारी मुनाफा हो रहा था, लेकिन यूरोप के स्थानीय कपड़ा व्यापारी इससे ख़ुश नहीं थे। सिल्क, लिनेन, जूट और ऊन के जमे-जमाए उत्पादकों ने विरोध प्रदर्शन शुरू किया और 'गैर-ईसाइयों' के हाथों से बने 'भद्दे और चितकबरे' सूती कपड़ों के खिलाफ दंगे भी किए। घरेलू व्यापार की रक्षा के लिए फ्रांस में 1686 से 1759 के बीच छींट और कैलिको को पूरी तरह प्रतिबंधित कर दिया गया ब्रिटेन में भी 1700 से 1774 के बीच इस पर आंशिक पाबंदी लगाई गई थी।

लुई की तस्वीर में दुकानदार और उसके ग्राहक ने जो छींटदार कपड़े पहन रखे हैं उनका निर्माण पटना में ही हुआ प्रतीत होता है। बुकानन सर्वेक्षण के क्रम में 1811-12 में जब पटना आया तो उसने यहां के कपड़ा उद्योग की भी पड़ताल की थी। उसने अपनी रिपोर्ट में लिखा है, 'पटना के दस्तकार छींट के कपड़ों का उत्पादन निर्यात के लिए करते हैं। इसके लिए वे एकदम नए सूती वस्त्रों का प्रयोग करते हैं। इनमें से कइयों के पास थोड़ी ही पूंजी होती है इसलिए उन्हें निर्माण सामग्रियों, छापा का काम करने वाले कारीगरों के लिए उन व्यापारियों पर निर्भर रहना होता है जो इसका निर्यात करते हैं। आमतौर पर दस्तकारों में इतनी क्षमता नहीं होती थी कि वे कैलिको खरीद सकें, उपकरणों का इंतजाम कर उस पर छपाई का काम करवा सकें।'

'मैं छींटदार कपड़ों के निर्माण की प्रक्रिया को नहीं समझ सका।' बुकानन लिखता है, 'ज्यादातर छींट के कपड़े निहायत ही मोटे और खुरदुरे होते हैं। इन्हें पुर्तगाली और अन्य यूरोपीय व्यापारी खरीदते हैं। ये उतने उत्कृष्ट नहीं होते जितने लखनऊ और कलकत्ता के होते हैं। पटना को छोड़ कर आसपास के छींट कपड़ों के दस्तकार गांव-देहात के अपने ग्राहकों के लिए कपड़ों का उत्पादन करते हैं। बड़ी संख्या में पुरुष छींटदार कपड़े पहना करते हैं जबकि महिला यदा-कदा ही इन कपड़ों में दिखती हैं। इन दस्तकारों को नियमित रूप से काम नहीं मिलता है लेकिन फिर भी ये पांच से छह रुपये महीने के कमा ही लेते हैं। दो दस्तकार मिलकर एक दिन में पूरे कैलिको के एक खंड की छपाई कर लेते हैं जिसके लिए उन्हें एक रुपया मिलता है। लेकिन छपाई के लिए आवश्यक पदार्थों की खरीद पर आधे पैसे खर्च हो जाते हैं। अगर इन्हें नियमित रूप से काम मिलता रहा तो महीने में सात से आठ रुपये की आमदनी हो जाती है। बहुत सारे दस्तकार छपाई के लिए आवश्यक सामग्री जुटा पाने में असमर्थ रहते थे इसलिए वे उन व्यापारियों के महज़ नौकर बन कर रह जाते हैं जो उन्हें यह मुहैया कराते।'

ऐसी स्थिति में जैसे-जैसे इंग्लिश ईस्ट इंडिया कंपनी का कारोबार बढ़ता गया, दस्तकारों पर अत्याचार का पैमाना भी बढ़ता गया। दस्तकारों को अकसर कंपनी के साथ व्यापार करने के लिए विवश किया जाता। वे संतुलन और पुनर्प्राप्ति के दुष्चक्र में फंस जाते। बुकानन ने महसूस किया था कि कंपनी ने व्यापार करने की जो प्रणाली अपनाई थी उसमें वे दस्तकार पूरी तरह कंपनी पर ही निर्भर हो गए थे। उनकी स्थिति गुलामों से थोड़ी ही बेहतर थी। कालांतर में अंग्रेजों ने पटना के कपड़ा उद्योग को ही ध्वस्त कर दिया। 'पटना छींट' के नाम से मशहूर यह कपड़ा अब इतिहास के पन्नों पर ही दिखता है।

पटना में अंग्रेजों की पहली फैक्टरी

अंग्रेजों ने भले ही पटना के गुलजारबाग़ में 1657 में पहली फैक्टरी की बुनियाद रखी थी लेकिन इसकी कोशिश वे पहले भी कई बार कर चुके थे। ये वे दिन थे जब पटना के कैलिको (सूती कपड़े का एक प्रकार) तथा अन्य सूती कपड़ों के उत्पादों की यूरोप में बेहद मांग थी। इसलिए जनवरी, 1620 में ईस्ट इंडिया कंपनी के अधिकारियों ने आगरा से रॉबर्ट ह्यूज को सूती वस्त्रों की तिजारत के लिए पटना भेजा। ह्यूज जुलाई, 1620 में पटना पहुंचा। दो महीने बाद उसका सहयोगी जॉन पार्कर भी उससे आ मिला। बिहार के तत्कालीन गवर्नर मुकर्रब खान ने उनका स्वागत किया। ह्यूज ने शहर कोतवाल के बगल में एक मकान सवा छह रुपये महीने के किराए पर लिया। पटना का बाजार बड़ा था और अन्य कई बड़े व्यापारी कपड़ों के कारोबार में लगे हुए थे। पूंजी की कमी की वजह से ह्यूज को अपने हाथ खींच लेने पड़े। साल भर के अंदर ही उन्हें अपना कारोबार समेट लेना पड़ा।

इसके बारह वर्षों बाद अगस्त, 1632 में ईस्ट इंडिया कंपनी ने एक बार फिर आगरा से पीटर मंडी को पटना भेजा। वह सितंबर में पटना पहुंचा। वह दो महीने तक पटना में रहा। कपड़े के धंधे में अच्छा मुनाफ़ा न होने की वजह से उसे पटना छोड़ वापस आगरा लौट जाना पड़ा। लेकिन पटना का जो वाणिज्यिक महत्व था, उसे समझते हुए उनकी दृष्टि पटना पर लगी रही। वे प्रयास करते रहे और करीब पच्चीस वर्षों बाद 1657 में उन्होंने पटना के गुलजारबाग़ में अपनी पहली फैक्टरी की बुनियाद रखी।

उन दिनों यह बस एक छोटी-सी इमारत थी और हुगली के ब्रिटिश फैक्टरी की एक शाखा थी। इसके सात वर्षों के बाद कलकत्ता से जॉब चारनॉक को पटना फैक्टरी का प्रमुख बना कर भेजा गया। जॉब चारनॉक ने अपने कार्यकाल में कंपनी के शोरे के व्यापार को नई ऊंचाईयों तक पहुँचाया। फलस्वरूप और बड़े भवन की जरूरत महसूस की गई। तब यहां पर 18वीं सदी के तीसरे दशक में एक दो-मंज़िला भवन ट्यूडर स्थापत्य शैली में बनवाया गया। यह मध्यकालीन ब्रिटेन में सामंतों द्वारा बनवाए गए मैनर हाउस (हवेली) की तरह था।

अफीम की फैक्टरी (चित्र: सीताराम)

17वीं सदी में ही गुलज़ारबाग़ ईस्ट इंडिया कंपनी की व्यावसायिक गतिविधियों का महत्वपूर्ण केंद्र बन गया था। अंग्रेजों ने यहां जो फैक्टरी (तब व्यापार केंद्र और गोदामों को फैक्टरी ही कहते थे।) बनाई उसे स्थानीय लोगों ने 'कंपनी कोठी' का नाम दिया। बिहार एंड उड़ीसा डिस्ट्रिक्ट गजेटियर (1907) में ओ'मैली लिखता है, 'यह जगह असाधारण ऐतिहासिक महत्व का है। 18वीं सदी के शुरू के वर्षों में गंगा किनारे पुरानी इंग्लिश फैक्टरी पर बनी नई इमारत को सर आयर कूट और लार्ड क्लाइव की मेजबानी करने का अवसर मिला है। इसी इमारत के ऊपरी कमरे में-जहां से गंगा दिखाई देती है, शाह आलम का राज्याभिषेक हुआ था। 18वीं सदी के शुरुआती वर्षों में ब्रिटिश ईस्ट इंडिया कंपनी ने इस किलानुमा फैक्टरी का निर्माण चालीस हजार रुपये की लागत से करवाया था।

ओ'मैली आगे लिखता है, 'इस किलानुमा भवन की विशाल पश्चिमी दीवार से सटे एक सुरंग है जो बाहर एक कुएँ से मिलती है। यह सुरंग आपातकाल और युद्ध जैसे हालात बनने के वक़्त पानी लाने के लिए था। फैक्टरी के परिसर में अभी जो दीवार मौजूद है, निश्चित ही वह उस पुरानी दीवार के स्थान पर ही है। इसके दक्षिण-पश्चिम दिशा में कंपनी तोपखाना के लेफ्टिनेंट थॉमस डेविस, जिसकी मृत्यु 06 जून, 1761 को हुई थी, की कब्र है।' अब वह कब्र यहां पर मौजूद नहीं है। 1912 में बंगाल विभाजन और बिहार प्रान्त के निर्माण के बाद बने नए दो मंजिला इमारत से यह पूरी तरह ढंक गया है।

ओ'मैली ने ब्रिटिश सिविल सर्विस के अधिकारी चार्ल्स हॉर्न का हवाला देते हुए लिखा है, 'पटना की पहली स्थायी इंग्लिश फैक्टरी 17वीं सदी के शुरू के वर्षों में इसी स्थान पर बनवायी गयी थी। पर वर्तमान में मौजूद ढाँचा 18वीं सदी की शुरुआत में खड़ा किया गया था। हुगली से पटना फैक्टरी की दूरी फैक्टरी के प्रमुखों को गबन के लिए उकसाती थी। गबन में पकड़े जाने की वजह से 1719 में सैमुअल ब्राउन और 1750 में रॉबर्ट आयर को प्रमुख के पद से हटाया गया। रॉबर्ट आयर के पकड़े जाने पर फैक्टरी सात वर्षों तक बंद रही। फिर विलियम बिलर्स 1765 में और 1766 में सैमुअल मिडिलटन को फैक्टरी प्रमुख पद पर से गबन की वजह से हटाया गया। गबन में पकड़े जाने की वजह से विलियम बिलर्स इतना डर गया था कि उसने लार्ड क्लाइव के पटना आने के पहले बांकीपुर में कंपनी बाग़ के अपने घर में आत्महत्या कर ली। उसे कंपनी बाग़ के ही छोटे से कब्रगाह में दफ़ना दिया गया।'

1750 में फैक्टरी सात वर्षों तक बंद रही तो इसकी काफी आलोचना हुई। यह 1750 में भारत आए ईस्ट इंडिया कंपनी के एक मुलाजिम ग्रोज़ की टिप्पणियों से पता चलता है। 1756-57 के कठिन वक़्त में फैक्टरी में कंपनी द्वारा नियुक्त एक भी कर्मचारी नहीं था। पॉल रिचर्ड पियरक्स ने इसे 1757 की जुलाई में फिर से शुरू किया। बंद रहने के दौरान फैक्टरी की इमारत को कोई नुकसान नहीं हुआ था। 26 जुलाई, 1757 में आयर कूट ने अपने सिपाहियों को यहां लाकर रखा। अगली सर्दियों में रॉबर्ट क्लाइव बांकीपुर जाने के पहले अपनी टुकड़ी के साथ यहीं ठहरा।

शाह आलम की ताजपोशी की पट्टिका

1763 में पटना नरसंहार के बाद फैक्टरी प्रमुख इस फैक्टरी को यहां से फोर्ट विलियम, कलकत्ता स्थानांतरित करना चाह रहे थे। 1765 में इसे यहां से हटाने की

प्रकिया भी शुरू हो गई थी। लेकिन 1767 में थॉमस रम्बोल्ड ने इस फैसले पर रोक लगा दिया। लेकिन अब इसका प्रयोग फौज के लिए गोला बारूद रखने के लिए किया जाने लगा। इसे ग्रैंड मैगज़ीन नाम दिया गया। जब अफीम की मांग बढ़ने लगी तो इसे अफीम के एजेंट के हवाले कर दिया गया। तब अफीम के उत्पादन के लिए यहां उन्नत किस्म का एक कारखाना लगाया गया। इसके बाद यहां बड़े पैमाने पर अफीम का उत्पादन होने लगा।

अफीम का उत्पादन उन दिनों मुख्यत: दो पद्धति से हो रहा था। अंग्रेजों द्वारा अफीम उत्पादन पर नियंत्रण से पहले अफीम का उत्पादन स्थानीय किसान और व्यापारी मिलकर छोटे स्तर पर करते थे। अफीम उत्पादन की प्रक्रिया के पहले चरण में अलग-अलग खेतों में उत्पादित कच्चे अफीम को बिचौलिये गांव-गांव घूम कर एकत्रित करते थे। बड़े किसान अफीम को मिट्टी के घड़े में एकत्रित करके बड़े व्यापारियों को बेच दिया करते थे।

व्यापारी खरीदे हुए अफीम का मिश्रण तैयार करने के लिए लकड़ी का बक्सा बनवाते थे। अफीम को इन लकड़ी के बक्सों में मिश्रित किया जाता था। मिश्रण की प्रक्रिया के दौरान अफीम की आद्रता को संतुलित किया जाता था ताकि अफीम लंबे समय तक खराब नहीं हो सके। अब अफीम को सुखाया जाता और सामान भार में तौलकर अफीम का गोला बनाकर उसे कांसे के एक गोल बर्तन में रखा जाता था।

फैक्टरी में अफीम तैयार होने की प्रक्रिया भी लगभग इसी तरह की होती थी। अगर अफीम का कारखाना अफीम के खेत से ज्यादा दूर नहीं हुआ तो अफीम का मिश्रण तैयार करने की प्रक्रिया फैक्टरी में ही होती थी अन्यथा अफीम का मिश्रण तैयार करने की प्रक्रिया स्थानीय स्तर पर ही कर लिया जाता था। बड़े व्यापारी अफीम के गोले को थोक भाव में खरीदते थे और फैक्टरी को बेचते थे या फैक्टरी के कर्मचारी खुद खरीदने आते थे।

फैक्टरी तक पहुंचे अफीम मिश्रण को केक के रूप में काटकर सुखाया जाता था। व्यापारी अक्सर अधिक नमी वाले अफीम फैक्टरी को बेचते थे। अधिक नमी से अफीम का भार अधिक हो जाता था जिससे व्यापारियों को अधिक कीमत मिलती थी। फैक्टरी द्वारा अफीम की नमी कम करने के बाद फैक्टरी में अफीम की गुणवत्ता की जांच की जाती थी। गुणवत्ता की जांच के बाद अफीम को कांसे के गोल बर्तन में बंद कर बाजार में बेचने के लिए तैयार किया जाता था।

अब अफीम बाजार में बिकने के लिए तैयार हो चुका होता है। बिकने से पहले अफीम के गोलों को एक जगह संग्रहित किया जाता था। अफीम का संग्रह सामान भार के कांसे के गोलों में इसलिए किया जाता था ताकि सभी अफीम का वजन करने के बजाय उनकी गिनती के आधार पर बाजार या व्यापारी को आसानी से बेचा जा सके। अब इस फैक्टरी में उत्पादित अफीम को गंगा के रास्ते कलकत्ता भेज दिया जाता। यह सिलसिला 1910 तक चलता रहा।

1907 में फ़ैक्टरी का निरीक्षण करते हुए ओ'मैली ने लिखता है, 'परिसर की बाकी इमारतें इसकी तुलना में काफी नई हैं। लेकिन एक पुरानी जेल भी है, जिसे जनरल गार्स्टिन ने 1784 में बनवाया था। आमतौर पर लोग इसे दीवानी जेल बुलाते हैं।' 1811 में बुकानन ने जब इसे देखा था तो उसने महसूस किया कि यह जेल उत्पातियों, बदमाशों को रोकने के लिए काफी नहीं है। उसकी यह टिप्पणी पांच वर्षों के बाद ही सही साबित हो गयी जब 07 मई, 1817 की शाम उनचालीस आरोपी जेल के कमजोर पूर्वी दरवाजे को तोड़ भाग निकले। उन्हें पकड़ने की कोशिश में बत्तीस लोग मारे गए।'

पटना में उत्पादित अफीम (पटना कलम चित्रशैली)

डॉ. काज़िमी ने अपनी पुस्तक 'हिस्टोरिक पटना' में इस फ़ैक्टरी की संरचना का वर्णन करते हुए लिखा है, 'यह एक चौकोर दो मंज़िला भवन था जिसमें खुली

हुई छत और खुले हुए बरामदे थे। इस इमारत में नियमित अंतराल पर सजावटी खंभे और उनके ऊपर त्रिभुजाकार पेडीमेंट और डोरिक खंभे थे। बाहरी खिड़कियों पर छोटे आकार के पेडीमेंट (रोमन शैली में बनाई गई त्रिभुजाकार संरचना) थे। डच शैली के इमारतों में पाई जाने वाली सीढ़ियों की तरह यहां भी एक सीढ़ी थी जिसमें बैनिस्टर लगे हुए थे। ये सीढ़ियां फ़ैक्टरी की आंतरिक सजावट को और भी खूबसूरत बनाते थे।'

भूतल के उत्तर के मध्य में एक सुरंग गंगा नदी की ओर जाती है। यह फ़ैक्टरी के कुछ खास लोगों की जानकारी में था। खतरे के वक़्त में इस सुरंग से उत्तर की दिशा में बाहर निकला जा सकता था। यह सलामत कूचा कहलाता था। पटना या अन्य प्राचीन शहरों के पुराने किले या महलों में इस तरह के सुरंगे बनाई जाती थीं ताकि खतरे के वक़्त में इसके जरिए दुश्मनों को चकमा दिया जा सके।

फ़ैक्टरी का वर्तमान अवशेष अपने सुनहरे दिनों की छाया मात्र भी नहीं है। डोरिक खंभों वाला बरामदा, दीवारों के ऊपर बने पेडीमेंट सब नष्ट हो गए हैं। ऊपरी मंज़िल पर बना कटघरानुमा रेलिंग भी अब नहीं हैं। 1912 में बिहार और ओड़िसा के नए राज्य के बनने के बाद इस भवन के अलग-अलग हिस्सों में गवर्नमेंट प्रेस, स्टेशनरी स्टोर और एक सर्वे कार्यालय खोला गया। 1934 के भीषण भूकंप में इस भवन के मुख्य ढांचे को बहुत नुकसान हुआ।

पटना में विलियम टेलर के कई संगी-साथी भी थे

विलियम टेलर के जिक्र से ही 1857 के गदर के दिनों में पटना के कमिश्नर के रूप में उसके द्वारा किये गए अत्याचार और क्रूरता की ढेरों कहानियां याद हो आती हैं। कमिश्नर के रूप में टेलर का कार्यकाल विवादास्पद रहा। टेलर पर आरोप था कि उसने पर्याप्त सबूतों के बिना ही कई लोगों को सूली पर चढ़ा दिया था। उनमें पीर अली भी थे। विद्रोहियों को सजा देने में वह अक्सर कानून के साथ छेड़छाड़ भी करता रहा।

टेलर के इन जघन्य कारनामों की उसके उच्चस्थ पदाधिकारियों ने भरपूर आलोचना की थी। बंगाल के तत्कालीन लेफ्टिनेंट गवर्नर हैलिडे और गवर्नर जनरल लार्ड कैनिंग ने भी उसकी तीखी आलोचना की थी। इन आलोचनाओं को कभी अधिकृत रूप से वापस भी नहीं लिया गया।

प्रख्यात इतिहासकार के.के.दत्ता ने अपनी पुस्तक 'हिस्ट्री ऑफ फ्रीडम मूवमेंट इन बिहार' में लिखा है, 'पटना कमिश्नर के रूप में टेलर ने करीब एक महीने तक पटना के लोगों को पूरी तरह आतंकित कर रखा था। घर तलाशी, गिरफ्तारी और सूली पर चढ़ा देना, यह धड़ल्ले से हो रहा था। उसने कई लोगों को बिना सबूत के सूली पर चढ़ा दिया। विद्रोहियों को सजा देने में वह अक्सर कानून के साथ छेड़छाड़ भी करता रहा। पटना के एक धनी बैंकर लुफ्त अली खान को सजा देने में भी उसने कानून के साथ छेड़छाड़ की थी।'

अपने अत्याचार से उसने पटना के लोगों को एक महीने तक पूरी तरह आतंकित कर रखा था। उस पर आरोप था कि उसने कुछ 'गुंडे' भी पाल रखे थे। इन 'गुंडों' से वह शहर के लोगों की जासूसी करवाता था। टेलर के हटाए जाने के बाद आयुक्त का पद संभालने वाले ई.ए.सैमुएल ने 22 सितंबर 1857 को टेलर के इन 'गुंडों' के बारे में लिखा, 'ये 'गुंडे' निर्दोष लोगों को फंसाने की धमकी देकर उनसे पैसे वसूलते थे और जो वास्तव में अपराधी होते थे— वे उलटे इन 'गुंडों' को धमका कर या घूस देकर चुप रखा करते थे।'

टेलर की यह कूटनीति गवर्नर जनरल की नजरों से बची नहीं रह सकी। गवर्नर जनरल ने 5 अगस्त, 1857 को लिखा था, 'टेलर के अविवेकी और अमर्यादित कार्यकलापों ने स्थानीय निवासियों के मन में असुरक्षा की भावना भर दी है।' टेलर पर उससे भी और बड़ा गंभीर आरोप यह लगा कि उसने परिस्थितियों का गलत आकलन किया और बेवजह आक्रमक होकर भरपूर क्षति पहुंचायी। टेलर ने अपने बचाव ने कई तर्क भी दिये। उसने एक पैम्फलेट भी छपवाया। किन्तु वह गवर्नर जनरल को संतुष्ट नहीं कर सका।

लेकिन कुछ लोग ऐसे भी थे जो विलियम टेलर के समर्थन में उतर आए थे। भागलपुर के आयुक्त यूल की राय थी कि पटना से मालदा तक का पूरा इलाका अगर ग़दर के दुष्प्रभाव से बचा रहा है तो वह केवल और केवल श्री टेलर की वजह से ही। इसी प्रकार रोमन कैथोलिक बिशप ने अपनी समस्त मंडली की ओर से लिखते हुए घोषणा की थी कि हम सभी अपनी जान और माल की सुरक्षा का श्रेय अकेले श्री टेलर को को देते हैं। वे हमारे दिलों में हमेशा के लिए रहेंगे। एक चौथाई सदी से पटना में रह रहे प्रोटेस्टेंट मिशनरियों-जिनका यहां के मूल निवासियों के साथ घनिष्ठ संबंध थे, टेलर के लिए प्रशंसा का ही भाव था। साथ ही यहां रह रहे यूरोपीय नागरिक, सैनिक, पादरी, मिशनरी, व्यापारी, नील बागान मालिक-सबों ने एक स्वर से टेलर के समर्थन में लिखित गवाही दी और कहा कि पटना और बिहार की सुरक्षा टेलर की वजह से ही संभव हुई है और भविष्य में भी हमारी आस्था उनके प्रति है।

बावजूद 20 जनवरी, 1859 को टेलर को नौकरी से निलंबित कर दिया गया। उसे एक मौका दिया गया कि वह लोकहित में ज्यूडिशियल कोर्ट में आरोपों का सामना करें। किन्तु टेलर ने इस प्रस्ताव को स्वीकार नहीं किया और उसने अपना पद छोड़ दिया। नौकरी छोड़ने के बाद टेलर काफी दिनों तक पटना में ही रहा। नौकरी से निलंबन के बाद उसे अपने निवास के लिए जगह की तलाश थी। ईस्ट इंडिया कंपनी में कार्यरत उसके दोस्तों और उसके हिन्दुस्तानी दोस्तों ने 'बाग़ वैलेंडेज़' में उसके लिए समुचित व्यवस्था करवा दी।

पटना सिटी में दीवान मोहल्ला के पूरब दुलीघाट में स्थित वैलेंडेज़ का पुश्ता, कभी डचों के अधीन था। अब यह अंग्रेजों के अधीन था और उपेक्षित था। विलियम टेलर ने इसे विकसित किया और अपने रहने के लिए एक बंगला भी बनवाया। अब यह 'टेलर बाग' के नाम से जाना जाने लगा। उसे एक हजार रुपये का वार्षिक पेंशन मिलता था। उसने लोगों को कानूनी सहायता देने के लिए एक कार्यालय खोला और

बंगाल के विभिन्न अदालतों में वकालत करता रहा। टेकारी और हथुआ महाराज के लिए भी उसने मुकदमा लड़ा था। बंगले के विशाल परिसर में उसने पशुओं के लिए फार्म हाउस भी बनवाया। कृत्रिम गर्भाधान के लिए उसने कई प्रयोग भी किए। उसके फार्म में ब्रिटिश नस्ल के सांड़ भी थे। उसके कई प्रशंसक भी थे। विलियम टेलर एक निपुण चित्रकार भी था। वह जहां भी जाता, अपने साथ स्केच बुक रखता। उसकी पुस्तक 'थर्टी एट इयर्स इन इंडिया' उसके बनाये स्केचों से भरी हुई है। पटना में उसने पहली बार एक्का (एक घोड़े या एक बैल द्वारा खींची जाने वाली गाड़ी) भी देखा था। उसने उसे भी स्केच किया था।

जुलाई, 1857 में जब बाबू वीर कुंवर सिंह के नेतृत्व में विद्रोही सिपाहियों ने आरा हाउस पर आक्रमण किया था उस वक़्त जज, कलेक्टर, मजिस्ट्रेट, असिस्टेंट मजिस्ट्रेट, डिप्टी ओपियम एजेंट सहित तीन रेलवे के इंजीनियर वहां मौजूद थे। उस समय विद्रोहियों और ब्रिटिश सिपाहियों के बीच जो मुठभेड़ हुई उसकी तस्वीर भी विलियम टेलर ने बनाई थी।

कुख्याति के बावजूद वह स्थानीय नागरिकों के बीच लोकप्रिय था। वह अच्छी हिन्दुस्तानी भाषा बोल लेता था। शहर के कई लोगों से उसके गहरे ताल्लुकात थे। वह वास्तव में यहां के मूल नागरिकों के लिए कुछ सार्थक करना चाहता था। नौकरी में रहते हुए उसके द्वारा बनाई गई इंडस्ट्रियल एजुकेशन पालिसी की हमें प्रशंसा करनी होगी। पटना कमिश्नर के पद पर रहते हुए उसने तत्कालीन लेफ्टिनेंट गवर्नर को एक ज्ञापन सौंपा था जिसमें बिहार इंडस्ट्रियल स्कूल की वृहद रूपरेखा थी। इसके साथ ही उसने इस ज्ञापन को पर्चे की शक्ल में छपवा कर बिहार के विभिन्न जिलों में पदस्थापित ब्रिटिश पदाधिकारियों को भी भेजा।

ज़मींदारों और मिशनरियों द्वारा स्थापित स्कूलों के उलट वह स्थानीय देशी भाषाओं के स्कूल चाहता था। उसकी परिकल्पना ऐसे स्कूलों की थी जहां मध्यम और निम्न श्रेणी के लोगों के बच्चों को ऐसी शिक्षा दी जाए जो उन्हें बुद्धिमान बनाने के साथ-साथ तर्कसंगत विचारों से लैस करे, जिससे वे अपने अधिकारों की सुरक्षा के लिए अर्हता प्राप्त कर सकें। और एक बुद्धिमान व्यक्ति की तरह अपनी नियति संवार सकें। ऐसी शिक्षा, जो उनके जीवन यापन में सहायक हो सके। वह इन स्कूलों की भाषा हिंदी और उर्दू चाहता था जिसमें यहां के लोग अभ्यस्त थे।

उसने अपने ज्ञापन में लिखा में लिखा था, 'शुरू में यह पढ़ाई लिखना, पढ़ना, गणित और नैतिक शिक्षा तक सीमित रहेगी। कुछ समय के बाद इस प्राथमिक शिक्षा में उपयोगी विज्ञान को भी शामिल किया जायेगा। जैसे-जैसे विद्यार्थियों की प्रगति

होगी उनके स्तर को भी ऊपर उठाया जायेगा। मेरी परिकल्पना है कि इन स्कूलों में जो विद्यार्थी आएं उन्हें विभिन्न शाखाओं की व्यावहारिक शिक्षा भी मिले। दिन के पहले हिस्से में वे औद्योगिक विभाग में पढाई करें और दूसरे भाग में विभिन्न विषयों की पढाई करें। इन स्कूलों में उन विद्यार्थियों के रहने की व्यवस्था भी हो जो दूर से पढ़ने के लिए आएं हों। उनसे उचित रकम लेकर उनके रहने और खाने पीने की व्यवस्था हो।'

विलियम टेलर संग्रहालय की भी स्थापना चाहता था। उसे मालूम था कि हिंदुस्तान का इतिहास बहुत समृद्ध है। हजारों वर्षों पुराना यह देश पुरातात्विक रूप से बहुत समृद्ध है। ऐसे में संग्रहालय, जिनमें पुरातात्विक सामग्रियों का संग्रह हो- विद्यार्थियों के ज्ञानार्जन के लिए उपयोगी होगा। वह चाहता था कि या तो पुरातात्विक सामग्रियों को क्लास में विद्यार्थियों के सामने लाया जाए या फिर एक नियत समय पर बच्चों को संग्रहालय में अध्ययन के लिए ले जाया जाए । उसने लिखा, 'मेरा मानना है कि किसी के सम्पूर्ण विकास के लिए शारीरिक रूप से उसका स्वस्थ रहना जरूरी है। इसलिए मैं स्कूल के साथ जमीन का एक टुकड़ा भी चाहता हूं जिसमें खेल का मैदान और जिम्नेजियम दोनों हों। विद्यार्थियों को दोनों जगह जाने के लिए प्रेरित किया जाना चाहिए।'

उसने महसूस किया था कि कला के लिए बिहार में बहुत ज्यादा आग्रह नहीं है फिर भी वह स्कूलों में इसकी शिक्षा चाहता था। वह चाहता था कि अगर कला के शिक्षक मिल जाएं तो ड्राइंग की प्राथमिक शिक्षा के बाद मॉडलिंग और लकड़ी पर नक्काशी के काम के साथ फोटोग्राफी की भी शिक्षा दी जाए। उसने आगे लिखा, 'मैं जानता हूं कि पटना और उसके करीब के इलाकों में कुछ ऐसे युवक हैं जिनकी रूचि कला में है और अगर उन्हें योग्य शिक्षकों का मार्गदर्शन मिले तो वे बड़ी तेजी से प्रगति करेंगे।' स्थापत्य-संबंधी शिक्षा भी टेलर यहां के स्कूलों में चाहता था। योग्य शिक्षक मिलने पर भविष्य के लिए यह उसकी योजना में शामिल था। इसके साथ ही संग्रहालय को लेकर भी उसकी खास योजना थी।

इसी पॉलिसी में उसने किसानों का भी विशेष ख्याल रखा था। ज्ञापन में उसने कृषि के आधुनिकतम वैज्ञानिक तरीकों को अपनाने पर जोर दिया था और साथ ही मवेशियों के नस्ल को उन्नत बनाने के बारे में लिखा था। उसका मानना था कि पश्चिम में वैज्ञानिक शोधों और तकनीकों की मदद से कृषि के क्षेत्र में जो प्रगति हुई है उसे हिंदुस्तान में क्यों न लागू किया जाय। उसने लेफ्टिनेंट गवर्नर को लिखा था,

'मैं इस बात पर यकीन नहीं करता जब कुछ लोग कहते है कि तुम हिन्दुस्तानियों की आदतों को बदल नहीं सकते। मैं यह नहीं सोचता कि नग्नता, गन्दगी और जहालत इन करोड़ लोगों की शाश्वत नियति हो सकती है।'

आगे उसने लिखा, 'मैं यह जरूरी नहीं समझता कि हिन्दुस्तानी हल सिर्फ खेत की सतह को खरोंचें। रुग्ण बैलों की पूंछों को नंगे बदन वाले बीमार किसान ऐठें। या हमेशा नंगे या आधे बदन पर सूती कपड़ा लपेटे रहने वाले किसान अपने फसलों को अनिश्चित मौसम के भरोसे छोड़ दें। और कोई यह सपना भी न देखे कि पशुपालन एक विज्ञान है। और यह भी कि अध्ययन और ज्ञान का -धरती और उसके उत्पाद से भी कोई सम्बन्ध है।'

टेलर का मानना था कि हिन्दुस्तानियों में इतनी समझ है कि पश्चिम में कृषि के क्षेत्र में वैज्ञानिक परीक्षणों के जो सफल परिणाम आए हैं उनका अनुसरण करें। और बिहार के किसान उसको अपनाने में जरा भी वक़्त न लगाएंगे जिससे उनको फायदा हो।

विलियम टेलर तीन दशकों तक (1829-1859) तक ईस्ट इंडिया कंपनी का मुलाजिम रहा था। इन वर्षों में वह विभिन्न पदों पर रहा। पोस्टमास्टर जनरल के पद पर रहते हुए उसने बिहार के विभिन्न इलाकों का दौरा भी किया था। बिहार की सड़कों की दुर्गति देख वह विचलित हुआ। अपने संस्मरणों की किताब 'थर्टी ऐट इयर्स इन इंडिया, में उसने लिखा है, 'पोस्टमास्टर के पद पर रहते हुए मैंने बिहार के सड़कों में गहरी रूचि ली। ये बहुत बुरी हालत में थे। इनके निरीक्षण के दौरान मैंने सड़क मरम्मती के नाम पर डाले गए बड़े-बड़े पत्थर के टुकड़ों को इकट्ठा कर नमूनों के तौर पर अपने मुख्यालय में लाकर अपने उच्च अधिकारियों को दिखलाया। बिहार की सड़कें कैसी हैं यह उसका नमूना था।' टेलर का अभिप्राय सड़क बनाने या उसकी मरम्मत में की गयी धांधली से था।

नौकरी में न रहते हुए भी टेलर जनहित के कार्यों में रुचि लेता रहा था। जनहित कार्यों के लिए वह धन संग्रह भी करता रहा। धन संग्रह के लिए स्कूलों में मेला लगाने की शुरुआत 1863 में विलियम ने ही की थी। यह परंपरा अभी तक चली आ रही है। पटना के मिशन स्कूलों में यह अभी भी देखने को मिलता है।

विलियम ने अपनी पुस्तक 'थर्टी ऐट इयर्स इन इंडिया' में लिखा है, 'आरा में उन लोगों की स्मृति में एक चर्च का निर्माण करना था जो विद्रोह में मारे गए थे। सरकार ने जो फंड मुहैया कराया था वह अपर्याप्त था। मैं वहां जज रह चुका था। अब यह आवश्यक था कि निर्माण के लिए बाकी रकम जुटाई जाए।'

'ऐसे में मैंने बांकीपुर के अपने बगीचे में मेले के आयोजन का प्रस्ताव रखा।' टेलर ने आगे लिखा है, 'इस प्रस्ताव को सभी ओर से सौहार्दपूर्ण अनुमोदन मिला। दानापुर रेजिमेंट के कमांडिंग ऑफिसर ने मेले के लिए अपना बैंड उपलब्ध कराया। पटना और उसके आसपास के इलाकों के नागरिकों ने मेले में बेचने के लिए विभिन्न प्रकार की वस्तुएं उपलब्ध करवाई। कलकत्ता के व्यापारियों ने मेरे आग्रह पर कई प्रकार के खेल मुफ्त में भेजे। मेले में स्टालों का संचालन दानापुर रेजिमेंट और पटना में रह रहे यूरोपीय महिलाओं ने संभाला।'

रेजिमेंट के एक ऑफिसर मेजर गिल्बर्ट ने शराबखाने के मालिक की पोशाक पहनी जबकि मेरे भतीजे क्लेरेन्स पामर ने शराब परोसने वाले का रूप धारण किया। मेले के प्रवेश द्वार पर मयखाना बनाया गया जहां उन्होंने बीयर के साथ स्नैक्स बेचे। मेले के दूसरे स्टालों पर विभिन्न प्रकार की उपयोगी, आकर्षक और कलात्मक चीजें थीं। बगीचे के ख़ूबसूरत पेड़, पौधों और फूलों के बीच, बैंड की बजती धुनों ने मेले को और भी सुरम्य और मनोहारी बना दिया था। देर तक नाच-गाना चलता रहा। यूरोपियनों के साथ-साथ स्थानीय निवासियों ने भी जमकर मेले का लुफ्त लिया। विलियम लिखता है, 'मेले का आयोजन सफल रहा। चर्च के लिए अनुमान से ज्यादा धन इकट्ठा हो गया था। बंगाल के लेफ्टिनेंट गवर्नर सेसिल बैदों ने चर्च की नींव रखी। मेले से इकट्ठे हुए पैसों से चर्च का निर्माण पूरा हुआ।

विलियम टेलर कुल 38 वर्षों तक हिंदुस्तान में रहा। वह यहां के लोगों से अच्छी तरह घुल मिल गया था। 1866 में उसने अपने मामले में फिर से अपील भी की। किन्तु उसे सफलता नहीं मिली। बुझे मन से 1867 में विलियम इंग्लैंड लौट गया। जाने से पहले टेलर ने अपनी संपत्ति गुज़री मोहल्ला निवासी अपने दोस्त नवाब बहादुर विलायत अली खान को बेच दी। दोनों अच्छे दोस्त थे और विलायत अली खान ने टेलर की गाहे-बगाहे मदद भी की थी। मालिकाना हक़ बदल जाने के बाद टेलर बाग़ अब विलायत अली खान बाग़ कहलाया जाने लगा। यह नाम बीसवीं सदी में काफी समय तक कायम रहा। बाद में टुकड़ों-टुकड़ों में जमीन बेचे जाने पर यह नाम गुम हो गया। इंग्लैंड लौटने के बाद टेलर ज्यादा दिनों तक जीवित नहीं रह सका। 8 मार्च, 1892 को टेलर का देहांत हो गया।

जब विलियम टेलर ने बाबू कुंवर सिंह की मदद ली

20 अप्रैल, 1853 को पटना के कमिश्नर पद पर नियुक्ति के पहले विलियम टेलर आरा में पांच वर्षों तक रहा था। इस क्रम में बाबू वीर कुंवर सिंह से उसकी अच्छी मित्रता हो गयी थी। यह जानना रोचक होगा कि आरा जेल में बगावत पर उतारू हो आए कैदियों को शांत करने में उसने वीर कुंवर सिंह की मदद ली थी।

आरा से तबादले के बाद पटना पहुंचने पर उसे सर्किट हाउस में जगह मिली। तब तक कमिश्नर का सरकारी आवास खाली नहीं हो पाया था। टेलर ने अपने-अपने संस्मरणों की किताब 'थर्टी ऐट इयर्स इन इंडिया' में लिखा है, 'पटना में मुझे सर्किट हाउस में जगह मिली। उस समय पटना के यूरोपीय समाज में मिस्टर हॉलिडे के बहनोई अफीम एजेंट मिस्टर गैरेट, पटना के जज मिस्टर विल्किन्स, उनकी पत्नी और बेटी, मजिस्ट्रेट मिस्टर एन्स्ली, मेडिकल ऑफिसर डॉक्टर डिकेन्स, उनका परिवार, माउंटेड पुलिस के कमांडेंट मिस्टर नेशन, रिटायर्ड जॉन बोर्दोई इलियट, डिप्टी ओपियम एजेंट मिस्टर किंग इत्यादि थे।

शुरू के कुछ महीने टेलर पटना को समझने-बूझने में लगा रहा। शाम का समय वह अपने पड़ोसी डॉक्टर डिकेन्स और उसकी पत्नी के साथ बातचीत में व्यतीत करता था। इस बीच आरा के मित्रों के साथ उसका पत्र-व्यवहार चलता रहा। इसी क्रम में टेलर को आरा आकर मिस्टर बॉयल का अतिथि बनने का निमंत्रण मिला।

टेलर को आरा से खास लगाव था। आरा के आवास पर मेहनत से तैयार किया गया खूबसूरत बगीचा, मिस्टर बिनी कॉल्विन के सहयोग से शुरू किया गया स्कूल, लेफ्टिनेंट गवर्नर की सहमति के बाद स्थानीय समृद्ध रईसों के सहयोग से स्थापित डिस्पेंसरी, सब कुछ उसे बार-बार याद आ रहे थे। इसलिए बिना देर किये वह अपने मित्र मिस्टर बॉयल के घर पर कुछ दिन बिताने के ख्याल से आरा आ गया।

टेलर लिखता है, 'आरा में एक दिन मैं श्रीमती बॉयल के साथ ड्राइंग रूम में बैठा हुआ था कि अचानक डॉक्टर हैरिसन परेशान और घबराया हुआ वहां पहुंचा। सांसों को नियंत्रित करते हुए उसने बताया कि वह जेल में बगावत पर उतारू हो आए कैदियों के आक्रमण से किसी तरह अपनी जान बचा कर भाग आया है। सौभाग्य से कुछ सिपाही हथियार के साथ वहां मौजूद थे। सिपाहियों ने गोलियां चलाकर उन्हें रोका। वह तो बच गया लेकिन कुछ कैदी मारे गए हैं। इसके बाद जेल के सारे कैदी भयानक रूप से उग्र और हिंसक हो गए हैं। जो कैदी काम में लगे हुए थे, वे भी उनके साथ हो लिए हैं। अपने हाथों में कुल्हाड़ियाँ, कुदाल और फावड़ा लेकर वे पूरी तरह बगावत पर उतारू हैं। वहां कुछ भी गंभीर वारदात हो सकती है।'

टेलर ने आगे लिखा है, 'यह अजीब स्थिति उत्पन्न हो गयी थी। लेकिन मैंने तुरंत सोचा कि मुझे हैरिसन के साथ जेल जाकर मामले को समझना चाहिए। उस समय मेरे पास कोई हथियार नहीं था। बॉयल की अनुपस्थिति में उनकी पत्नी घर में सिर्फ एक पिस्टल ढूंढ पायीं। वह भी बिना गोली के। फिर भी सिर्फ दिखावे के लिए ही सही, मैंने उसे ले लिया और डॉक्टर के साथ जेल की ओर निकल पड़ा।'

विलियम टेलर ने लिखा है, 'कुछ ही दूर आगे बढ़ने पर हमारा सामना जेल के कैदियों से हो गया। कंधे पर फावड़ा और कुदाल रखे और पावों में बंधी जंजीरों को झंकारते वे सड़क पर तेजी से बढ़े जा रहे थे। उन्होंने करीब-करीब पूरी सड़क को ही घेर रखा था। इतना कि हमारी बग्घी उसमें से निकल नहीं पाती। मैंने सतर्कता बरतते हुए कुछ दूर से ही हट जाओ, हट जाओ—चिल्लाते हुए उनके बीच से बग्घी तेजी से आगे निकाल लिया। क्रोध और हिकारत-भरी नजरों से देखते हुए उन्होंने रास्ता दे दिया।

आगे बढ़ने के बाद डॉक्टर हैरिसन को विस्मित करते हुए मैंने अचानक बग्घी रोक दी। मैं बग्घी से छलांग मार कूद पड़ा और पीछे मुड़ कैदियों की तरफ तेजी से इस तरह बढ़ चला मानों कुछ हुआ ही नहीं हो। अपने हाथ ऊपर उठाए हुए उनकी ओर देख चिल्लाते हुए मैंने उन्हें कहा, 'बैठो।' मैंने कहीं पढ़ रखा था कि जेल में इस तरह की दंगे वाली स्थिति का सामना करते हुए सबसे पहले कैदियों को बिठा देना चाहिए ताकि वे कोई अचानक हरकत न कर बैठें।'

विलियम लिखता है, 'कैदियों को सोचने का समय नहीं मिला और वे मेरा आदेश मान चुपचाप बैठ गए। तब मैंने उनसे पूछा कि आखिर वे किस बात के लिए इतने उत्तेजित हैं। तब उन्होंने अपनी शिकायतें बताई। सुनने के बाद मैंने उनसे कहा

कि वे शांतिपूर्वक बगल वाली इमारत में चल कर रहें तो मैं स्वयं जेल जाकर उनकी शिकायतों की सच्चाई जानूंगा और उन सबों से वापस आकर मिलूंगा।'

कैदियों ने टेलर की बात मान ली। वे नाराजगी जाहिर करते हुए धीरे से उठे और बगल वाली इमारत में चले गए। यह बहुत बड़ी बात थी क्योंकि ये कैदी जेल में बंद सबसे मजबूत कैदियों में थे। टेलर जेल के अंदर गया। जेल का मुख्य दरवाजा खुला हुआ था। कैदियों ने टेलर और डॉक्टर हैरिसन को देखा तो जंगलियों की तरह चीखते हुए उनकी ओर बढ़े। सारे कैदी खतरनाक तरीके से उत्तेजित थे।

टेलर लिखता है, 'ऐसे में मैंने जेल का दरवाजा बंद कर दिया और सोचने लगा कि इन परिस्थितियों में हमें कौन सी रणनीति अपनानी चाहिए। जेल के अंदर से थोड़े-थोड़े समय के अंतराल पर बड़े पत्थर के टुकड़े और लकड़ी के टुकड़े हमारी ओर फेंके जाते रहे। मुझे लगा कि अगर यही स्थिति बनी रही तो हो सकता है कि गुस्से में पागल ये कैदी जंजीर में बंधे होने के बावजूद जेल से बाहर आने में सफल हो जाएं तो बड़ी भयावह स्थिति उत्पन्न हो जाएगी। सो मैंने शहर के सम्मानित नागरिकों, सरकारी-गैर सरकारी मुलाजिमों, पुलिस दरोगा को बुलावा भेज वहां इकट्ठा किया। रात हमने टेंट में गुजारी।'

टेलर ने लिखा है, 'अगले दिन सुबह मैंने इस इलाके के मशहूर और प्रभावशाली जमींदार बाबू कुंवर सिंह, जो बाद के दिनों में बंगाल सरकार की अदूरदर्शिता की वजह से बागी हो गए, को बुलावा भेजा। वे सहर्ष आ गए। मैं उन्हें लेकर जेल गया। हमने दरवाजे पर खड़े होकर उन कैदियों के सरदार को आवाज लगायी। तब एक मजबूत कद-काठी का शानदार और भव्य, लेकिन भद्र नहीं— दिखने वाला व्यक्ति उठ कर हमारी ओर बढ़ा। उसने वीर कुंवर सिंह को पहचान लिया था। उसने सारे कैदियों को दूर रहने का आदेश देकर बाबू कुंवर सिंह की बातों को सम्मान के साथ ध्यान से सुना। फिर उसने कहा कि उसका नियंत्रण सारे कैदियों पर नहीं है फिर भी वह उन्हें मनाने का एक प्रयास करेगा। फिलवक़्त वे कैदी शांत हो गए।'

उस दिन उन कैदियों को शांत करने में बाबू कुंवर सिंह ने महत्वपूर्ण भूमिका निभाई। यह सच है कि बाबू कुंवर सिंह की मौत अंग्रेजों के साथ जंग में हुई। लेकिन इतिहास का एक सच यह भी है कि कभी बाबू कुंवर सिंह का अंग्रेजों के साथ बढ़िया रिश्ता भी था।

जब विलियम टेलर ने हथुआ महाराज का मुकदमा लड़ा

1857 में पटना के कमिश्नर पद पर रहते हुए स्वतंत्रता सेनानियों के खिलाफ अनुचित तरीके अपनाने के कारण विलियम टेलर को निलंबन और फिर नौकरी से हाथ धोना पड़ा था। टेलर उसके बाद भी पटना में रहकर अपने आप को निर्दोष साबित करने का प्रयास करता रहा। जब वह नौकरी में था, उसे सालाना 4000 पौंड वेतन मिलता था। निलंबन की अवधि में उसे मिलने वाला वेतन इतना कम था कि उसे अपने परिवार की परवरिश में कठिनाई होने लगी।

तब अपनी आजीविका के लिए टेलर ने एक कानूनी सलाह देने वाली एजेंसी शुरू करनी चाही। पटना में उसके बहुत सारे शुभचिंतक थे। इनमें अंग्रेजों के साथ-साथ हिन्दुस्तानी भी थे। उसने सबको अपनी योजना के बारे में बताया। सभी इस बात से सहमत थे कि इस तरह की एजेंसी से यूरोपियन और हिन्दुस्तानियों, दोनों को फायदा होगा। क्योंकि उन्हें कुछ स्वार्थी और भ्रष्ट किस्म के सलाहकार जानबूझकर मुकदमों में उलझा कर फायदा उठाया करते थे।

विलियम टेलर ने अपनी पुस्तक 'थर्टी इयर्स इन इंडिया' में लिखा है, 'जैसे ही मेरी एजेंसी के बारे में लोगों को पता चला, कोई यूरोपियन और हिन्दुस्तानियों ने मुझे तत्काल ही अपना सलाहकार नियुक्त कर लिया। कई लोगों ने मुझे एक सौ से लेकर तीन सौ रुपए के मासिक वेतन पर सलाहकार नियुक्त कर लिया। महीने भर में ही मुझे अच्छी-खासी आमदनी हो गई।'

उसने आगे लिखा है, 'मेरे नए पेशे के पहले दिन की ही मेरी सबसे बड़ी उपलब्धि यह रही कि हथुआ के राजा ने मुझे अपना सलाहकार नियुक्त कर लिया। हथुआ के बड़े राजा की मृत्यु कुछ ही दिन पहले हुई थी। मरने के पहले उन्होंने अपनी सारी जायदाद का वारिस अपने पोते को बना दिया था। लेकिन उनके भतीजों ने उनकी संपत्ति पर अपना दावा ठोक दिया था। उन्होंने सिविल कोर्ट में मुकदमा दर्ज कर दिया।

टेलर लिखता है, 'एक दिन हथुआ राज के मुख्तार ने मुझसे भेंट कर बताया कि हथुआ के वर्तमान महाराजा उन्हें अपना वकील बनाना चाहते हैं। इसके लिए मुझे हर महीने 400 रुपए और मुकदमा शुरू होने के ठीक पहले 20,000 रुपए और अगर मैं मुकदमा जीत गया तो और 20,000 रुपए दिए जाएंगे। यह काफी बड़ी रकम थी। इसके पहले मैंने सोच रखा था कि मैं सिर्फ कानूनी सलाह ही दिया करूंगा। खुद मुकदमे नहीं लडूंगा। लेकिन इस शानदार प्रस्ताव की मैं उपेक्षा नहीं कर सका।

टेलर ने लिखा है, 'तब मैं जरूरी अनुमति लेने के लिए कलकत्ता (कोलकाता) गया और मुकदमा लड़ने की अनुमति ली। नियत समय पर मैं मुकदमा लड़ने छपरा की अदालत में गया। वायदे के मुताबिक अदालत में प्रवेश करने के पहले मेरे हाथों में 20,000 रुपए पकड़ा दिए गए। लेकिन वहां अदालत में एक रोचक दृश्य उत्पन्न हो गया। यद्यपि इसकी सूचना मुझे पहले ही मिल चुकी थी। मुझे बताया गया था कि विरोधी पार्टी के वकीलों ने यह तय कर रखा है कि वे मेरा विरोध करेंगे।'

विरोधी पार्टी के वकीलों ने यह कर विरोध किया था कि उन्हें टेलर की अंग्रेजी समझ में नहीं आएगी। इसलिए उन्हें मुकदमा लड़ने की अनुमति नहीं दी जाए। तब टेलर ने अदालत में न केवल हिन्दी में बहस कर सबको चमत्कृत किया, बल्कि हथुआ महाराज को मुकदमे में जीत भी दिलवाई।

इसके कुछ अरसे बाद हथुआ महाराज के विरोधियों ने इस फैसले के खिलाफ कलकत्ता हाईकोर्ट में अपील की। विलियम टेलर लिखता है, 'किसी ने मुझे बताया कि हथुआ महाराज के सलाहकारों ने उन्हें कलकत्ता में मुक़दमे की पैरवी के लिए मुझे रखने से मना किया है। उनका कहना था कि छपरा की अदालत तक तो विलियम ठीक थे, क्योंकि वहां स्थानीय देशी वकीलों से उनका मुकाबला था। लेकिन कलकत्ता की बात और होगी। वहां एक-से-एक मशहूर, विद्वान, तेजतर्रार और बेहतर वकीलों से उनका मुकाबला होगा। ऐसे में टेलर को वकील बनाये रखना बेवकूफी होगी।'

'मैंने कुछ नहीं कहा।' टेलर ने लिखा, 'क्योंकि मेरी रूचि उस मुक़दमे में थी, सो मैं उसकी कार्यवाही देखने कलकत्ता चला गया। दोनों ओर से विशिष्ट बैरिस्टर मुक़दमे की पैरवी कर रहे थे। बहस पूरे दिन चली। जब अदालत उठा उस वक़्त तक मुकदमा का रुख हथुआ महाराज के इतने विपरीत हो चला था कि आम धारणा बन रही थी कि महाराज मुकदमा हार रहे हैं। मैं एकबारगी समझ गया था कि राजा के

वकील के द्वारा फ़ारसी के एक शब्द की गलत व्याख्या के कारण हार की स्थिति उत्पन्न हो गयी थी।'

टेलर ने लिखा है, 'उस शाम मैं अपने पुराने दोस्त जॉन कोक्रेन के साथ खाना खाने के बाद कपड़े बदलने की तैयारी कर ही रहा था कि नौकर ने आकर सूचना दी कि हथुआ के राजा दरवाजे पर खड़े हैं। वे मिस्टर टेलर से बात करना चाहते हैं। उन्हें एक अलग कमरे में बिठाया गया। मैंने जैसे ही उस कमरे में प्रवेश किया वे मेरी ओर लपके। उन्होंने अपनी पगड़ी उतारी, उसे जमीन पर रखा और घुटनों के बल बैठ मेरे पांव जकड़, चिंघाड़ पड़े, 'मैं मूर्ख हूं, मैं पागल हूं! मैं क्या कहूं! ओह, मैंने आपको क्यों नहीं रखा! मुझे माफ़ करें! यह लीजिए दस हजार-बीस हजार, जितने भी पैसे आपको चाहिए!' वह तब तक सुबकते रहे जब तक मैंने उन्हें अपनी सहमति नहीं दे दी।'

विलियम ने आगे लिखा है, 'यह दृश्य कुछ अटपटा लग रहा था। हथुआ के युवा राजा का व्यक्तित्व भव्य और आलीशान था। वे असामान्य रूप से लंबे-चौड़े थे। फिर भी वे बच्चों की तरह सुबक रहे थे। जब उनका सुबकना रुका तो मैंने कहा कि मुझे बेहद दुख है लेकिन अब उनके आग्रह को पूरा कर पाना मुमकिन नहीं होगा क्योंकि उनके वकील ने तो अपनी बात रख दी है और अब अदालत इसमें हस्तक्षेप की अनुमति नहीं देगा।'

राजा मानने के लिए तैयार नहीं थे। किसी तरह से टेलर ने उन्हें यह समझा कर विदा किया कि अगले दिन वे अदालत में जज से अनुमति के लिए प्रार्थना करेंगे और अगर अनुमति मिल गयी तो सफल होने पर वे फीस भी ले लेंगे। अगले दिन अदालत में मुक़दमे की कार्रवाई शुरू होने के पहले विलियम टेलर ने जज से माफ़ी मांगते हुए आग्रह किया कि राजा के आग्रह पर उन्हें इस मुक़दमे में कुछ कहने की अनुमति चाहिए।

टेलर लिखता है, 'मैंने जज से आग्रह किया कि मुझे इस मुक़दमे में चंद शब्द कहने की इजाजत दी जाए। मैं इस मुक़दमे से भली-भांति परिचित हूं। मैंने जिले की अदालत में इस मुक़दमे की पैरवी की है। मुझे महसूस हुआ है कि यहां एक शब्द की गलत व्याख्या हो रही है। मुझे अनुमति दी जाए कि मैं उस शब्द के द्वारा उत्पन्न हुई ग़लतफ़हमी को दूर करुं।'

जजों ने विलियम टेलर को अनुमति दे दी। तब टेलर ने चंद वाक्यों में जिरह में प्रयुक्त दो शब्दों 'कुर्क' और 'जब्त' में फर्क से अदालत को अवगत करवाया। कहना न होगा कि टेलर ने यह मुकदमा जीत लिया था।

खड्गविलास प्रेस ने पहली बार किया था भारतेंदु-ग्रंथावली का प्रकाशन

आमतौर पर 'बिहार बंधु' को पटना और बिहार से निकलने वाला पहला समाचार पत्र माना जाता है। 1872 के आखिरी दिनों में बिहार शरीफ निवासी महाराष्ट्रीयन ब्राह्मण मदन मोहन भट्ट ने इसे निकालना शुरू किया था। यह साप्ताहिक समाचार पत्र था, जिसकी छपाई 79, माणिक तल्ला स्ट्रीट, कलकत्ता (कोलकाता) स्थित श्री पूरनप्रकाश प्रेस में होती थी। लेकिन कुछ लोग 1881 में खड्गविलास प्रेस, पटना से प्रकाशित मासिक 'क्षत्रिय पत्रिका' को पहला मानते हैं। वैसे पटना की पत्रकारिता और साहित्य के इतिहास में खड्गविलास प्रेस की उल्लेखनीय भूमिका रही है।

दो वर्षों तक बिहारबंधु का प्रकाशन कोलकाता से होता रहा। वहां मदन मोहन भट्ट को कई बाधाओं का सामना करना पड़ रहा था, इसलिए इसका प्रकाशन उन्होंने पटना सिटी स्थानांतरित कर दिया। यहां उनके छोटे भाई केशव राम भट्ट ने इसका संपादन संभाला। 14 जुलाई, 1874 के सम्पादकीय में उन्होंने कोलकाता से पटना आने का कारण बताया। उन्होंने लिखा, 'पटना से निकलने वाले इस इस समाचार पत्र की छपाई कोलकाता में होती थी। बांग्ला जानने वाले लोग इसका प्रूफ देखा करते थे। इसकी भाषा दोषपूर्ण थी और व्याकरण की अशुद्धियाँ भी थी। इसलिए इसे पटना लाना पड़ा।'

भारतीय पत्रकारिता के इतिहास में कलकत्ता (कोलकाता) की महत्वपूर्ण भूमिका रही है। भारतीय उप महाद्वीप में प्रकाशित और मुद्रित होने वाली पहले समाचार पत्र का प्रकाशन यहीं हुआ था। 1771 में हिंदुस्तान आए एक आयरिश जेम्स हिकी ने कोलकाता में पांच वर्षों तक रहने के बाद 'हिकीज बंगाल गजट' के नाम से इसका प्रकाशन शुरू किया था। यह साप्ताहिक समाचार पत्र था, जिसमें राजनीति और व्यापार से सम्बंधित ख़बरें होती थीं। यह अखबार जल्द ही न केवल उस समय भारत में तैनात ब्रिटिश सैनिकों के बीच बहुत लोकप्रिय हो गया, बल्कि उसने हिन्दुस्तानियों को भी स्वयं का अखबार निकालने के लिए प्रेरित किया।

हिकी आयरिश था, लेकिन वह तत्कालीन गवर्नर जनरल लार्ड वारेन हेस्टिंग्स का घोर आलोचक्र था। अत्यंत विलक्षण व्यक्तित्व वाले हिकी ने अपने समाचार पत्र में लेडी हेस्टिंग्स की अनैतिक गतिविधियों की आलोचना करते हुए कई लेख लिखे। नाराज होकर लार्ड हेस्टिंग्स ने उसे जेल में डाल दिया। लेकिन वह वहां से भी आलोचनात्मक लेख लिखता रहा। आखिरकार हेस्टिंग्स ने छपाई के काम में आने वाले टाइप को ही जब्त कर लिया।

बिहारबंधु को पटना से निकलने वाला पहला अखबार माना जरूर जाता है लेकिन यह कोलकाता होते हुए आया था। इसलिए 1881 में खड्गविलास प्रेस, पटना से प्रकाशित मासिक 'क्षत्रिय पत्रिका' को कुछ लोग पहला मानते हैं। पिछली सदी के आठवें दशक तक खड्गविलास प्रेस का वजूद था। यह प्रेस अशोक राज पथ और बारी पथ को जोड़ने वाली गली, गोला रोड जो अब इलेक्ट्रॉनिक मार्किट वाली गली कहलाने लगी है, के उत्तरी छोर पर थी।

भूदेव मुखोपाध्याय, जो डिप्टी इंस्पेक्टर ऑफ़ स्कूल्ज थे, ने पटना में हिंदी की पत्रकारिता के विकास में उल्लेखनीय भूमिका निभायी। वे कोलकाता में बोधोदय के नाम से एक प्रेस चलाते थे। उन्होंने 1875 में पटना में इसकी एक शाखा खोली। उन्होंने एक समृद्ध परिवार से आने वाले बाबू रामदीन सिंह को पटना में प्रेस खोलने और हिंदी पत्रिका शुरू करने के लिए प्रेरित किया। इस तरह पटना में 1880 में एक नए प्रेस, खड्गविलास प्रेस की स्थापना हुई। तत्कालीन बांकीपुर मोहल्ले के चौहट्टा स्थित एक खपरैल मकान में ट्रेडिल मशीन और कम्पोजिंग के उपकरणों के साथ प्रेस चालू किया गया। साहब प्रसाद सिंह प्रेस के पहले प्रबंधक नियुक्त किए गए। बाबू रामदीन सिंह के घनिष्ठ मित्र मझौली एस्टेट के लाला खड्ग बहादुर मल्ल, जिनके नाम पर प्रेस का नामकरण हुआ था, ने प्रेस को उदारतापूर्वक दान दिया।

अगले ही वर्ष 'क्षत्रिय पत्रिका' का प्रकाशन शुरू हो गया। इसकी प्रतियां देश के प्रमुख राजे-रजवाड़ों को भेजी गई।

जयपुर के महाराजा ने इस प्रकाशन से खुश होकर 3000 रुपयों की सहायता राशि भेजी। इससे प्रेस की आर्थिक स्थिति को मजबूती मिली। इसकी प्रगति में भी तेजी आई। कुछ ही समय बाद प्रेस के लिए जमीन खरीद बाबू रामदीन सिंह ने एक नए भवन का निर्माण किया। यह नया भवन बी.एन. कॉलेज के सामने वाली गली में था। प्रेस वहीं स्थानांतरित हो गया।

निजी भवन के बाद अब प्रेस के विस्तार पर ध्यान दिया गया। अब तक मुद्रण के लिए एक ट्रेडिल मशीन और कम्पोजिंग ही था। ट्रेडिल पर पत्र-पत्रिकाओं के मुद्रण में परेशानी होती थी। एक फ्लैट मशीन की जरूरत समझी गई। प्रेस के प्रबंधक साहब

प्रसाद सिंह फ्लैट मशीन खरीदने कलकत्ता (कोलकाता) गए। वहां उन्होंने लंदन निर्मित प्रसिद्ध 'विक्टोरिया फ्लैट मशीन' खरीदी। कालान्तर में प्रेस के लिए आठ फ्लैट मशीनें, आठ ट्रेडिल मशीनें और प्रूफ उठाने के लिए कई मशीनें खरीदी गईं। प्रेस के निचले हिस्से में मशीनें स्थापित की गई। भवन की ऊपरी मंजिल में कम्पोजिंग, अतिथिशाला और लाइब्रेरी थी। ये सारी मशीनें आधुनिकतम और लंदन निर्मित थे।

प्रेस का अतिथिशाला प्रदेश या प्रदेश के बाहर के साहित्यकारों के लिए किसी बरदान से कम नहीं था। जो भी बाहर से आते, वे खड्गविलास प्रेस के मान्य अतिथि होते। प्रेस का निजी भोजनालय भी था। इस अतिथिशाला में ठहरने वाले जिन सा-हित्य-सेवियों के सम्मान में गोष्ठियां हुईं, उनके नाम कुछ इस प्रकार हैं— भारतेंदु हरिश्चंद्र, लाला खड्ग बहादुर मल्ल, पंडित प्रताप नारायण मिश्र, पंडित बालराम स्वामी उदासीन, बिहारी लाल चौबे, पंडित अंबिकादत्त व्यास, पंडित शीतला प्रसाद तिवारी, पंडित सकल नारायण शर्मा, बाबू जगन्नाथदास रत्नाकर, बाबू रामकृष्ण वर्मा 'बलबीर', पंडित दामोदर शास्त्री, मशहूर प्राच्य विद्या विशारद जी.ए.ग्रियर्सन और बंकिमचंद्र चट्टोपाध्याय।

खड्गविलास प्रेस ने भारतेंदु हरिश्चंद्र की समस्त कृतियों का संकलन 'भारतेंदु-ग्रंथावली' के नाम से छह खंडों में प्रकाशित किया। हिन्दी जगत में संभवत: यह पहला अवसर था जब किसी हिन्दी साहित्यकार की कृतियों की ग्रंथावली प्रकाशित की गई। इसके साथ ही भारतेन्दु-मंडली के सक्रिय सदस्यों-पंडित प्रताप नारायण मिश्र, पंडित अंबिकादत्त व्यास, लाला श्रीनिवास दास, पंडित शीतला प्रसाद तिवारी, पंडित अयोध्यासिंह उपाध्याय 'हरिऔध' तथा अन्य समकालीन साहित्यकारों की भी रचनाएं प्रकाशित की गईं। ये सभी विशुद्ध साहित्यिक रचनाएं थीं। इनके प्रकाशन से बाबू रामदीन सिंह को कोई आर्थिक लाभ नहीं हुआ। इसके उलट हानि ही हुई। लेकिन इसकी चिंता उन्होंने नहीं की। आधुनिक साहित्य का प्रसार उनके प्रकाशन संस्थान का लक्ष्य था।

बाबू रामदीन सिंह ने कई पत्रिकाओं को भी संरक्षण दिया। 1883 में 'भाषा प्रकाश', 1887 में 'हरिश्चंद्र कला', 1890 में 'द्विज पत्रिका' के प्रकाशन में उनका योगदान रहा। 1892 में उन्होंने चंडी प्रसाद सिंह के संपादन में निकलने वाली पत्रिका 'विद्या विनोद' को पुनर्जीवित किया। 1897 में बाबू रामदीन सिंह ने प्रताप नारायण मिश्र से मासिक 'ब्राह्मण' का मालिकाना हक़ खरीद लिया। उसी वर्ष पटना से दो नई पत्रिकाओं, 'समस्यापूर्ति' और 'शिक्षा' का प्रकाशन शुरू हुआ। इनके प्रकाशन में भी खड्गविलास प्रेस की ही भूमिका रही।

जब प्रेमचंद पटना आए

पटने में एक साहित्यिक गोष्ठी है। मुंशी जी को उसका सभापति बनाया गया है। आज वह पटना आने वाले हैं। बहुत से लोग उनके स्वागत को स्टेशन पर पहुंचे हुए हैं लेकिन मज़े की बात यह है कि उनमें से किसी ने उनको पहले देखा नहीं, बस एक तस्वीर देखी है, उसी का सहारा है। एक्सप्रेस आयी। देख लिया। कहीं नहीं। पंजाब मेल आयी। देख लिया। कहीं नहीं।

इतवार की शाम को बैठक थी और सवेरे छह बजे के करीब एक और एक्सप्रेस आती थी। अब बस यही आखिरी आसरा था। ट्रेन आयी, लगी और चली गई। सैंकड़ों आदमी उतरे और चढ़े पर प्रेमचंद नहीं आए, नहीं आए। गोष्ठी वालों के प्राण मुंह में समा गए— अब कहां जाएंगे, कैसे लोगों को मुंह दिखाएंगे।

उदास, क्षुब्ध, मुसाफिरखाने की तरफ बढ़े। देखा, सीढ़ी के पास एक अधेड़ सज्जन, जिनके बाल कुछ सफेद हो चले थे और जो सफर की थकावट से कुछ खिन्न-से हो रहे थे, गुमसुम खड़े हैं और कुली उनका ट्रंक सर पर और बिस्तर हाथ में लिए हुए पूछ रहा है— बाबू कहां चलें?

इस मुसाफिर को उन लोगों ने कल रात ही को पंजाब मेल से उतरते देखा था, मगर पहचानते कैसे... कोई विशेषता जो नहीं है उसमें।

कलम का सिपाही— अमृतराय

मुंशी प्रेमचंद के पटना आने की कहानी और उससे जुड़ा प्रसंग बेहद दिलचस्प है। अमृतराय ने तो 'कलम का सिपाही' (प्रेमचंद की जीवनी) में उनके पटना आगमन की बस इतनी ही कहानी लिख कर छोड़ दी है। इसके आगे की कहानी पटना कॉलेज के वर्त्तमान प्राचार्य प्रो. तरुण कुमार बताते हैं, 'दरअसल उन्हें पटना कॉलेज की हिंदी साहित्य परिषद् ने एक कार्यक्रम में शिरकत करने के लिए आमंत्रित किया था। यह कार्यक्रम 22 नवंबर, 1931 को पटना कॉलेज के जिम्नेजियम हॉल में होना था और मुंशी प्रेमचंद को बतौर सभापति शामिल होना था।'

पटना कॉलेज में हिंदी साहित्य परिषद् की स्थापना 1929 में हुई थी। यह वह समय था जब इस कॉलेज में रामधारी सिंह दिनकर और कलेक्टर सिंह केसरी भी

शिक्षा ग्रहण कर रहे थे। तय कार्यक्रम के मुताबिक मुंशी प्रेमचंद 21 नवंबर, 1921 को ही पटना आना था। वह दिन शनिवार था उनको लाने के लिए दो-तीन छात्र पटना जंक्शन गए थे। उन्होंने मुंशी प्रेमचंद को कभी देखा भी नहीं था। इसलिए वे उन्हें ढूंढने में नाकाम रहे और निराश होकर वापस लौट आए।

'इधर मुंशी प्रेमचंद पंजाब मेल से रात के आठ बजे पटना आ चुके थे। मुंशी जी ने अपनी रात पटना जंक्शन के मुसाफ़िरखाने में ही गुजार दी। सुबह हुई। उन्होंने काफी इंतज़ार किया। लेकिन उन्हें लेने कोई नहीं आया। दिन में ढ़ाई बजे के करीब एक ट्रेन लखनऊ की तरफ जाती थी। मुंशी जी ने सोचा की जब पटना में उनको जानने वाला कोई है ही नहीं, तो बेहतर होगा कि वह लखनऊ क्यों न लौट जाएं। लेकिन फिर उन्होंने सोचा कि नहीं, नौजवान लोग हैं, उनका दिल टूट जाएगा। थोड़ा इंतजार कर लेता हूं।' प्रो तरुण आगे का किस्सा बताते हैं।

सुबह में छात्र फिर पटना जंक्शन आए। जब काफी खोजबीन के बाद छात्र थक गए तो कुछ छात्र उन्हें खोजते हुए संयोगवश मुसाफिरखाने की तरफ बढ़े। तभी छात्रों ने देखा कि एक व्यक्ति हाथ में लोटा लिए हुए इधर-उधर देख रहे हैं और कुली उनका सामान लिए हुए है। कुली उनसे पूछता है कि आखिर कहां ले चलें! तो वह व्यक्ति कुछ बता नहीं पा रहा था कि उनको जाना कहां है। तभी छात्र उनके पास पहुंचे और उनसे पूछा क्या वे प्रेमचंद है? आप लखनऊ से आए हैं?

जैसे ही उस आदमी ने हां कहा, तब जाकर लड़कों की जान में जान आई। प्रेमचंद ने लड़कों से कहा कि जब मैं तुम्हें नहीं जान रहा था और तुम मुझे नहीं पहचान रहे थे, तो तुम मुझे प्रेमचंद, प्रेमचंद कर कर बुला लेते— क्या मैं छोटा हो जाता! आयोजकों ने मुंशी जी से पूछा कि वे कहां रहना पसंद करेंगे। लोग आपको लेकर उतावले हैं। तब मुंशी जी ने कहा कि मैं कहीं नहीं जाऊंगा। तुमने मुझे बुलाया है, तुम्हारे साथ रहूंगा।

रविवार शाम को छह बजे के करीब जिम्नेजियम हॉल में मुंशी प्रेमचंद का व्याख्यान शुरू हुआ। हॉल की क्षमता बहुत ज्यादा नहीं थी। करीब डेढ़ सौ लोग बैठ सकते थे, लेकिन बाहर भी श्रोताओं की काफी बड़ी भीड़ जमा थी। सभा को संबोधित करते हुए प्रेमचंद ने कहा था, 'उत्तर प्रदेश में भी सभाएं होती हैं, लेकिन वहां ज्यादा से ज्यादा सौ-दो सौ लोग ही आते हैं। कई बार तो उतना भी नहीं। जैसी दरियादिली मैंने बिहार के लोगों में देखी, वैसी दरियादिली हमने कहीं नहीं देखी।'

उस दिन मुंशी प्रेमचंद छात्रों के साथ पटना संग्रहालय भी देखने गए थे। उसे देख वे आनंदित भी हुए। यह यात्रा संभवत: मुंशी प्रेमचंद की पहली और आखिरी पटना यात्रा थी।

तब भी बिहार में शराबबंदी लागू थी

वर्ष 1632 में भी बिहार के कुछ हिस्सों में शराबबंदी कानून का सख़्ती से पालन हो रहा था। 1632 के 15 सितम्बर को ब्रिटिश पीटर मंडी आगरा से सड़क मार्ग द्वारा पटना आने के क्रम में सासाराम से गुजरता है। रास्ते में उसे शराब की तलब हुई। मालूम हुआ, शराब वर्जित है।

पीटर मंडी ईस्ट इंडिया कंपनी का मुलाज़िम था और वह हिन्दुस्तान 1628 में आया था। सूरत में दो वर्षों तक रहने के बाद उसका तबादला 1630 में आगरा कर दिया गया था। वहां वह कुछ ही दिनों तक रह सका। उसके वरिष्ठों ने उसे सूती और रेशमी कपड़ों में निवेश के लिए पटना भेजने का फैसला किया। पटना उन दिनों अपने सूती कपड़ों के लिए मशहूर था। 6 अगस्त, 1632 को पीटर मंडी पटना के लिए निकला।

आगरा से पटना के रास्ते में उसे कई अनोखे तजुर्बे हुए। कई रोचक परिस्थितयों का भी सामना करना पड़ा। वह बैलगाड़ी से यात्रा कर रहा था। उसके दल में उसके कई सहयोगी थे। रास्ते में पीटर का सामना एक ऐसे बंजारों के दल से हुआ था जिसके काफिले में 14,000 मवेशी थे। उनके साथ उनकी पत्नियां और बच्चे भी थे। वे गेहूं और चावल खरीदते थे और उन्हें उन जगहों पर बेचते थे, जहां यह नहीं होता था। इस तरह उन्हें अच्छा मुनाफा हो जाता था। वहां से वह उन चीजों को खरीदते थे जो दूसरी जगहों पर नहीं होता था।

अपनी यात्रा के संस्मरणों को उसने लिपिबद्ध किया था। जो बाद के दिनों में 'द ट्रेवल्स ऑफ़ पीटर मंडी इन यूरोप एंड एशिया 1608-1667' के नाम से छपी। मूल पाण्डुलिपि बोदलियन लाइब्रेरी में संग्रहित है।

पीटर ने लिखा है, '12 सितंबर, 1632 को हम सासाराम पहुंचे। लंबी यात्रा ने हमें थका दिया था। बैलों को आराम देने और उन्हें तरोताजा करने के ख्याल से हमने यहां डेरा डाला। दोपहर को हम शेरशाह के मकबरे को देखने गए।' वह शेरशाह के मकबरे

के शिल्प से बहुत प्रभावित हुआ था। उसने उसे स्केच भी किया था। यह स्केच उसकी संस्मरणों की किताब में शामिल है।

15 सितंबर को वह लिखता है, 'आज सोन नदी के किनारे-किनारे चलते हुए हम पटना की ओर बढ़े। रास्ते में कहीं-कहीं जंगल मिला और कहीं समतल इलाका। रास्ते में मुझे शराब की तलब हुई। मैंने शराब खरीदना चाहा। मालूम हुआ कोई कितना भी पैसा खर्च करें, शराब नहीं मिलेगी। सख़्ती के साथ मद्य-निषेध के कानून का पालन होता है। जिसके पास यह पाया जाएगा उसे मौत की सज़ा मिलेगी और जिस घर में यह पाया जाएगा, उसे नष्ट कर दिया जाएगा।'

17 सितंबर को पीटर का काफिला पटना पहुंचता है। वह लिखता है, 'रास्ता तो ख़राब था लेकिन सड़क का किनारा आम और नारियल के पेड़ों से भरा था—इसलिए थोड़ा सुकून भी मिला। आस पास अनाज, ईख और कपास के खेत दूर तक फैले हुए थे। यह शहर गंगा किनारे बसा हुआ और उपनगरों के साथ तीन मील लंबाई में फैला हुआ है। एक बहुत लंबा बाजार है, जिसके दोनों ओर पेड़ हैं। यहां दो सौ से भी ज्यादा किराना और दवा की दुकानें हैं। पटना का बाजार देश का सबसे बड़ा बाजार है। यहां बड़े पैमाने पर नावों की मरम्मत भी की जाती है। यहां की दुकानें विविध वस्तुओं से भरपूर हैं। यहां के समृद्ध लोग नौका विहार का आनंद भी उठाते हैं। यहां के सराय भी बहुत उम्दा क़िस्म के हैं।'

सैफ खान के पटना छोड़ने के तुरंत बाद पीटर मंडी पटना आया था। यहां के लोगों से उसने सैफ खान की बहुत प्रशंसा सुनी। नए गवर्नर अब्दुल्लाह खान के अत्याचार से परेशान लोग सैफ खान की वापसी चाह रहे थे। पीटर मंडी सैफ खान का पूर्व परिचित था। जिन दिनों सैफ खान गुजरात का गवर्नर था, उसने अंग्रेजों को मुक्त व्यापार करने के लिए आज्ञा पत्र दिया था। पीटर मंडी उसे सोफी खान कहकर बुलाता है। वह लिखता है, 'सोफी खान हमारे पुराने दोस्त हैं। वह महान लोगों से भी ज्यादा महान हैं।' वह गंगा नदी के दूसरे किनारे सैफ खान के बनवाए खूबसूरत बगीचे का भी जिक्र करता है। उसके साथ ही वह सैफ खान द्वारा बनवाए गए सराय का भी जिक्र करता है और लिखता है कि इतना बढ़िया सराय उसने हिन्दुस्तान में कहीं और नहीं देखा था।

पटना में शराब की उपलब्धता का कोई जिक्र पीटर मंडी ने अपने संस्मरण में नहीं किया है। लेकिन इसके 34 वर्षों बाद 1666 में, जब फ्रांसीसी तैवरनिये अपने चिकित्सक दोस्त बर्नियर के साथ पटना आता है तो उसे यहां वाइन पीते हुए कुछ लोग मिले। उसने अपने संस्मरण में लिखा है, 'पटना आने पर यहां की गलियों में

हमें कुछ डच मिले। उन्होंने हमारी गाड़ी को रोक कर हमारा अभिवादन किया। वहीं खुली गली में हम लोग तब तक अलग नहीं हुए जब तक हम लोगों ने दो बोतल वाइन ख़त्म नहीं कर ली। इन देशों में इस तरह की आज़ादी है। यहां के लोग उत्सव समारोह के मौके के बिना भी इस तरह से मिलते हैं।'

पीटर मंडी दो महीने तक पटना में रहा। कपड़े के धंधे में अच्छा मुनाफ़ा न होने की वजह से उसे पटना छोड़ वापस आगरा लौटना पड़ा। 16 नवंबर, 1632 को वह सड़क मार्ग से आगरा लौट गया।

हम्मामों और मीनारों का शहर था पटना

किसी भी शहर में चलते हुए आँखें इमारतों पर उठ जाती हैं— भले ही हम वास्तुकला के विशेषज्ञ न हों। अगर यह शहर प्राचीन हुआ तो हम उन चिन्हों को ढूंढने की कोशिश करते हैं, जिन्हें सदियों पहले किसी और ने अपनी आँखों से देखा था। आज पटना सिटी की सड़कों से गुजरते हुए अगल बगल के कुकुरमुत्तों की तरह उग आए उन इमारतों के बीच उन स्मृति चिन्हों को ढूढना असंभव सा प्रतीत होता है जिन्हें हमने किसी के संस्मरणों में पढ़ा है।

हॉलैंड-निवासी निकोलस दे ग्राफ ने पटना को अपने संस्मरणों में 'मूरिश टाउन' कहा है। मूरिश शहर ऐसे शहरों को कहा जाता है जहां हम्माम, ईदगाह, मस्जिदें, मीनारें हों। 1670 के दशक में, जब वह पटना आया तब तक पटना एक बड़ा शहर बन चुका था। शहर को घेरने वाली दीवार, विशाल प्रवेश द्वार, मीनारें, मस्जिदें, मंदिरों के साथ शहर एक शक्ल अख्तियार कर चुका था। मिर्ज़ा युसूफ खान (1585) ने कई कमरों वाला एक शानदार हम्माम बनवाया था जो हमेशा ठंढे पानी से भरा रहता था। ग्राफ ने अपने संस्मरण में यहां के एक खूबसूरत विशाल किले का जिक्र खास तौर पर किया है। इसके साथ ही उसने पटना के कई खूबसूरत इमारतों, मंदिरों और शिवालयों का उल्लेख किया है।

यहां यह उल्लेख करना जरूरी लगता है कि ग्राफ के पूर्ववर्ती यात्रियों ने पटना के मिट्टी और फूस के बने घरों का ही उल्लेख किया है। यह भी संभव है कि 1600 के बाद बनने वाली इमारतों में ईंटों का प्रयोग बढ़ गया हो। ग्राफ का संस्मरण पटना के समृद्ध होते जाने की बात करता है।

ग्राफ ने गंगा नदी के किनारे रहने वाली आबादी की कठिनाइयों का भी जिक्र किया है। बाढ़ के वक़्त में यहां बने मकान पानी में डूब जाते थे। उसने लिखा है कि शहर के ऊपरी हिस्से में पहुँचने के लिए चालीस सीढ़ियों पर चढ़ना होता है। ये हाल के दिनों में बसी हुई आबादी थी। ये अत्यंत साधारण लोग थे जिनकी शहर के ऊपरी हिस्से में रहने की क्षमता नहीं थी।

ग्राफ ने शहर की बढ़ती आबादी का जिक्र किया है। इससे यह सहज ही समझा जा सकता है कि पटना शहर एक बड़े बाजार में परिवर्तित हो रहा था। ग्राफ ने लिखा है कि एक बड़ी सड़क शहर के एक छोड़ से दूसरे छोड़ तक फैली हुई थी। इसके दोनों तरफ दूकानें थीं। इन दूकानों में जरूरत की सारी वस्तुएं उपलब्ध थीं। उसने शहर में रह रहे विभिन्न पेशेवर लोगों का भी उल्लेख किया है।

ग्राफ लिखता है कि यह मुख्य सड़क दाएं और बाएं की दूसरी सड़कों में जाकर मिलती हैं। कुछ सड़कें देहातों की ओर चली जाती हैं और कुछ गंगा नदी के किनारे। उसने लिखा है कि देहातों से कच्चा माल शहर में लाया जाता है। फिर माल तैयार करके नदी मार्ग से उसे विभिन्न शहरों में बिक्री के लिए भेज दिया जाता है। उसने लिखा है कि उत्पादन करने वाले किसान, उसे तैयार करने वाले कारीगर, व्यापारियों और मालवाहकों के बीच अद्‌भुत सामंजस्य है।

पटना शहर तेजी से तरक्की कर रहा था लेकिन उसके अगल बगल के देहातों में कोई प्रगति नहीं हो रही थी। उसके विकास में शहरवासियों की कोई रूचि नहीं दिख रही थी। ग्राफ ने लिखा है शहर घने जंगलों से घिरा है जहां गैंडे अकसर दिख जाते हैं। उसने आश्चर्य व्यक्त किया है कि शहर की बढ़ रही आबादी के बावजूद इन जंगलों को साफ़ कर खेतीबाड़ी शुरू नहीं की गयी थी।

जब पटना जिला बना

चार्ल्स फ्रांसिस ग्रैंड पटना का पहला मजिस्ट्रेट था। उस समय पटना में केवल शहर (वर्तमान पटना सिटी) और बांकीपुर जैबर पुलिस क्षेत्र (गांधी मैदान के आसपास का इलाका) शामिल था। चार्ल्स की नाकाबिलियत की वजह से उसे हटा कर 1792 में हेनरी डगलस को मजिस्ट्रेट बनाया गया।

उन दिनों डकैतों का गिरोह अक्सर स्थानीय दरोगाओं से मिलीभगत कर बिहार जिले (उस समय पटना, बिहार जिला के अंतर्गत था) में घूम-घूम कर डकैतियां किया करता था। ऐसे में ही 1 फरवरी, 1791 की रात को डकैतों के एक गिरोह ने जफ़र खान के बाग में 32वीं एन.आई. के शिविर पर धावा बोलकर भयंकर लूटपाट की। उन्हें रोका नहीं जा सका। जब तक गश्ती नाव पर भारी सुरक्षा का इंतज़ाम न हो, फतुहा से ऊपर की यात्रा खतरनाक होती थी।

गया का मजिस्ट्रेट इतनी दूरी पर था कि वह पटना के पास प्रभावी ढंग से कार्रवाई करने में सक्षम नहीं हो पाता था। 1798 में पटना मजिस्ट्रेट के अधिकार क्षेत्र को 403 वर्ग मील के क्षेत्र तक बढ़ा दिया गया। अब यह मनेर से फतुहा तक और दूर दक्षिण में नौबतपुर तक फैला हुआ था।

कालान्तर में प्रशासनिक सख्ती की वजह से डकैतों का गिरोह टूट गया। अब ठगों ने डकैतों की जगह ले ली। अब वे अपराध में संलग्न हो गए। डकैतों की भांति उन्होंने स्थानीय पुलिस से मेलजोल कर लिया और वे फतुहा के पूरब में गंगा नदी के किनारों के इलाकों में सक्रिय हो गए। बाहर से आने वाले यात्रियों, व्यापारियों के साथ-साथ वे स्थानीय नागरिकों को भी अपना शिकार बनाने लगे। यह सारा इलाका गया जिले के मुख्यालय से बहुत दूर था। प्रशासन प्रभावी ढंग से पर्यवेक्षण नहीं कर पाता था। इन अपराधियों से निपट नहीं पाता था। फलस्वरूप 1825 में पटना के रूप में एक नए जिले का सृजन किया गया।

पटना के मजिस्ट्रेट के तौर पर हेनरी डगलस की ख्याति एक अच्छे प्रशासक की रही है। 1780 में वह बंगाल सिविल सर्विस की सेवा में शामिल

हुआ। उसकी नियुक्ति पटना में राइटर के पद पर हुई थी । 1781 से 1792 तक वह पटना में अदालत के रजिस्ट्रार के पद पर रहा। 1792 में उसकी नियुक्ति पटना के मजिस्ट्रेट के पद पर हुई। वह इस पद पर 1816 तक रहा। उसके जिम्मे दानापुर और बांकीपुर का विशेष प्रभार भी था। अपने कार्यकाल में उसने कई उल्लेखनीय कार्य किए। गांधी मैदान के चारो तरफ के साथ-साथ उसने एग्जीबिशन रोड के दोनों तरफ बड़े पैमाने पर पेड़ लगवाए। 1816 में उसकी प्रोन्नति 'जज ऑफ़ प्रोविंशियल कोर्ट ऑफ़ अपील' के पद पर हुई। वह इस पद पर 1836 तक रहा। 18 नवंबर, 1839 को उसकी मृत्यु 77 वर्ष की उम्र में पटना में ही हो गई। उसे पटना में ही सब्जीबाग के निकट ईसाई कब्रिस्तान में दफना दिया गया।

ऐसे बना म्युनिसिपैलिटी का पहला कार्यालय

1857 में स्वतंत्रता संग्राम की पहली लड़ाई का अंत भारत में ईस्ट इंडिया कम्पनी के शासन की समाप्ति के साथ हुआ। ब्रिटिश क्राउन ने भारत की सत्ता अपने हाथों में ले ली। सत्ता के सही ढंग से संचालन के लिए उसने ढेर सारे प्रशासनिक सुधार किये। पटना क्योंकि 6 जिलों का प्रशासनिक हेडक्वार्टर था, इसलिए शहर में लोगों का आना जाना बढ़ गया था। सरकारी कामकाज को निपटाने के लिए पटना अनिवार्य बन गया था।

प्रशासनिक केंद्र के साथ-साथ पटना पश्चिमी शिक्षा भी मुख्य केंद्र बन गया। जो लोग यह समझने लगे थे कि अंग्रेजी शिक्षा के माध्यम से आर्थिक, सामाजिक और सांस्कृतिक रूप से समृद्ध हुआ जा सकता है, उनका पटना आना और भी बढ़ गया था। ऐसे लोगों में अधिकांश ऊचीं जाति के हिंदू, मुसलमान, समृद्ध जमींदार और पेशेवर थे।

आबादी बढ़ी। नए मकान बने और मुहल्ले बने। तब ब्रिटिश प्रशासनिक अधिकारियों ने भारत सरकार की पालिसी के मुताबिक स्थानीय लोगों को स्थानीय प्रशासन से जोड़ने के लिए नवंबर 1864 में पटना म्युनिसिपैलिटी का गठन किया। यह म्युनिसिपैलिटी पदेन जिलाधीश के अधीन था। म्युनिसिपैलिटी का काम नागरिकों के रोजमर्रे की जरूरतों जैसे गली-सड़कों पर रौशनी की व्यवस्था, साफ़ सफाई और अन्य सार्वजनिक सुविधाओं को मुहैय्या कराने की थी।

इसी क्रम में म्युनिसिपैलिटी ने 1869 में शहर में बैलगाड़ियों के लिए कई सायबान बनवाये और साथ ही कई कुएं भी खुदवाए। कुछ टमटम पड़ाव भी बनाए गए। 1874 की एक रिपोर्ट के अनुसार शहर में लगे 200 रौशनी के लैम्पों को रौशन करने के प्रतिदिन 400 रुपए खर्च हो रहे थे। इसके बावजूद पटना में रात में सड़कों पर पर्याप्त रौशनी की कमी थी। सफाई के लिए कई सफाईकर्मी बहाल किये गए थे फिर भी सड़कों पर पर्याप्त सफाई नहीं रहती थी।

म्युनिसिपल कमेटी में चुनाव के माध्यम से सदस्य चुने जाते थे। शहर के विकास में म्युनिसिपैलिटी के महत्व को समझते हुए हिन्दू और मुसलमान दोनों इसके सदस्य बनने के लिए उत्सुक रहने लगे। इसके साथ शहर के बंगालियों में भी इसके लिए उत्सुकता रहने लगी। 1891 में शहर के नामी रईस सैयद मेंहदी हसन ने बंगाल के गवर्नर जनरल को एकमुश्त 10,000 रुपयों की राशि पटना म्युनिसिपैलिटी के माध्यम से पटना के विकास के लिए दान में दिए। पटना के नागरिकों ने भी म्युनिसिपैलिटी से जुड़कर इसके कार्यकलापों में उत्सुकता दिखलाई।

1857 में पटना के वहाबियों से निपटने के क्रम में सादिकपुर के मौलवियों के घरों को जमींदोज कर दिया गया था। इन्हीं घरों में बैठ वे आंदोलन की रूपरेखा बनाते और धन संग्रह करते थे। उसी स्थान पर पटना म्युनिसिपैलिटी का पहला कार्यालय बनाया गया।

मैंगल्स रोड की कहानी

सरदार पटेल मार्ग का प्रचलित नाम अभी भी मैंगल्स रोड ही है। ब्रिटिश इंडिया में ब्रिटिश हुक्मरानों ने आधुनिक पटना के कुछ सड़कों के नाम ब्रिटिश अधिकारियों के नाम पर रखे थे। फ्रेज़र रोड, टेलर रोड, मैंगल्स रोड इत्यादि। आज़ाद हिन्दुस्तान में भी ये नाम प्रचलित रहे। मैंगल्स रोड, 1857 के ग़दर के दिनों में पटना के असिस्टेंट मजिस्ट्रेट रहे रॉस लोइस मैंगल्स के नाम पर है, जिसे उसकी बहादुरी के लिए ब्रिटिश सरकार ने विक्टोरिया क्रॉस से सम्मानित किया था।

यह बात उन दिनों की है जब मेरठ से निकली बगावत की चिंगारी दानापुर रेजिमेंट तक पहुँच चुकी थी। आरा में बाबू कुंवर सिंह ने अंग्रेजों के खिलाफ विद्रोह का बिगुल बजा दिया था। 25 जुलाई को दानापुर छावनी के तीन रेजिमेंट के सारे सिपाही बाबू कुंवर सिंह की फ़ौज में शामिल होने बैरक से निकल पड़े।

'अ हिस्ट्री ऑफ़ द इंडियन म्युटिनी', 1857-58 में जॉर्ज डब्ल्यू. फोरेस्ट ने लिखा है, 'वे काफी दूर तक निकल गए थे। बन्दूक की गोली की आवाज सुनकर जनरल लॉयड विचलित हो गया। छावनी में एक भी घोड़ा नहीं बचा था। पैदल उतनी दूर उनका पीछा करना मुमकिन नहीं था। उसी सुबह बंदूकों और राइफल धारी सिपाहियों से भरी एक स्टीमर घाट पर आ लगी थी। आरा सड़क गंगा नदी के समानांतर थी। जनरल को नदी मार्ग का ही सिपाहियों का पीछा करने के लिए उपयुक्त लगा। स्टीमर से कुछ अच्छे निशाने लगाए जा सकते थे।'

स्टीमर द्वारा आरा जाकर उन बागियों से निबटने का फैसला ही उचित पाया गया। कैप्टेन डंबर के नेतृत्व में करीब 400 फौजियों का एक दस्ता स्टीमर से रवाना हुआ। कैप्टेन डंबर के सहयोगी के तौर पर छपरा के मजिस्ट्रेट मक डॉनेल और पटना के असिस्टेंट मजिस्ट्रेट रॉस मैंगल्स साथ थे।

जिस दिन वे रवाना हुए उस दिन की कुछ अच्छी ख़बरें ब्रिटिश अधिकारियों को मिली। बाद में पूरी जानकारी नहीं मिल पाई। फिर भी ब्रिटिश अधिकारियों को अपने उन ब्रिटिश बहादुर फौजियों पर भरोसा था।

पटना के तत्कालीन कमिश्नर विलियम टेलर ने 'आर क्राइसिस' में लिखा है, 'अगली सुबह मैं अपनी पत्नी और बेटियों के साथ बहादुर फौजियों की अगवानी के लिए घाट पर पहुँच गया। घाट पर उन फौजियों की पत्नियां भी थीं जिनके पति विद्रोहियों को परास्त करने गए थे। घंटों की प्रतीक्षा के बाद स्टीमर दिखा। हमारी उम्मीदों के विपरीत वहां कोई उत्साह, कोई शोर शराबा नहीं सुनाई दिया। घाट पर स्टीमर के लगने पर हमने जो कुछ देखा, वह अत्यंत भयावह था। बड़ा ही खौफनाक दृश्य था। ईश्वर न करे ऐसा दृश्य फिर दिखाई दे। सभी फौजी लुटे-पिटे थे। हमने 400 फौजियों को विदा किया था। विदाई के कुछ ही घंटों बाद ही उनमे से 180 फौजियों को विद्रोहियों ने मौत के घाट उतार दिया था। कई अधिकारियों की भी मौत हो गयी थी। और जो फौजी बचे थे वे सभी बुरी तरह घायल थे। ईश्वर की कृपा से इन्हीं घायलों में मैंने युवा अधिकारी रॉस मैंगल्स और मक डॉनेल को देखा।'

इसी युद्ध में रॉस मैंगल्स ने अपनी बहादुरी और दिलेरी का परिचय दिया था जिसके लिए उसे विक्टोरिया क्रॉस से सम्मानित किया गया। आरा में विद्रोही सिपाहियों से जंग में ब्रिटिश फौजियों को करारी मात मिली। उन्हें मैदान छोड़ कर भागना पड़ा। भागने के क्रम में रॉस मैंगल्स एक जख्मी ब्रिटिश फौजी को पांच मील तक कंधे पर उठाकर भागता रहा। वह खुद भी बुरी तरह घायल था। भूखे प्यासे वह घंटों दौड़ता रहा। भागने के क्रम में उसे एक नाला भी पर करना पड़ा। किसी तरह वह वापस स्टीमर पर लौट सका। ब्रिटिश सरकार ने अपने इस अधिकारी के नाम पर पटना का एक सड़क ही कर दिया।

पटना सिटी का मंगल तालाब भी मैंगल्स के नाम पर मैंगल्स टैंक ही था। उसके पहले यह शैख़ मट्ठा की गढ़ी कहलाता था। मैंगल्स ने इसकी खुदाई करवा इसे एक नया स्वरूप प्रदान किया था, इसलिए यह मैंगल्स टैंक कहलाया। कालान्तर में यह मंगल तालाब बन गया।

गिन्सबर्ग, गोलघर और पटना

बीट पीढ़ी (Beat Generation) के अमेरिकन कवि एलेन गिन्सबर्ग, मैक्सिकन कवि ऑक्टेवियो पाज़ और पटना के दरियापुर मोहल्ले में बने एक साधारण से दो मंजिले मकान का क्या रिश्ता हो सकता है! एक दिन फेसबुक पर गोलघर वाले मेरे पोस्ट पर टिप्पणी करते हुए पटना के युवा कवि अंचित ने बताया कि एलन गिन्सबर्ग जब भारत आए तो पटना भी आए थे। उन्होंने गोलघर पर एक कविता भी लिखी थी। अंचित ने कविता की पंक्तियां भी भेजीं।

जब कुछ और ज्यादा जानने की गरज से छानबीन की तो जो जानकारी सामने आई उसने मुझे हैरान कर दिया। अमेरिका के बीटनिक आंदोलन के मशहूर कवि गिन्सबर्ग 1963 के अप्रैल महीने में भूखी पीढ़ी (Hungry Generation) की बुनियाद रखने वाले मलय रॉय चौधुरी और उनके भाई समीर रॉय चौधुरी से मिलने जब पटना आए, तो वे मलय के इसी घर में ठहरे थे। इतना ही नहीं ऑक्टेवियो पाज़ और एर्नेस्तो कार्देनाल जैसे महत्वपूर्ण कवि भी बाद के वर्षों में मलय से यहीं आकर

एलेन गिन्सबर्ग

मिले थे। फोटोग्राफी से जिस भी व्यक्ति का संबंध रहा है, वे इस घर को खूब पहचानते रहे हैं। मैं खुद कैमरे की फिल्म खरीदने इस भवन में आता रहा हूं। तब मुझे कहां पता था कि यह जगह कितनी महत्वपूर्ण रही है!

दरअसल हंगरियलिस्ट (Hungryalist) या भूखी पीढ़ी बंगला साहित्य में एक साहित्यिक आंदोलन था, जिसे 1961 में बंगाली युवा कवियों के एक समूह द्वारा शुरू किया गया था। इस समूह का नेतृत्व मलय रॉय चौधुरी, समीर रॉय चौधुरी, शक्ति चट्टोपाध्याय और देबी रॉय की चौकड़ी ने किया था। पटना में मलय के इसी आवास में उन्होंने इसकी बुनियाद रखी थी।

हंग्रिलियज़िम' शब्द उन्होंने चौदहवीं सदी के ब्रिटिश कवि और दार्शनिक जेफ्री चौसर की काव्य पंक्ति "in the sowre hungry tyme" से गढ़ा था। आंदोलन का मूल तत्व जर्मन बहुज्ञ ऑसवल्ड स्पेंग्लर की इस अवधारणा से प्रेरित था कि एक बीमार संस्कृति बाहर से लाए गए सांस्कृतिक तत्वों से ही पोषित होती है। इन कवियों और लेखकों को भी लगा कि बंगाली संस्कृति अपने चरम पर पहुंच कर अब पराए भोजन पर जी रही है।

कलकत्ता (कोलकाता) में उन्हें इस आंदोलन में शैलेश्वर घोष, उत्पल कुमार बसु, बिनॉय मजूमदार, संदीपन चट्टोपाध्याय, बासुदेब दासगुप्ता, फाल्गुनी रॉय, त्रिदीब मित्रा और कई अन्य युवा कवियों का साथ मिला। इस आंदोलन ने बंगला साहित्य और चित्रकला की धारा ही बदल दी।

दूरदर्शी कवि और बीट पीढ़ी के संस्थापक ऐलेन गिन्सबर्ग ने "हॉउल" और "कद्दीश" जैसी अभूतपूर्व कविताओं से बीसवीं सदी के उत्तरार्ध में अमेरिका के "काउंटरकल्चर" को प्रेरित किया। अवां-गार्द (हरावल) उन्हें उनकी सहिष्णुता और प्रज्ञता के लिए अध्यात्म और यौनमुक्ति का दूत मानते थे। अपने प्रेमपूर्ण और ऊर्जा से भरे व्यक्तित्व के साथ गिंसबर्ग ने अपनी कविताओं को व्यक्तिगत अभिव्यक्ति और एक खुले समाज के लिए लड़ने में इस्तेमाल किया।

1950 के दशक के मध्य में, अमेरिकी कवि एलन गिन्सबर्ग अपने युगांतकारी कविता संग्रह "हाउल एंड अदर पोयम्स" (Howl and Other Poems) के छपते ही विवादों में आ गए। यह कविता युद्ध के बाद उत्पन्न अमेरिकी समाज की स्थिति पर विस्तार से बात कर रही थी। यह समलैंगिकता, पूंजीवाद और गैर-अनुरूपता जैसे विषयों को भी छू रही थी। उन्होंने अमेरिका नाम की कविता में लिखा, 'अमेरिका, तुम फरिश्ता कब बनोगे? तुम कब अपने कपड़े उतरोगे?'

1957 में, गिन्सबर्ग पर अश्लीलता का मुकदमा चलाया गया। उस समय जेम्स सेडरबर्ग ने इस ट्रायल के बारे में टिप्पणी करते हुए एक निबंध में लिखा

था, 'हाउल (Howl) अनुरूपता, निषेध, प्रतिबंध, सेंसरशिप, शुद्धतावाद और उन सब चीजों के खिलाफ रोष है जो किसी को सच्चे स्वयं (one's true self) को पाने से रोकता है या सीमित करता है।' अपने अस्तित्व को लेकर उत्पन्न कुंठाएं गिन्सबर्ग को पहले से ही परेशान कर रही थी और उस पर इस मुकदमा ने उन्हें और भी विचलित कर दिया था। यद्यपि फैसला उनके पक्ष में ही हुआ। उन्हें अश्लीलता के आरोप से मुक्त कर दिया गया। उनके पक्ष में हुए ऐतिहासिक निर्णय के परिणामस्वरूप डी.एच. लॉरेंस की 'लेडी चैटरलि'ज लवर' (Lady Chatterley's Lover) और हेनरी मिलर की 'ट्रॉपिक ऑफ़ कैंसर' (Tropic of Cancer) जैसी पूर्व में प्रतिबंधित किताबें अमेरिका में फिर से छपीं। इस फैसले ने कई नए कवियों के लिए रास्ते खोल दिए। इसने गिन्सबर्ग के अमेरिका के 'आधुनिक' समाज को लेकर उठे सवालों को भी खड़ा कर दिया। यही वह वक़्त था जब गिन्सबर्ग ने जीवन के लिए एक वैकल्पिक दृष्टिकोण की तलाश शुरू कर दी थी।

ऐसे में ही 1961 में, एलन गिन्सबर्ग ने आध्यात्मिक गुरु की तलाश में भारत की यात्रा की थी। वे फरवरी के शुरू के दिन थे— जब गिन्सबर्ग बंबई (मुंबई) में उतरे। यह शीत युद्ध का दौर था। अभी क्यूबा पर परमाणु हमले का खतरा टला ही था। सीमा विवाद को लेकर दिल्ली और पेइचिंग (बीजिंग) आपस में भिड़ गए थे। दोनों देश युद्ध के कगार पर पहुंच गए थे।

गिन्सबर्ग अपने बॉयफ्रेंड (प्रेमी) पीटर ऑरलोवस्की (गिन्सबर्ग समलैंगिक थे) के साथ भारत में बनारस (वाराणसी), कलकत्ता (कोलकाता), पटना, चाईबासा, हिमालय की तराई सहित कई इलाकों में गए। इस यात्रा में वे समान विचार वाले कवियों, लेखकों, कलाकारों, और संगीतज्ञों से मिले और उनके बारे में विस्तार से इंडियन जर्नल्स में लिखा।

गोलघर, पटना

पटना में मलय रॉय चौधुरी का घर अक्सर आगंतुकों का ठिकाना बना रहता था। खासतौर पर हिप्पी आकर यहां रुकते। एक या दो दिन ठहर, वे आगे की यात्रा पर निकल जाते। युवा होते लड़कों के लिए ये आगंतुक

हमेशा कौतुहल उत्पन्न करते थे। यह उनके लिए दिलचस्प अनुभव साबित होता था। यद्यपि मलय की मां समय-समय पर चिंता व्यक्त करती थीं। उन्होंने ध्यान दिया था कि हिप्पी औरतें ब्रा नहीं पहनती हैं। उन्हें डर था कि हिप्पी महिलाएं उनके बेटों को लुभा सकती हैं।

ऐसे में जब गिन्सबर्ग और ऑरलोवस्की मलय के घर आए तो उनके अभिभावकों को कोई हैरानी या विस्मय नहीं हुआ। मलय की चाची ने मेहमानों के लिए कमरा ठीक किया। गिन्सबर्ग और ऑरलोवस्की आपस में प्रेमी हैं, यह उन लोगों की नजरों से नहीं बच सका। लेकिन उन लोगों ने इस बात को कोई ज्यादा तवज्जो नहीं दी।

उन दिनों के अन्य भारतीय घरों की तरह रॉय चौधुरी परिवार के घर में भी नहाने का इंतज़ाम घर की मुख्य इमारत के बाहर आँगन में था। उस दिन एक मनोरंजक घटना हुई। गिन्सबर्ग को नंगे बदन नहाने की आदत थी। घर के लोगों के सामने भी उन्होंने खुद को ढकने की जरूरत नहीं समझी। घर की महिलाएं यह देख आतंकित हो उठीं। गिन्सबर्ग जब स्नान कर रहे थे तो मलय की चाची ने एक तौलिया उनकी ओर फेंका और उन्हें डांटते हुए बदन ढकने को कहा।

पटना को समझने के लिए गिन्सबर्ग उसकी गलियों और सड़कों पर घूमना चाहते थे। वे आम लोगों की तस्वीरें लेना चाहते थे। मलय के पिता ने उनके लिए दिन भर के लिए एक रिक्शा किराये पर ले दिया। कुछ देर तक तो गिन्सबर्ग रिक्शा पर बैठ घूमते रहे लेकिन फिर रिक्शा वाले को आराम देने के लिए उसे बैठा कर खुद रिक्शा चलाने लगे। सड़क पर चल रहे लोगों के लिए यह अजूबा ही था। एक अंग्रेज (आमतौर पर गोरे लोगों को अंग्रेज ही बोला जाता रहा है) को रिक्शा चलाते देख वे कौतूहल से भर उठे। उनके लिए यह मनोरंजन ही था। रिक्शा वाला भी हतप्रभ था। गिन्सबर्ग इसी तरह काफी देर तक पटना की सड़कों और गलियों में घूमते रहे।

गिन्सबर्ग हिन्दुस्तानी संस्कृति को समझना चाहते थे। इसे समझने के लिए वे पुस्तकालयों में जाना चाहते थे। उन्होंने मलय से यह इच्छा जाहिर की। तब मलय उन्हें ख़ुदाबख़्श लाइब्रेरी ले गए। गिन्सबर्ग किताबों में खो गए और मलय वहीं बैठ उनका इंतज़ार करने लगे। घंटे भर बाद गिन्सबर्ग उत्तेजना के साथ मलय के पास एक किताब लेकर आए। यह अकबर की किताब 'दीन-ए-इलाही' थी। उन्होंने उस किताब में तीन मछलियों वाले एक प्रतीक चिन्ह को दिखलाते हुए पूछा, 'क्या तुम मेरे लिए इस प्रतीक चिन्ह की व्याख्या कर सकते हो?' मलय जितना कुछ बता सकते थे, उन्होंने बताया। गिन्सबर्ग इस प्रतीक चिन्ह के बारे में ज्यादा से ज्यादा जानना चाह रहे थे।

दरअसल इसी यात्रा में पटना आने से पहले गिन्सबर्ग ने बोधगया में बुद्ध के पदचिह्न वाले एक पत्थर पर उत्कीर्ण इस प्रतीक को देखा था। उन्होंने इस घटना का जिक्र मई, 1967 में 'कैथोलिक वर्कर' (Catholic Worker) में प्रकाशित अपने एक पत्र में किया भी था। गिन्सबर्ग ने इस प्रतीक चिन्ह का वर्णन करते हुए लिखा, 'मैंने बोधगया में बोधि-वृक्ष के नीचे बुद्ध के पदचिह्न वाले पत्थर पर उत्कीर्ण तीन मछलियों के सिर को देखा। ये पत्थर करीब 6 फ़ीट के थे।'

गिन्सबर्ग ने इस अद्भुत संयोग का जिक्र मलय से किया। गिन्सबर्ग ने मलय को बताया कि उन्हें लगता है कि वह पत्थर स्वयं बुद्ध की अभिव्यक्ति है। गिन्सबर्ग इसे बुद्ध की ओर से आया दैवीय बुलावा मान रहे थे। वस्तुत: वे इस पत्थर से इतना जुड़ाव महसूस करने लगे थे कि वे उसे अपने साथ अमेरिका ले जाना चाह रहे थे।

बोधगया उस समय तक पर्यटन केंद्र के रूप में विकसित नहीं हुआ था। वहां गिन्सबर्ग के पास रहने के लिए कोई जगह नहीं थी। कोई शौचालय नहीं था। एलन को सुबह की शौच-क्रिया से निवृत होने के लिए एक झाड़ी के पीछे दो ईंटों पर बैठना पड़ा। जब वह उठे, तो देख कर दंग रह गए कि उनमें से एक ईंट वास्तव में मंदिर का टूटा हुआ पत्थर था। उस पर बुद्ध की छोटी-छोटी प्रतिकृतियाँ खुदी हुई थीं। उन्होंने उस पत्थर को उठाया और पास के तालाब में उसे अपने टूथब्रश से धोया और साफ किया। इस घटना का उन पर अमिट प्रभाव पड़ा।

बाद के दिनों में भी इस चिन्ह से उनका सम्मोहन बना रहा। उन्होंने खुद उसकी स्केच बनाई और अपनी कई किताबों में इस प्रतीक चिन्ह का प्रयोग किया। 1982 में एक अमेरिकी बहुज्ञ हैरी स्मिथ से इस स्केच पर फिर से काम करवाया और उसे अपनी एक किताब का कवर पेज भी बनाया।

अगले दिन मलय गिन्सबर्ग को गोलघर ले गए। गोलघर के अद्भुत शिल्प ने गिन्सबर्ग को बहुत प्रभावित किया। वह एक बहुत खूबसूरत दिन था। वहां गिन्सबर्ग ने अपनी मशहूर कविता 'Sunflower Sutra' का पाठ किया। गोलघर के अंदर आवाज की जो गूँज होती थी, उसने गिन्सबर्ग को आश्चर्य से भर दिया था। तब उन्होंने गोलघर पर एक कविता लिखी,

The Prakritic echo of the Golghar
circling round the concrete dome
As I recited the sun flower
hearing my own voice sadly
Echo, tired thousand miles.

एलन गिन्सबर्ग पटना में मलय के घर पर कई दिनों तक रहे। मलय के कमरे में बैठ उन्होंने कुछ सुन्दर कविताएं लिखीं। उसी कमरे में बैठ अमेरिकी पत्रिकाओं में भूखी पीढ़ी का घोषणापत्र (Manifestos) और उनकी कविताएं प्रकाशन के लिए भेजी। मलय ने उन दिनों के बारे में एल कॉर्नो के संपादकों में से एक मागरिट रेंडल को पत्र लिखकर गिन्सबर्ग के साथ बिताए दिनों के बारे में लिखा। उन्होंने लिखा, 'एलन गिन्सबर्ग भारत आए और एक वर्ष या उससे भी ज्यादा समय उन्होंने हम लोगों के साथ बिताया। वह कुछ दिनों तक पटना में मेरे इस घर में भी रहे। अपने कमरे में जहां अभी मैं बैठकर आपको यह पत्र लिख रहा हूं, एलन ने इसी कमरे में बैठ कुछ सुन्दर कविताएं लिखीं। अमेरिकी पत्रिकाओं में हमारी कविताएं और हमारे घोषणा पत्र को प्रकाशित करवा उन्होंने हम सबों का परिचय अपने बीट्स साथियों से करवाया।'

मलय का यह पत्र एल कॉर्नो में प्रकाशित भी हुआ। एल कॉर्नो मैक्सिको से प्रकाशित होने वाली एक महत्वपूर्ण पत्रिका थी। इसमें दुनिया भर के महत्वपूर्ण रचनाकारों की कविताएं, गद्य, कला विषयक सामग्री तथा पत्र छपते थे। यह स्पेनिश और अंग्रेजी, दो भाषाओं में छपती थी।

मलय राय चौधुरी का घर

गिन्सबर्ग पटना से बनारस चले गए। मलय कलकत्ता— जहां उन सभी भूखी पीढ़ी के कवियों पर अश्लीलता का आरोप लगाकर मुकदमा चलाया गया। मलय, समीर देबीरॉय, सुभाष घोष और शैलेश्वर घोष को गिरफ्तार कर लिया गया। उनके खिलाफ भारतीय दंड संहिता की धारा 120 बी (आपराधिक साजिश) और 292 (अश्लील पुस्तकों की बिक्री और वितरण आदि) के तहत प्राथमिकी दर्ज की गई थी।

कलकत्ता (कोलकाता) पुलिस ने मलय और समीर के पटना स्थित घर पर भी छापा मारा और कई किताबें, पांडुलिपियाँ, समाचार पत्र और एक टाइपराइटर जब्त कर लिया। उन्होंने मलय की मां का ट्रंक भी तोड़ दिया। पुलिस को वहां मलय के नाम उसकी गर्लफ्रेंड के दो प्रेम पत्र भी मिले जिसे मलय की मां ने मलय के पिता से छिपा कर रखा था। ताकि मलय अपने पिता की डांट से बचे रहें।

अश्लीलता के आरोप में मलय और उनके दोस्तों की गिरफ़्तारी की खबर को विश्वप्रसिद्ध टाइम मैगज़ीन ने प्रमुखता के साथ छापा। इसके छपते ही मलय और उनके दोस्त पूरी दुनिया में मशहूर हो गए। ऑक्टेवियो पाज़ ने भी यह रिपोर्ट पढ़ी। इस रिपोर्ट ने उन्हें तब पटना में रह रहे भूखी पीढ़ी के इस बंगाली युवक से मिलने को प्रेरित किया।

मलय और उनके मित्रों की गिरफ़्तारी की सूचना जब एलन को मिली तो उन्होंने मदद की पेशकश करते हुए मलय को पत्र लिखा, 'अगर मुझे कुछ करना है तो मुझे बताओ। मुझे लिखो और स्थिति से अवगत कराओ। परेशानी का कारण का क्या है, मुझे लिखो। क्या तुम्हारे बैंक में पैसे हैं?'

बनारस में गिन्सबर्ग मणिकर्णिका घाट पर लाशों को जलते देखने में घंटों में बिताते रहे। वह नश्वर शरीर को जलते हुए, चेहरे को टूटते-फूटते हुए, नष्ट होते हुए, उसे सूंघते हुए महसूस करना चाहते थे। इससे उन्हें मृत्यु के भय को समझने और उससे छुटकारा पाने में मदद मिली। वे मृत्यु को प्रत्यक्ष देख विस्मित थे। यह पश्चिम की उस अवधारणा के विपरीत था, जहां शवों को ताबूत में बंद कर दफनाया जाता है और उसे प्रासंगिक बनाए रखा जाता है। भारत में उनके अनुभवों ने उन्हें करुणा और वर्तमान में जीने महत्व सिखाया। बाद के दिनों में यह उनकी कविताओं में भी दिखा।

मार्च, 1997 में जब गिन्सबर्ग को पता चला कि मौत अब उनके करीब है तो उन्होंने उसे वैसे ही स्वीकार किया। उस समय वे मैनहट्टन के अपने घर में थे। उन्होंने अपनी कविता संग्रह 'फेम एंड डेथ' पर काम पूरा किया था और अपनी फोटोग्राफी के तीसरे संग्रह पर काम कर रहे थे। उनके आध्यात्मिक बौद्ध गुरु गेलेक रिनपोछे ने लिखा है, 'जब गिन्सबर्ग को अपनी आसन्न मृत्यु की जानकारी मिली तो उन्होंने जश्न मनाना शुरू कर दिया।' गिन्सबर्ग ने अपने आखिरी दिन कविताएं लिखने और दोस्तों से मिलने में बिताए।

5 अप्रैल, 1997 को न्यूयॉर्क में 70 वर्षीय एलन गिन्सबर्ग की मृत्यु हुई। अपनी मृत्यु से पांच दिन पहले, उन्होंने अपनी आखिरी कविता "थिंग्स आई विल नॉट डू (नॉस्टैल्जियास)" शीर्षक से लिखी थी, और उसमें एक पैराग्राफ उस भारत भूमि के नाम था— जिसने उन्हें मुक्ति प्रदान की थी।

Nor ever return to Kashi "oldest continuously habited city in the world"

bathe in Ganges & sit again at Manikarnika ghat with Peter, visit Lord Jagganath again in Puri, never back to Birbhum take notes tales of Khaki B Baba

Or enter to have Chai with older Sunil & Young coffeeshop poets,

Tie my head on a block in the Chinatown opium den, pass by Moslem

Hotel, its rooftop Tinsmith Street Choudui Chowh Nimtallah

Burning ground nor smoke ganja on the Hooghly

एलन गिन्सबर्ग का अंतिम संस्कार बौद्ध रीति से हुआ।

ऑक्टेवियो पाज़ 1965 के मध्य में मलय से मिलने पटना आए। पटना आने का उनका एकमात्र उद्देश्य मलय से मिलना ही था। उस समय वे भारत में मैक्सिको के राजदूत थे। राजदूत होने के नाते उन्हें पटना के गवर्नर हाउस (राजभवन) ठहरना पड़ा। वे जानते थे, मलय उनसे मिलने राजभवन आना पसंद नहीं करेंगे। इसलिए वे ही उनसे मिलने दरियापुर स्थित उनके आवास पर चले गए। उनके साथ पटना के जिला मजिस्ट्रेट, कई अन्य अधिकारी और पुलिसकर्मियों का भारी जत्था था। उनके इलाके के लोगों को लगा कि मलय को फिर से उनके राज्य विरोधी गतिविधियों के लिए गिरफ्तार किया जा रहा है। उस दिन मलय के आवास पर दोनों के बीच बांग्ला साहित्य और भूखी पीढ़ी के कवि, जो कुछ करने का प्रयास कर रहे हैं— उस पर चर्चा हुई थी।

गिन्सबर्ग और ऑक्टेवियो पाज़ अब नहीं रहे। पिछले 26 जून को मलय का भी निधन मुंबई में हो गया, जहां वह अपनी पत्नी के साथ रह रहे थे। अपने निधन के कुछ महीने पहले उन्होंने इन पंक्तियों के लेखक से अपने पुराने मोहल्ले दरियापुर और उससे सटे इमलीतल के बारे में जानना चाहा था।

अंडों की टोकरी में फैज़ और भूखी पीढ़ी के कवि का पहला प्यार

नसीम दरियापुर के इमलीतल की गन्दी बस्ती में बत्तख के अंडे बेचती थी, जब भूखी पीढ़ी के कवि मलय ने उसे पहली बार देखा था। मलय का परिवार ब्राह्मणों का था। वे मुर्गे का मांस नहीं खाते थे लेकिन अंडों पर पाबन्दी नहीं थी। सो मलय को अंडा लाने के लिए भेजा गया था।

नसीम की आंखें जैतूनी हरे रंग वाली थी। इस तरह की आंखे उसने गहरे सांवले चेहरे पर अब तक नहीं देखी थी। वह मलय से उम्र में बड़ी थी। मलय के घूर कर देखने का उस पर वैसा कोई असर नहीं हुआ था जैसा कि उसके मोहल्ले के अन्य लड़कियों पर हो जाता था। उसके अंडों की टोकरी के बगल में एक छोटी-सी किताब थी। पहले मलय ने सोचा यह क़ुरान होगी। लेकिन उसने उसे प्रार्थना करते नहीं देखा, जैसा दूसरे लोग करते थे।

मलय को क़िताब की तरफ देखता हुआ पा नसीम ने क़िताब को हाथ में उठा कर कर कहा— फैज़। मलय को पता नहीं था; फैज़ कौन थे! लेकिन वह उसे कुछ विलक्षण और सम्मोहित करने वाले लगे।

दूसरे दिन मलय फिर वापस आए। फैज़ से अनजान-लेकिन उन्हें जानने की लालसा लिए। उस दिन मलय के पास कोई बहाना नहीं था सो वे उसे दूर से बस देखते रहे। दोपहर में जब भीड़ कम हुई तो नसीम ने अंडों को अख़बार से ढंका और किताब निकाली। दिन का खाना खाते हुए वह फैज़ को पढ़ने लगी।

तीसरे दिन नसीम ने उसे देखा तो पास बुलाया। मलय झिझकते हुए पास आए। उस दिन मलय ने सोचा, नसीम उस तरह की औरतों में से है जो सामने वाले की खामियों को जानते हुए भी नज़रअन्दाज़ कर देती है। बिना किसी भूमिका के नसीम ने किताब से फैज़ की कुछ पंक्तियाँ पढ़ीं।

बहुत बाद के दिनों में मलय जब उन दुपहरियों के बारे में सोचता है तो उसे उन दिनों की छोटी-छोटी चीजें भी याद हो आती हैं। वह कैसे देखती थी।

कौन सी नज़्म उसने पढ़ी थी। कैसे उसका मुंह खुला था। कैसे उसका दुपट्टा खिसक जाता था, जब वह अपने बालों को समेटती थी। उसे अजीब लगता था जब नसीम फैज़ के जेल वाली नज़्मे पढ़ती थी। उसने पूछना चाहा था, लेकिन नहीं पूछ सका था।

मलय को उर्दू के एक शब्द का भी मायने समझ में नहीं आया और नसीम ने उसे समझाने की कोशिश भी नहीं की। एक अजीब किस्म की खुशी होती है जब आप उसे नहीं समझ पाते जिसे प्यार करने आए हैं, मलय ने सोचा था। उर्दू और फैज़ की लुभाने वाली पंक्तियाँ अँधेरे में उसके लिए अज़नबी की तरह थीं। और उसे न जानने की खूबसूरती ने मलय को कभी नहीं छोड़ा।

उन गर्मियों में नसीम ने उसे प्रेम के सुख से परिचित करवाया था। नसीम के घर में पकने वाला गोश्त और उसकी खुशबू उसे लुभाते। मलय उन्हें चखने के लिए पूछता। नसीम हंसती। उसे पता था वह वर्जित वस्तु की मांग कर रहा है। जब उसने गोश्त खत्म किया तब नसीम उसके ऊपर झुकी और अपनी उंगली से आहिस्ते से उसके होठों को छुआ और फिर अपनी ज़ुबान की नोक से। इसके बाद दोनों साथ में लेट गए— वह युवा ब्राह्मण, अब न ब्राह्मण रहा और न हिन्दू-उसमें जो भी बच रहा था, कविताओं में ढल गया।

पुरुष उन महिलाओं से डरते हैं जो उनके अंदर तक देख सकती है। उनकी कमियों को-और उन्हें समझ सकती है। वे ऐसे संबंधों में हास्यास्पद दोष ढूंढते हैं। क्या नसीम ने उसकी आत्मा को कैद कर लिया है! मलय खुद से बार-बार पूछता है। उसने अपनी दादी को नसीम के साथ अपने संबंधों की बात बतायी।

'वह डायन है।' मलय की दादी ने उसे चेतावनी देते हुए कहा था। 'मैं ऐसी औरतों को जानती हूं; वे तुम्हारी आत्मा को तुमसे छीन लेंगी— तुम उसे फिर कभी वापस नहीं पा सकते!' मलय अब सोचता है कि अगर उसने नसीम को दादी की यह बात बताई होती तो उसकी प्रतिक्रिया क्या होती! शायद वह हंसती, और उसकी आँखों में उसके लिए तरस होती— वह उस जैसी औरतों से प्रतिस्पर्धा नहीं कर सकता। लेकिन मलय की दादी ने ठीक ही कहा था— नसीम ने उसकी आत्मा को छीन लिया था और बड़े मजे लेकर उसे चबा गई थी।

मलय घर से बाहर यात्रा पर निकल गया। वह घर वापस लौटा और फिर यात्रा पर निकल गया। लेकिन वह फिर कभी नसीम से मिलने इमलीतल नहीं गया।

ओ'मैली ने सबसे पहले किया था जातिगत जनगणना

बेशक अंग्रेज यहां व्यापार करने आए थे। उन्होंने बेदर्दी के साथ हिंदुस्तान को लूटा, खसोटा। यहां के उद्योग धंधों को तहस-नहस किया। लेकिन अपने व्यापार के लिए ही सही, उन्होंने विकास के कई काम भी किये। उन्होंने हमें कई चीजें सिखाई भी। दस्तावेज़ीकरण का काम भी उनमें से एक है।

इसी क्रम में ईस्ट इंडिया कंपनी ने 1815 से अपने आधिपत्य के प्रदेशों की विस्तृत जानकारी के लिए गज़ेटियर की एक श्रृंखला का प्रकाशन शुरू किया था। गज़ेटियर में संबंधित इलाके का भूगोल, इतिहास, धर्म, संस्कृति, शिक्षा, पेशा, वेतन, मजदूरी, जनस्वास्थ्य, कृषि, सिंचाई, प्राकृतिक आपदा, यातायात के साधन, भू-राजस्व, स्थानीय प्रशासन इत्यादि की महत्वपूर्ण जानकारी होती है। इसके पहले अकबर के वक़्त में अबुल फज़ल ने आईने अकबरी में इस तरह का काम किया था। फिर अंग्रेजों ने ही इसका बकायदा प्रकाशन का काम शुरू किया।

करीब 208 वर्ष पहले फ्रांसिस बुकानन ने पहली बार पटना की आबादी का अनुमान लगाया था। उसने पटना की आबादी 3,12,000 बताया था— जिसमें 2,14,500 हिन्दू थे और 97,500 मुस्लिम थे। उसने यह संख्या एक घर में औसतन 6 लोगों की उपस्थिति के आधार पर आंका था। इसके करीब 25 वर्षों के बाद 1837 ई. में, एच. बेवर्ली ने पटना की जनसंख्या 2,84,132 बताया।

ये दोनों जनगणनाएं अतिरंजित प्रतीत होते हैं क्योंकि जब 1872 में बकायदा जनगणना हुआ तो यह संख्या घटकर केवल 1,58,900 पाया गया। जिसमें हिन्दुओं की संख्या 1,19,392, मुसलमानों की संख्या 33,729 और ईसाइयों की संख्या 502 थी।

1881 में, जब दूसरी जनगणना हुई तब तक पटना की आबादी मे थोड़ा इजाफा हो गया था। पटना की आबादी बढ़ कर 1,70,654 हो गई थी जिसमे 83,199 पुरुष

और 87,455 स्त्रियां थीं। 1872 ई. की तुलना में करीब 11.32 प्रतिशत की वृद्धि हुई थी। सबसे ज्यादा वृद्धि बांकीपुर थाना के इलाके में हुई थी। यह वह समय था जब यह इलाका नए शहर के रूप में तेजी से विकसित हो रहा था।

अगले दशक, यानि 1891 के जनगणना में आबादी में थोड़ी कमी पाई गई। पटना की आबादी घट कर 1,65,192 रह गई थी। अगले दशक की जनगणना में आबादी में और कमी हुई। 1901 ई. में पटना की आबादी 1,34,785 थी। इसमें 67,038 पुरुष थे और 67,744 स्त्रियां थीं।

आबादी के घटने का बड़ा कारण अकाल और महामारी था। 1866-67 और 1873-74 में पड़े भीषण अकाल ने पूरे पटना जिला को बुरी तरह प्रभावित किया था। हजारों लोग भुखमरी का शिकार हो गए थे। महामारी ने भी बड़े पैमाने पर लोगों की जानें लीं थीं। अप्रयाप्त राहत और इलाज की सुविधा न मिलने से हजारों मौत हुईं। उद्योग धंधे धीरे-धीरे बंद होने लगे थे इसलिए नई आबादी का आना भी कम हो गया था।

अब पटना की आबादी में मुख्यतः यूरोपीय, बिहारी (इसमें हिन्दू और मुसलमान दोनों थे) और बंगाली थे। इसके साथ बेशक सैलानियों, देशी और विदेशी व्यापारियों का आना बदस्तूर जारी था। यद्यपि यूरोपियनों की संख्या कम थी, लेकिन उनकी उपस्थिति महत्वपूर्ण थी क्योंकि वे शासक वर्ग से थे। अधिकांश यूरोपीय फौज में थे और दानापुर कैंट में रहते थे। रेल के आने के बाद शुरुआती दौर में वहां काम करने वाले जो भी कर्मचारी या अधिकारी थे, वे अधिकांश यूरोपीय ही थे।

गज़ेटियर तैयार करने के इसी क्रम में 1907 में एक ब्रिटिश आईसीएस अधिकारी ओ'मैली (लेविस सिडनी स्टुअर्ड ओ' मैली) को पटना के साथ-साथ कई और दूसरे जिलों के गज़ेटियर तैयार करने का काम सौंपा गया। पटना जिला के गज़ेटियर तैयार करने के क्रम में उन्होंने यहां रहने वाली जातियों की जनसंख्या के साथ-साथ उनके बारे में कई रोचक जानकारी भी दी है।

ओ'मैली ने लिखा है, 'मुसलमानों में शेख (56,302) के बाद जुलाहों (28,602) की महत्वपूर्ण उपस्थिति है। हिन्दुओं में सबसे अधिक आबादी वाले अहीर या ग्वाला (2,32,908), कुर्मी (1,67,522), बाभन (1,08,263), दुसाध (1,00,200), कहार (84,531), कोइरी (72,491), राजपूत (63,724), चमार (60,472), और तेली (42,277) हैं। इसके अतिरिक्त आठ ऐसी और जातियां हैं जिनकी आबादी 25,000 से ज्यादा है। इनमें बढई, ब्राह्मण, धानुक, हज्जाम, कन्दुस, मुसहर, पासी और कायस्थ हैं।'

उसने लिखा है, 'पटना जिला में ग्वाले या अहीर सबसे बड़ी जनसंख्या वाले हैं। ये मितव्ययी होते हैं। ये अनाज, भूसी बेचकर अपने मवेशियों के लिए चारा काटकर और अपरिष्कृत भोजन कर अपना जीवन यापन कर लेते हैं। जबकि घर की महिलाएं दूध, मक्खन और दही बेचती हैं। अहीर आमतौर पर किसान और पशुपालक होते हैं। लेकिन बड़ी संख्या में ऐसे भी अहीर हैं जो बेहद गरीब हैं और मजदूरी कर गुजर बसर करते हैं। हां, इस जाति में कुछ समृद्ध जमींदार भी हैं।

ओ'मैली ने ग्वालों को जिले में सबसे ज्यादा झगड़ालू बताया है और लिखा है कि उन्हें लाठी से कुछ ज्यादा ही लगाव है। ओ'मैली ने ग्वालों के एक रोचक त्योहार का उल्लेख किया हैं। उसने लिखा है, 'कार्तिक के सोलहवें दिन, दिवाली के एक दिन बाद वे सोहराई नाम का एक विलक्षण पर्व मनाते हैं। दिवाली की रात दूध में चावल पका कर वे खीर नाम का खाद्य पदार्थ तैयार करते हैं। इस खीर को वे अपने इष्टदेव को समर्पित करते हैं। सभी मवेशियों को भूखा रखा जाता है। अगली सुबह उनके सींगों को लाल रंग से रंग दिया जाता है और उनके शरीरों को भी लाल रंग से रंग दिया जाता है। इन मवेशियों को एक मैदान में छोड़ दिया जाता है जहां एक सूअर के पैरों को बांध कर छोड़ दिया गया होता है। मवेशी उस सूअर को रौंद कर मार डालते हैं।'

चमारों (रविदास) के बारे में ओ'मैली ने लिखा है, 'ये मुख्यतः चमड़ा कमाने और मजदूरी के धंधे में थे। चर्मकारी की वजह से इन्हें समाज में बहुत नीचे का दर्ज़ा मिला हुआ था। क्योंकि जानवरों के चमड़े ही इनके जीविका का साधन था इसलिए इन पर जानवरों को जहर देकर मारने का भी जब-तब आरोप लगाया जाता था।'

ओ'मैली ने लिखा है, 'समाज में इनकी उपयोगिता है। ये स्थानीय लोगों के लिए चमड़े के चप्पल, चमरौधे (जूते), चाबुक, हल के लिए बंधन इत्यादि बनाते हैं। जरूरत पड़ने पर वे इसकी मरम्मत भी करते हैं। इसके अतिरिक्त ब्याह शादी इत्यादि के मौके पर बाजा बजाने का भी काम कर लेते हैं। ये अपने वाद्ययंत्र का कभी कभी स्वयं निर्माण भी कर लेते है। यद्यपि यह बहुत उम्दा किस्म का नहीं होता है लेकिन फिर भी ये उनकी जरूरतों को पूरा तो कर ही देते हैं। इनके घर की महिलाएं दाई का काम करती हैं। ये इस काम में बहुत निपुण मानी जाती हैं।

आगे उसने लिखा है, 'इन्हें अपने ग्राहकों से फसल के वक्त अनाज मिल जाता है। कभी-कभी कोई उदार ग्राहक इन्हें जमीन के कुछ टुकड़े भी दे देते हैं ताकि वे इनमें खेती कर अपना भरण पोषण कर सकें। इन पर चोरी में लिप्त रहने के आरोप भी लगते रहे हैं। 'चमारी' शब्द चोरी के पर्याय के तौर पर भी प्रयुक्त होता है। इसलिए

स्थानीय लोगों द्वारा चमारी शब्द का प्रयोग चोरी के अर्थ में ही किया जाता है।* कई बार ये निर्भीक होकर भी चोरी करते हैं। पकड़े जाने पर उन्हें दंड से मुक्ति भी मिल जाती है क्योंकि इनकी महिलाएं प्रसव के समय उपचारिका की भूमिका निभाती हैं। ये इस काम में माहिर मानी जाती हैं। आमतौर पर कोई भी प्रसव इनके बगैर नहीं होता है। इसलिए लोग उन्हें इतनी छूट दे ही देते हैं।'

'चोरी-चमारी' शब्द हमारे समाज में अभी भी प्रचलन में है।

नोट- 'चमारी' शब्द का प्रयोग किसी जाति विशेष को आहत करने के लिए नहीं किया गया है। बुकानन ने इस शब्द का प्रयोग गज़ेटियर में किया है।

तब काम के बदले पैसा नहीं अनाज मिलता था

ओ'मैली जब 1907 में गज़ेटियर पर काम कर रहा था उस वक्त पटना शहर की आबादी 1,34,785 और पूरे जिले की आबादी 16,24,742 थी। इनमें राजपूतों की संख्या 63,724 थी। ओ'मैली ने इन्हें उन सैनिकों का वंशज माना है जो यहां आकर बस गए थे।

ओ'मैली ने लिखा है, ' राजपूत खुद को बाभनों (भूमिहारों) से श्रेष्ठ मानते हैं। इन्हें बहादुर और ईमानदार माना जाता है। पुलिस की नौकरी में राजपूत काफी संख्या में हैं। मुख्य रूप से राजपूत समृद्ध किसान होते हैं। इनमें से कुछ ज़मींदार हैं और पैसों के लेन देन के कारोबार से भी जुड़े हैं।'

ओ'मैली ने पटना के निकट के बाढ़ सब डिवीजन का जिक्र करते हुए लिखा है कि यहां कई ऐसे प्राचीन गांव है जहां की पूरी आबादी ही राजपूतों की है। यहां तक कि गांव के चौकीदार भी राजपूत ही हैं।

गज़ेटियर में हज्जामों (नाइयों) की कुल संख्या 27,236 बताई गई है। ओ'मैली लिखता है, 'नाई जाति पूरी तरह हज़ामत के पेशे में लगी हुई है। ये गृहस्थों से जुड़े हुए हैं। इन्हें हज़ामत के एवज नकद राशि के बदले प्रति व्यस्क व्यक्ति सालाना दस सेर अनाज मिलता है। कई बार समृद्ध जमींदार इन्हें छोटी मोटी जागीर भी दे देते हैं।'

हज्जाम हरकारे का भी काम करते हैं। ओ'मैली ने लिखा है, 'अक्सर ब्याह शादी के मौके पर या अन्य कोई आयोजन के लिए निमंत्रण देने के लिए इनकी ही मदद ली जाती है। पंचायत बुलाने की मुनादी भी इन्हीं से करवाई जाती है। इसके एवज में इन्हें अनाज या पैसा दिया जाता है।'

फ़सल के वक़्त में हज्जाम अपने प्रत्येक ग्राहकों के घर जाकर अपना अनाज इकठ्ठा कर लेते हैं। इससे अक्सर नाइयों के पास साल भर के खाने के लिए पर्याप्त अनाज एकत्रित हो जाता है। बावजूद बुरे वक़्त में या आकस्मिक खर्च आ जाने पर इनके पास नकद पैसों की कमी रहती है। जिन नाइयों के ग्राहक समृद्ध हिन्दुस्तानी या

अंग्रेज होते हैं, उन्हें नकद पैसा मिलता है। ये थोड़े बहुत पैसा बचा पाते हैं। लेकिन आमतौर पर नाई गरीब ही होते हैं।

गज़ेटियर में बढ़ई जाति की संख्या पूरे जिले में 26,828 बताई गई है। ओ'मैली के मुताबिक ये पूरी तरह बढ़ईगिरी के पेशे में हैं। आमतौर पर ये ग्रामीण इलाकों में रहते हैं। मुख्य रूप से इनका काम किसानों के लिए हल का निर्माण और उसके मरम्मत के साथ साथ अन्य खेती के उपकरणों के निर्माण का होता है। नाइयों की तरह इनके ग्राहक भी इन्हें आमतौर पर अनाज से ही भुगतान करते हैं। एक हल बनाने की कीमत इन्हें एक मन अनाज से दी जाती है।

पूरे जिले में कायस्थों की संख्या सबसे कम थी। 1907 में कायस्थों की जनसंख्या मात्र 25,276 थी। ओ'मैली ने इन्हें पढ़ने-लिखने वाली जाति माना है। ओ'मैली ने लिखा, 'कायस्थ आमतौर पर सरकारी दफ्तरों में मुलाजिम होते हैं। पुलिस विभाग में कई कायस्थ ऊँचे पदों पर हैं। पुलिस विभाग में मुंशी के पद पर भी कई कायस्थ नौकरी कर रहे हैं। कायस्थ व्यापार से घृणा करते हैं। इन्हें अपनी जाति पर गर्व है। ये पारिवारिक और सामाजिक समारोहों पर दिल खोल कर खर्च करते हैं। यद्यपि आमतौर पर ये गरीब ही होते हैं।'

ओ'मैली ने विस्मय के साथ कायस्थों के दावात पूजा का उल्लेख किया है। वह उन्हें आश्चर्य के साथ कलम और रोशनाई की पूजा करते देखता है।

तब से कहारों को साढ़े तीन सेर अनाज की मजदूरी दी जाने लगी

ब्रिटिश व्यापारी थॉमस ट्विनिंग 1850 में हिंदुस्तान आया तो उसने पटना की सड़कों पर लोगों को पालकी की सवारी करते देखा। उसने लिखा है, 'कुछ लोगों को मैंने खूब सजे-धजे पालकी में सफर करते देखा। पालकी के आगे पीछे, दायें बाएं उनके मुलाजिम साथ साथ दौड़ते रहते हैं।'

19वीं सदी में पटना के आम नागरिकों की सवारी पालकी ही हुआ करती थी। इसे ढोने वाले कहार जाति के लोग होते थे। इसलिए आश्चर्य नहीं कि 1901 की जनगणना में पटना जिला की कुल आबादी 16,24,742 में कहारों की संख्या 84,531 थी। ओ'मैली ने 1907 में पटना जिला के गज़ेटियर में इन कहारों के बारे में लिखा है, 'कहार किसान होते हैं और साथ ही ये पालकी ढ़ोने का काम भी करते हैं। कुछ लोग मजदूरी भी करते हैं। कहारों की अच्छी आबादी समृद्ध लोगों के व्यक्तिगत नौकर भी होते हैं। नौकर के रूप में ये अत्यंत उपयोगी होते हैं।'

कहार जाति भी तत्कालीन समाज में फैले अंधविश्वासों और रूढ़ियों का शिकार था। दूसरी पिछड़ी जातियों की तरह कहार भी बंदी, सोखा, राम ठाकुर, पंच पीर, और मानुस देव, की आराधना करते हैं। मानुस देव मृतात्मा होती है जिसे शादी विवाह के मौके पर बकरे की बलि देकर संतुष्ट किया जाता है।

ओ'मैली ने लिखा है कि कहारों में भेड़ियों को पूजने की अनोखी प्रथा है। उसने लिखा है कि एक बार एक भेड़िया कहारों के नवजात बच्चे को उठा कर जंगल में ले गया। तब कहारों ने भेड़िया का पीछा किया। काफी मनुहार के बाद भेड़िये ने बच्चे को मुक्त किया। तब से कहारों में भेड़िये को पूजने की परंपरा चली आ रही है। बच्चे के जन्म या शादी-ब्याह के मौके पर कुटुम्बों को दिए जाने वाले भोज के पहले खाने की कुछ सामग्री निकाल कर आंगन में एक तरफ रख दिया जाता है। भोज के ख़त्म होने पर उसे फेंक दिया जाता है और उसे भेड़िये को चढ़ाया हुआ मान लिया जाता है।

कहारों के साथ एक किंवदंती भी है। ओ'मैली लिखता है, 'बाभनों की तरह कहार भी जरासंध के लिए विशाल बाँध बनाने में जुटे थे। गिरियक के नजदीक बन रहे इस बाँध के लिए जरासंध ने घोषणा कर रखी थी कि जो कोई उसे पूरा करेगा उसे आधे साम्राज्य देने के साथ अपनी बेटी की शादी भी कर देगा।

कहार इस बाँध को पूरा कर सकने में असफल रहे। तब जरासंध ने उन्हें अपने दरबार में बुलाया और कहा कि वे उस काम को पूरा नहीं कर पाए इसलिए वे न तो आधे साम्राज्य के अधिकारी हैं न ही उनकी बेटी के। लेकिन इसके बावजूद उन्होंने काफी मेहनत की है इसलिए उन्हें मजदूरी तो दी ही जाएगी। जरासंध ने प्रत्येक व्यक्ति को साढ़े तीन सेर अनाज मजदूरी के रूप में दिया। तब से ही कहारों को साढ़े तीन सेर अनाज मजदूरी के रूप में दी जाने लगी। अभी हाल के वर्षों तक भी कहारों को प्रत्येक दिन साढ़े तीन सेर अनाज ही मजदूरी दी जाती रही है।

अंधविश्वास और रूढ़ियों में जकड़ा हुआ था तत्कालीन समाज

गजेटियर तैयार करने के क्रम में ओ'मैली का सामना तत्कालीन समाज की प्रचलित मान्यताओं से भी सामना हुआ था। 1907 में वह जब पटना जिला के गजेटियर पर काम कर रहा था उस वक़्त जनसंख्या में ग्वालों (यादवों) के बाद कुर्मी दूसरे नंबर पर थे। पटना जिला में उनकी आबादी 1,67,522 थी।

ओ'मैली ने लिखा है, 'ये करीब-करीब पूरी तरह खेती के व्यवसाय से जुड़े हैं, लेकिन इनमें जो गरीब हैं वे मजदूरी करते हैं। कुछ लोग खिदमतगार होते हैं, कुछ जमींदार और ठेकेदार भी हैं। शहर में रहने वाले कई कुर्मी जाति के लोग सूद पर क़र्ज़ देने का भी काम करते हैं। किसान के तौर पर ये परंपरागत अनाजों की ही खेती करते हैं। ग्वालों की तरह ये पशुपालक नहीं होते हैं। इन्हें मुकदमेबाजी में मजा आता है और ये भूमि तथा अनाज के विवादों में उलझे रहते हैं।

तत्कालीन कुर्मी समुदाय में प्रचलित धार्मिक मान्यताओं के बारे में भी ओ'मैली ने विस्तार से लिखा है। उसने लिखा है, 'कुर्मियों की धार्मिक मान्यताएं रोचक हैं। रूढ़िवादी कुर्मी समुदाय हनुमान और काली की पूजा करता है लेकिन कुछ पंच पीर की भी आराधना करते हैं। बुरी आत्माओं को संतुष्ट करने के लिए वे कई तरह के उपाय करते हैं। वे वली की भी पूजा करते हैं। ऐसे ही वे राम ठाकुर नाम के एक देवता की भी पूजा करते हैं। प्रचलित मान्यताओं के अनुसार राम ठाकुर बकरे की बलि से प्रसन्न होते हैं। बलि के बाद बकरे का मांस पका कर पूरे परिवार के सदस्यों के साथ उसका भोग लगाया जाता है। बचे हुए अवशेषों को अच्छी तरह जमीन में गाड़ दिया जाता है। अगर गलती से भी कुछ छूट जाए तो पूजा करने वाला राम ठाकुर के क्रोध का शिकार हो जाता है।

ओ'मैली ने लिखा है, 'अगर कोई बीमार हो जाता है तो इलाज की बजाय झाड़-फूंक का सहारा लिया जाता है। बीमार व्यक्ति के शरीर से बुरी आत्मा को

बाहर निकालने के लिए ओझा या जादूगर को बुलाया जाता है। मरीज के शरीर से बुरी आत्मा को निकाल कर बांस की नली या मिट्टी के घड़े में कैद कर या तो जला दिया जाता है या फिर जमीन में गाड़ दिया जाता है। चुड़ैल से इन्हें ज्यादा भय होता है। इनकी मान्यताओं के अनुसार चुड़ैल वे औरतें बन जाती हैं जिनका गर्भावस्था में निधन हो जाता है। उन्हें संतुष्ट करने के लिए जमीन में कीलें गाड़ी जातीं हैं और जिन औरतों का निधन प्रसव के दौरान हो जाता है उन के पैरों को सुई से छेदा जाता है। उनके मृत शरीर पर उरद का दाल और बालू डाला जाता है ताकि उन्हें परिवार को सताने से रोका जा सके।'

पटना जिले में तेलियों की संख्या 42,377 थी। तेल का उत्पादन और उनको बेचने के पुश्तैनी कारोबार पर उनका एकाधिकार था। इसके अतिरिक्त इनकी एक बड़ी आबादी अनाज और पैसों के लेनदेन के कारोबार में भी लगी हुई थी। तत्कालीन समाज में व्याप्त अंधविश्वास से ये अछूते नहीं थे। तेलियों का भूत, प्रेत और बुरी आत्माओं पर दृढ़ विश्वास था।

ओ'मैली ने लिखा है, 'तेलियों का यह दृढ़ विश्वास है कि मृत्यु के बाद चाहे वह स्वाभाविक मौत हो या अस्वाभाविक, प्रत्येक तेली बहुत ही शक्तिशाली दुष्ट आत्मा बन जाती है। उसे 'तेलिया मसान' कहा जाता है। प्रचलित मान्यता के मुताबिक बहुत शक्तिशाली ओझा ही 'तेलिया मसान' को नियंत्रित कर सकता है। जादूगर अकसर मृत तेली की खोपड़ी को अपने पास रखते हैं। इस खोपड़ी के मार्फ़त वे बुरी और दुष्ट आत्माओं (तेलिया मसान) का आह्वान करते हैं।'

अतीत में पटना जिला में तेली बहुत ही शक्तिशाली रहे हैं। इतिहासकारों के मुताबिक बिहार शरीफ के निकट तेल्हारा उनकी शक्ति का केंद्र था। तेल्हारा विश्व-विद्यालय नालंदा और विक्रमशिला विश्वविद्यालय से भी पुराना है। यहां बौद्ध विहार भी था। बौद्ध भिक्षु ह्यूएन त्सांग अपनी यात्रा के क्रम में यहां आया था। उसने इसे तेलधका नाम से याद किया है। नालंदा महाविहार के विशाल प्रवेश द्वार का निर्माण तेली वंश के प्रमुख बालादित्य ने करवाया था। तेली जाति के ही एक व्यक्ति ने भगवान बुद्ध की विशाल प्रतिमा की स्थापना की थी। अब यह स्थान तेलिया भण्डार कहलाता है। निकट ही तेतरवन में भी उन्होंने बुद्ध की विशाल प्रतिमा की स्थापना की।

ओ'मैली ने आगे लिखा है, 'करीब-करीब जिले के सभी प्रकार के कारोबार इन तेलियों के हाथों में है। इन पर उनका पूरा नियंत्रण है। यहां एक लोकप्रिय कहावत प्रचलित है। 'तुर्क, तेली, ताड़ इन तीनों से बिहार।' बिहार मुसलमानों, तेलियों और ताड़ से बना है।'

कुछ वर्ष पहले तक यह कहावत प्रचलित थी। इस बीच तेलियों की आबादी बढ़ी और मुसलमानों की भी। लेकिन सड़क के किनारे खड़े ताड़ के पेड़ों की संख्या अब काफी कम हो गई है।

अन्य यूरोपियनों की तरह ओ'मैली भी तत्कालीन समाज में फैले अंधविश्वास को विस्मय के साथ देखता है। उसे यह देख आश्चर्य होता था कि बीमार होने पर लोग चिकित्सक की बजाय झाड़-फूंक के लिए ओझाओं और देवी देवताओं की शरण में जाते हैं।

ओ'मैली अपनी रिपोर्ट में हिन्दुओं के बीच सबसे लोकप्रिय देवी काली का जिक्र करता है। पटना सिटी के मंगल तालाब के नजदीक के काली स्थान का उल्लेख करते हुए उसने लिखा है कि अपने विभिन्न रूपों में काली पूरे वर्ष भर हिन्दुओं द्वारा पूजी जाती हैं। दुर्गा के रूप में उन्हें शहर के रक्षक रूप में देखा जाता है। पटन देवी के नाम से पटना के आलमगंज मोहल्ले और चौक में उनकी दो प्राचीन मंदिरें हैं।

जब कभी शहर में चेचक का प्रकोप होता है तो वे शीतला माता के रूप में हिन्दुओं की ऊंची जातियों के साथ साथ निचली जातियों द्वारा पूजी जाती हैं। जब किसी को चेचक होता है तो मरीज के बिछावन के नजदीक की जमीन के छोटे टुकड़े को गोबर से लीपा जाता है। वहां आग प्रज्वलित कर उसपर घी डाला जाता है और हवन सामग्री जलाई जाती है। एक माली को बुलाया जाता है जो शीतला माता की गाना गा कर उनकी आराधना करता है। रोगी को मिठाई दी जाती है और उसे शीतला माता के प्रिय पेड़ नीम की टहनियों से पंखा झला जाता है।

ओ'मैली को यह देख आश्चर्य होता है कि जब शहर में चेचक का प्रकोप होता है तो निम्न वर्ग के हिन्दू और मुसलमान शीतला माता के प्रकोप से बचने के लिए चेचक से बचाव वाला टीका अपने बच्चों को नहीं लगवाते हैं। वे डरते हैं कि शीतला माता इससे नाराज हो जाएंगी।

शीतला माता को लोग हैजा की भी देवी मानते हैं। शहर में जब हैजा फैलता है तो लोग लौंग और इलाइची मिले जल से जिसे 'छाक' कहा जाता है, अपने घर के मुख्य द्वार पर शीतला माता को संतुष्ट करने के छिड़काव करते हैं। लोग ब्राह्मणों को बुलवाकर शीतला माता की पूजा भजन गवाकर करवाते हैं।

इसी तरह लोग 'बिघिन्न माई' की भी पूजा करते हैं। इन्हें काली का अनुचर माना जाता है। जब हैजा महामारी के रूप में फैलता है तो शहर के चौराहे पर एक गड्ढा खोद कर उसमें अग्नि प्रज्वलित कर हवन किया जाता है। 'बिघिन्न माई' को मिठाई का चढ़ावा चढ़ा कर उनकी पूजा आराधना भजन के साथ की जाती है।

महामारी के समय निकाला जाने वाला 'खप्पर जुलूस' को भी ओ'मैली कौतूहल के साथ देखता है। जब भी किसी महामारी का प्रकोप होता है तो ओझा या जादू टोना करने वाला मिटटी के खप्पर में धूपबत्ती जलाकर सड़क पर निकल जाता है। उसके पीछे पीछे लोग जुलूस की शक्ल में निकलते हैं। ओझा कलकत्ता (कोलकाता) जाने की दिशा में आगे बढ़ता है। लोग 'काली माई की जय' का कान- फोड़ू नारा लगाते चलते हैं। अगले मोहल्ले या गांव के मुहाने पर उस खप्पर को छोड़ दिया जाता है। वहां के निवासी उसे आगे बढ़ाते जाते हैं।

शीतला माई का मंदिर गुलजारबाग स्टेशन के नजदीक अगमकुआं में है और एक दूसरा मंदिर बिहारशरीफ के निकट के मघरा गांव में है।

अंग्रेज दुसाधों से बनवाते थे खाना

1907 में तैयार किए गए पटना जिला के गज़ेटियर में जिले में मौजूद तत्कालीन आबादी की विभिन्न जातियों का रोचक वर्णन मिलता है। उन दिनों जिले में दुसाध जाति के लोगों की संख्या 1,00,200 बताई गयी है। ओ'मैली ने लिखा है, 'ये लोग आमतौर पर कृषि के कार्यों से जुड़े होते हैं लेकिन चौकीदारी के काम पर एक तरह से इनका एकाधिकार होता है। जिनके पास कोई नौकरी और कृषि योग्य कोई जमीन नहीं होती है वे मजदूरी करते हैं या खेतों में हल चलाते हैं। कुछ यूरोपियन लोगों ने इन्हें अपना रसोइया भी बना रखा है। ये बढ़िया खाना बना सकते हैं। कई अंग्रेजों के रसोई घर में इनकी उपस्थिति थी।'

ओ'मैली ने आगे लिखा है, 'दुसाधों की ख्याति पक्के चोरों के तौर पर भी है। लेकिन अगर उन्हें चौकीदारी के लिए पर्याप्त पगार दी जाए तो इनके चौकीदारी वाले इलाके में ये लूटपाट और डकैती नहीं होने देते हैं।'

ओ'मैली ने इन्हें आदिवासियों का वंशज माना है। वह लिखता है, 'इनके धार्मिक रीति-रिवाजों की मुख्य विशेषता सूअर की बलि और मदिरापान होता है। इनके समारोहों में सूअर का मांस और मदिरा पड़ोसा जाता है। मदिरा पीने के बाद ये अपना सुधबुध खोकर नंगे होकर नाचने लगते हैं।'

'दुसाध राहु, सलहेस, सोखा और गोरैया जैसे देवताओं की आराधना करते हैं।' ओ'मैली ने लिखता है, 'राहु की पूजा वर्ष में दो बार पूस संक्रांति और चैत सतुआनी के दिन की जाती है। दो बाँसों को खड़ा कर दो तलवारों से उन्हें जोड़ कर सीढ़ी की शक्ल दी जाती है। तलवार की धार ऊपर की ओर होती है। इनमें जो भगत होता है, जिसे पूजा करनी होती है वो तलवार से बने पायदान पर खड़ा हो जाता है। हाथों में बेतों से बने धनुष की शक्ल की आकृति को थामे मंत्रों का उच्चारण करते हुए वह दूध में पकाये आंटा के गोलों को राहु को समर्पित करता है। शादी के अवसर पर भी राहु की पूजा धूमधाम से की जाती है।'

ओ'मैली ने एक और रोचक प्रथा का जिक्र किया है। वह लिखता है, 'एक दूसरे समारोह में उथले जमीन पर कोयले के लाल अंगारों पर ब्राह्मण, भगत और वह व्यक्ति जिसके लिए पूजा की जाती है, चलते हैं। यह उनकी मनोकामना को पूरा करने के लिए किया जाता है। बांझ औरतें उन अंगारों को चुन लेतीं हैं। इसके पीछे उनका विश्वास होता है कि ये उन्हें संतान देंगी।'

मुसहर थे पटना के मूल निवासी

ब्राह्मणों के बारे में ओ'मैली ने लिखा है, 'जिले में ब्राह्मणों की संख्या 41,265 है। ऊंची जाति में शामिल होने के बावजूद इन लोगों ने अंग्रेजी के महत्व को नहीं समझा इसलिए इन्हें सरकार में क्लर्क की नौकरी के लायक भी नहीं समझा गया। जबकि बौद्धिक रूप से ब्राह्मण उसके योग्य थे। जिले में शाक्यद्विपीय और कान्यकुब्ज, दो प्रकार के ब्राह्मण हैं। शाक्यद्विपियों में कुछ भूस्वामी और किसान हैं, लेकिन आमतौर पर ये वैद्य और पुजारी होते हैं।'

'कान्यकुब्जों में ज्यादा संख्या ऐसे लोगों की है जो संस्कृत और हिन्दी के शिक्षक हैं। कुछ कान्यकुब्ज ब्राह्मणों ने कृषि का पेशा अपना लिया है। थोड़ी संख्या ऐसे लोगों की है जो छोटे-मोटे जमींदार हैं। इनमें जो गरीब ब्राह्मण हैं वे रसोईए बन गए हैं। कहते हैं कि इन ब्राह्मणों के हाथों बना हुआ खाना सभी खा सकते हैं। एक और ब्राह्मण हैं—सरयूपारी। ये किसी प्रकार का उपहार स्वीकार नहीं करते।'

मुसहरों के बारे में उसने लिखा है कि ब्राह्मणों के बाद संख्या के आधार पर मुसहरों का स्थान आता है। उसने इनकी जनसंख्या 40,791 बतायी है। ओ'मैली ने मुसहरों को पटना जिला का मूल निवासी माना है। ओ'मैली ने लिखा है, 'मुसहर बहुत गरीब होते हैं। ये या तो मजदूरी करते हैं या हलवाहा होते हैं। टूटी-फूटी झोपड़ियों में रहते हैं। इन्हें भोजन के रूप में पर्याप्त अनाज नहीं मिल पाता है, फलस्वरूप ये सभी प्रकार के जानवरों को खाते हैं। चाहे वह जंगली बिल्ली, चूहे, मेढक और गिलहरी ही क्यों न हो!'

उसके बाद स्थान आता है पासियों का। पूरे जिले में इनकी आबादी है 34,472 है। पासियों की पूरी आबादी ताड़ के पेड़ों से प्राप्त ताड़ी को बेच कर अपना जीवनयापन करती है। जिन्हें इनसे गुजारा नहीं होता वे मजदूरी करते हैं। कुछ लोगों के पास खेती के लायक जमीन भी है। पासियों की एक खासियत होती है। वे पुरवैया (पूरब दिशा की हवा) की हवा को चढ़ावा चढ़ाते हैं ताकि ताड़ी का मौसम उनके लिए अच्छा हो।

33,296 की आबादी वाले धानुक आमतौर पर तटबंधों पर खुदाई और मजदूरी का काम करने वाले होते हैं। ओ'मैली ने इनके बारे में लिखा है, 'स्थानीय तौर पर इन्हें उन कुर्मियों का वंशज माना जाता है जिन्होंने अपने को गुलाम के रूप में बेच दिया है। लेकिन इनके नाम से लगता है कि ये धनुर्धर रहे हैं। धानुक संभवत: गैर-आर्य जातियों में से किसी के वंशज है।'

पाटलिपुत्र की खोज करने वाला कर्नल वैडेल अपने खोजों के आधार पर इस निष्कर्ष पर पहुंचा था कि पटना सिटी के एक छोटे इलाके में रहने वाले धानुक संभवत: प्राचीन पाटलिपुत्र के लकड़ी की विशाल चारदीवारी की रखवाली करने वाले सैनिकों के वंशज हैं। ये सैनिक प्राचीन काल में किले की निगरानी और हिफाजत में लगे हुए थे।

बाभन नाम से जो जाने जाते हैं, दरअसल वे बौद्ध थे

ओ'मैली ने अपनी रिपोर्ट में पटना में रह रहे बाभनों को बौद्ध माना है। उस समय पटना जिला में बाभनों (भूमिहार) की संख्या 1,08,263 थी। सबसे ज्यादा संख्या यादवों (2,32,908) की थी। दूसरे नंबर पर कुर्मी (1,67,522) थे।

ओ'मैली ने लिखा है, 'जिले के ज़मींदारों के साथ साथ सबसे संपन्न किसान बाभन ही हैं। वे स्वयं को ब्राह्मणों का ही वंशज मानते हैं। ब्राह्मणों की तरह ही वे खुद हल नहीं थामते बल्कि खेतिहर मजदूरों को रख कर खेती करवाते हैं। कुछ बाभनों के नाम ब्राह्मणों की तरह ही मिश्र, पांडे और तिवारी हैं।'

बाभनों के उदभव के बारे में प्रचलित स्थानीय मान्यताओं का उल्लेख करते हुए उसने लिखा है, 'मगध के तत्कालीन सम्राट जरासंध ने अपने दीवान को यज्ञ के अवसर पर होने वाले भोज के लिए एक लाख ब्राह्मणों को एकत्रित करने का आदेश दिया था। वह उतने ब्राह्मणों को नहीं जुटा पाया सो उसने अन्य दूसरी जाति के लोगों को जनेऊ पहना उन्हें ब्राह्मण बना सम्राट के सामने उपस्थित कर दिया। किंवदंती है कि बाभनों के इस दावे की पुष्टि के लिए कि उनकी उत्पत्ति ब्राह्मणों से हुई है, यह कहानी प्रचलित है।'

ओ'मैली आगे लिखता है, 'अब बाभनों की एक अलग जाति के रूप में पहचान है। संभवत: उनकी अवनति उन दिनों हुई जब बौद्ध धर्म को परास्त किया गया था। यह बताया गया है कि बाभन शब्द वस्तुत: पाली में ब्राह्मण का अपभ्रंश है। यह शब्द सम्राट अशोक के शिलालेखों में पाया गया है। इसलिए यह अनुमान लगाया गया कि अभी जो बाभन के नाम से जाने जाते हैं वे दरअसल वे वो बौद्ध हैं, जो अपने बीच के ब्राह्मणों द्वारा हिन्दू धर्म अंगीकार करने के बाद भी बचे रह गए थे। उन्होंने हिन्दू धर्म स्वीकार नहीं किया था। सो उनका पाली नाम बाभन ही प्रचलित रहा और वे उसी नाम से जाने जाते हैं।'

भूमिहार को बाभन का पर्याय माना जाता है। इसके बारे में ओ'मैली लिखता है कि यह संभवत: इस कारण हुआ कि बौद्ध मठों के अधीन जो जमीन थी उन पर इन बाभनों का आधिपत्य हो गया। इसलिए वे भूमिहार कहलाये।

उसने लिखा है, 'यह धारणा इस लिए भी सही प्रतीत होती है क्योंकि भूमिहार या बाभनों की उपस्थिति आमतौर पर उन्हीं इलाकों में है जहां मगध साम्राज्य का विस्तार था और जो लंबे समय तक बौद्ध धर्म का केंद्र बना रहा था।'

गजेटियर में ओ'मैली ने भूमिहारों के देवी-देवताओं, कुल देवताओं और उनमें व्याप्त कुरीतियों का भी जिक्र किया है।

तब हिन्दी से पहले फ़ारसी सीखना था जरूरी

इतिहास के पन्नों से गुजरते हुए कई बार ठिठक कर ठहर जाना पड़ता है। कुछ ऐसा ही बुकानन की रिपोर्ट को पढ़ते हुए हुआ था। 1812 को लिखी अपनी रिपोर्ट में उसने पटना जिले की आबादी का महज 1.2% लोगों को साक्षर बताया है। ध्यान रहे, पटना के समीप ही नालंदा, ओदंतपुरी और तेल्हारा जैसे विश्व विख्यात विश्वविद्यालय थे। ऐसे में बुकानन की रिपोर्ट हमें विस्मित करती है।

19वीं सदी के शुरू के वर्षों में पटना की शिक्षा व्यवस्था के बारे में बुकानन ने लिखा है, 'यहां कोई सार्वजनिक विद्यालय नहीं है और कोई ऐसा गुरु या शिक्षक नहीं है जो किसी धनी व्यक्ति का नौकर नहीं हो। यद्यपि इन गुरुओं को यह अनुमति जरूर रहती है कि वे आस पड़ोस के बच्चों को पढ़ाएं। विद्यालय की झोपड़ी का निर्माण गांव से हटकर किया जाता था ताकि गुरु को गांव की महिलाओं को देखने का ज्यादा अवसर नहीं मिल सके। इन विद्यालयों को पिंड कहा जाता है। आम लोगों के बीच पिंड नाम का प्रयोग पवित्र चीजों के लिए किया जाता है। दूर गांव के इलाकों में जहां ईख की खेती होती है, खेतों के किनारे बने झोपड़े जहां ईख को खौलाया जाता है, वहां ये विद्यालय चलाए जाते हैं।'

कचहरी की भाषा फ़ारसी थी इसलिए हिन्दुओं को भी हिन्दी भाषा से पहले फ़ारसी लिखना और पढ़ना सिखाया जाता था। लेकिन इनमें से अधिकांश लोग सिर्फ बही खाता संभालने भर ही सीख पाते थे। अगर उन्हें चिट्ठी लिखने या पढ़ने दिया जाता तो वे इसे सही ढंग से नहीं कर पाते। इतना भी जो जान जाते वे मुंशी कहलाने के हकदार हो जाते।

पटना में उन दिनों करीब आधे दर्जन मौलवी थे जो विद्यार्थियों को फ़ारसी साहित्य और अरबी में विज्ञान की शिक्षा दे रहे थे। उन्हीं दिनों पटना में कुल अड़तीस पंडित थे जो छात्रों को हिन्दी व्याकरण, धार्मिक शिक्षा, कानून, विज्ञान और तत्त्वमीमांसा पढ़ा रहे थे।

इलाके के जमीन मालिक जो आमतौर पर किसान थे, उनमें आधे से ज्यादा लोग लिख-पढ़ नहीं पाते। इसके बावजूद परिवार का मुखिया किसी तरह इतना अक्षर ज्ञान तो प्राप्त ही का लेता था ताकि किसी तरह वह अपना नाम लिख सके।

उन्नीसवीं सदी के पूर्वाद्ध में पटना जिला में निजी उद्यम से ही विद्यालय चलाए जा रहे थे। हिन्दी पढ़ाने वाले विद्यालयों को पिंड और फ़ारसी पढ़ाने वाले विद्यालयों को मकतब कहा जाता था। तत्कालीन ब्रिटिश सरकार ने भी इस पर कोई ध्यान नहीं दिया था। 1845 में ब्रिटिश सरकार के कोर्ट ऑफ़ डायरेक्टर्स ने एक एजुकेशन पालिसी बनाई जिसके अंतर्गत सरकार को व्यवस्थित और क्रमबद्ध तरीके से सामान्य शिक्षा को बढ़ावा देना था। उसने एक सम्पूर्ण योजना बना कर सार्वजनिक शिक्षा को सरकार के हवाले किया।

इन आदेशों का पालन करते हुए सरकार ने 1860-61 में नौ स्थानीय भाषा के स्कूल खोले जहां 399 छात्रों ने दाखिला लिया। 1862 में पटना कॉलेज खुला। 1870-71 तक 23 विद्यालय खुल चुके थे जिसमें 1530 विद्यार्थी पढ़ाई कर रहे थे। 1880-81 तक पटना कॉलेज के अतिरिक्त 3 सरकारी और 4 निजी उच्च विद्यालय खुल गए। उसके बाद शिक्षा के क्षेत्र में प्रगति होती गई। बिहार ही नहीं पड़ोसी राज्य से भी छात्र यहां आने लगे।

जब पटना में अंग्रेजी पढ़ाई की शुरुआत हुई

जब ब्रिटिश ईस्ट इंडिया कंपनी के मुलाजिम सर थॉमस रो ने मुग़ल बादशाह जहांगीर से आगरा में मिलकर उनसे हिन्दुस्तान में व्यापार करने की अनुमति ली थी तो जहांगीर को यह अनुमान भी नहीं रहा होगा कि आने वाले दिनों में यह कंपनी उनके वंशजों को सत्ता से बेदखल कर हिंदुस्तान पर हुकूमत करने लगेगी।

1857 के ग़दर के बाद ब्रिटिश सरकार ने ब्रिटिश ईस्ट इंडिया कंपनी से हिन्दुस्तान की सत्ता को अपने नियंत्रण में ले लिया। शुरू के वर्षों में ईस्ट इंडिया कंपनी और ब्रिटिश सरकार साम्राज्य के निर्माण में लगी रही। उन्होंने हिन्दुस्तानियों के सामाजिक और शैक्षिक गतिविधियों की ओर ध्यान नहीं दिया।

जब अंग्रेजों ने अपने आपको हिन्दुस्तान में पूरी तरह से स्थापित कर लिया तो उनका ध्यान इस ओर गया। कुछ ईसाई मिशनरियां, जो अपने धर्म के प्रचार में लगी हुई थी, ने महसूस किया कि धर्म के प्रभावशाली ढंग से प्रसार के लिए स्कूल खोला जाना आवश्यक होगा। तब पटना के बांकीपुर में एक ईसाई महिला शिक्षक की देखरेख में एक स्कूल खोला गया।

स्कूल की शुरुआत 20 बच्चों से हुई। वहां उन्हें बाइबिल के गॉस्पेल का हिंदी अनुवाद पढ़ाया और लिखाया जाने लगा। एक कैथोलिक पादरी ने इनका अनुवाद किया था। जब छात्रों की संख्या बढ़ी तो 1819 में दीघा में एक स्कूल खोला गया।

1813 में ब्रिटिश पार्लियामेंट में एक चार्टर अधिनियम पारित किया गया था। इस अधिनियम के अनुसार हिन्दुस्तान में ईस्ट इंडिया कंपनी की सरकार को प्रत्येक वर्ष एक लाख रुपया दिया जाना था। उन्हें इन रुपयों को हिन्दुस्तान के निवासियों के शैक्षिक उत्थान, पढ़े लिखे लोगों को प्रोत्साहन, विज्ञान की पढ़ाई इत्यादि पर खर्च करना था। लेकिन यह अंग्रेजीदां और हिन्दुस्तान के हिमायतियों के बीच उलझ कर रह गया था। यह मामला तब सुलझा जब 2 फरवरी, 1835 को अंग्रेजी की पढ़ाई को लेकर मैकॉले के मशहूर प्रस्ताव को स्वीकृति मिली। 7 मार्च, 1835 को एक प्रस्ताव पारित कर यह निर्णय लिया गया कि एक लाख रुपए की पूरी राशि सिर्फ अंग्रेजी शिक्षा पर खर्च किया जाय।

तब बड़े पैमाने पर ऐसे स्कूल खोले जाने लगे जहाँ अंग्रेजी की शिक्षा अनिवार्य थी। पटना, आरा, छपरा और भागलपुर में जिला स्कूल खोले गए। 10 अगस्त, 1835 में पटना के आलमगंज मोहल्ले में स्थानीय लोगों के विरोध के बावजूद एक स्कूल खोला गया। इलाहाबाद कॉलेज के एच. डब्लू. क्लिफ्ट को स्कूल का हेडमास्टर बनाया गया।

स्कूल तो खुल गया किन्तु उसे छात्र नहीं मिल रहे थे। स्थानीय लोगों का यह विश्वास था कि ये स्कूल बच्चों को ईसाई बनाने के लिए खोले गए हैं। कुछ लोग यह मानते थे कि स्कूल में पढ़ने वाले विद्यार्थियों को इंग्लैंड भेज दिया जायेगा। वहां उन्हें गुलाम बना कर रखा जाएगा। इन्हीं आशंकाओं के बीच पहले दिन सिर्फ सात विद्यार्थियों का नामांकन हुआ। ये सभी बंगाली थे। तीसरे दिन दो बिहारी छात्रों ने दाखिला लिया। बाद में सरकार के मुलाजिमों के समझाने-बुझाने पर कुछ और विद्यार्थी आये। स्थानीय लोगों की शंकाओं को दूर करने के लिए 18 जून, 1836 से स्कूल में स्थानीय भाषा की पढ़ाई भी शुरू हुई।

लेकिन लोग अभी भी आशंकित थे। उन्हें ब्रिटिश सरकार का असली मकसद कुछ और ही लग रहा था। छोटी-छोटी घटनाएं भी उन्हें परेशान कर रही थी। ऐसे में ही एक दिन हेडमास्टर क्लिफ्ट ने एक प्यासे विद्यार्थी को अपने गिलास से अपने हाथों पानी पिला दिया। इस घटना ने स्थानीय लोगों को और भी आशंकित कर दिया।

इन स्कूलों में मुख्य रूप से अंग्रेजी और विज्ञान की पढ़ाई पर ध्यान दिया जा रहा था। स्थानीय भाषा की पढ़ाई केवल स्थानीय लोगों की संतुष्टि के लिए किया जा रहा था। स्थानीय भाषा के रूप में उर्दू पढ़ाया जा रहा था। 1838 से हिंदी की भी पढ़ाई शुरू हुई। इन स्कूलों में अंकगणित, ज्यामिति, बीजगणित, इतिहास और दर्शन की पढ़ाई भी शुरू की गयी। लोगों की मांग पर बाद में अरबी, फ़ारसी और संस्कृत की पढ़ाई भी शुरू हुई। हाँ, धर्म की कोई भी पढ़ाई यहाँ नहीं होती थी।

इन सबके बावजूद स्कूल से वांछित परिणाम नहीं मिल पा रहा था। अभिभावक अभी भी अपने बच्चों को स्कूल भेजना नहीं चाह रहे थे। फलस्वरूप 17 जनवरी, 1853 को यह स्कूल आलमगंज से बांकीपुर स्थानांतरित कर दिया गया। समय के साथ अंग्रेजी पढ़ने वाले विद्यार्थियों की संख्या में इजाफा होने लगा।

पटना के तत्कालीन कमिश्नर विलियम टेलर मुसलमानों के बीच लोकप्रिय थे। टेलर के प्रयासों से पढ़े-लिखे मुसलमानों ने भी अपने बच्चों को इस स्कूल में पढ़ने के लिए भेजना शुरू किया। कई परिवर्तनों के बाद यह स्कूल अगस्त, 1862 में कॉलेजिएट स्कूल बना।

पटना में ईसाइयों को बुलाने का एक मकसद था

पटना में ईसाइयों का आगमन 17वीं सदी के शुरू के वर्षों में हुआ। तत्कालीन सूबेदार मुकर्रब खान ने फादर परेरा को पत्र लिख कर आग्रह किया था कि वे कुछ पादरियों को पटना भेजें ताकि वे उनके साथ कुछ धार्मिक चर्चा कर सके। इसके साथ ही उसने यह भी लिखा कि इसके एवज में वह उन पादरियों को चर्च निर्माण में मदद करेगा साथ ही उन्हें हर महीने भत्ता भी देगा। लेकिन इस आमंत्रण के पीछे एक दूसरा मकसद भी था। और वह था ईसाई पादरियों के मार्फ़त पुर्तगालियों को आकर्षित करना ताकि उनके साथ व्यापार किया जा सके।

1620 में सोलह दिनों की यात्रा कर फादर परेरा, फादर फिगुएरेडो और कुछ पुर्तगालियों के साथ पटना पहुंचे। पटना में उनकी अगवानी यूरोपियन समुदाय के लोगों और सूबेदार के सिपाहियों ने की। उन्हें सूबेदार मुकर्रब खान के महल में लाया गया। सूबेदार ने उनका स्वागत सम्मान और गर्मजोशी के साथ किया। उन सबों को गंगा नदी के किनारे बने खूबसूरत कालीनों से सजे शानदार इमारतों में ठहराया गया।

अगली सुबह मुकर्रब खान उन मिशनरियों से मिलने उनके आवास पर गया। तब फादर परेरा को यह जानकर विस्मय हुआ कि मुकर्रब खान स्वयं कैथोलिक था। 1610 में, जिन दिनों मुकर्रब खान कॉम्बे का सूबेदार हुआ करता था, उसने अपना धर्म बदल कर ईसाई धर्म अपना लिया था। लेकिन दस वर्षों के बाद वह ईसाई जीवन शैली से मीलों दूर हो गया था। उसके हरम में एक हजार औरतें थीं। उसने सार्वजनिक रूप से खुद को मुस्लिम घोषित कर रखा था।

फादर परेरा ने उसे उसकी जीवनशैली के लिए लताड़ा और उसे एक सच्चे ईसाई की तरह पश्चाताप करने को कहा। पहले सूबेदार तैयार नहीं हुआ लेकिन बाद में वह पाप-स्वीकृति के लिए तैयार हो गया। लेकिन यह भी उसकी एक चाल ही थी। फादर परेरा भी इस बात को समझ रहे थे। सूबेदार की पाप-स्वीकृति उसके आत्मा की शुद्धिकरण के लिए नहीं था। सूबेदार चाहता था कि

इसी बहाने वह पादरियों को पटना में रोक रखे ताकि पुर्तगाली व्यापारियों का पटना आना जारी रहे।

कुछ दिनों के बाद पटना का जिम्मा फादर फिगुएरेडो के हवाले कर फादर परेरा हुगली चले गए। सूबेदार ने फादर फिगुएरेडो को रहने के लिए खूबसूरत बगीचा वाला आलीशान घर दिया। फादर को उसने उपहार स्वरूप 100 रुपए की राशि दी साथ ही एक गांव से सालाना मिलने वाला राजस्व की राशि 500 रुपए उनके नाम कर दिया।

इन सबके पीछे एक सोची-समझी कार्यनीति थी। पुर्तगालियों को पटना बुलाना सिर्फ व्यापार के मकसद से नहीं था। यह अंग्रेज व्यापारियों के बढ़ते प्रभाव को रोकने के उद्देश्य से भी था। यह वह समय था, जब अंग्रेज पुर्तगालियों को हिंदुस्तान के व्यापार से बेदखल करना चाह रहे थे। मुग़ल बादशाह जहांगीर भी दोनों को आपस में लड़वा कर कमजोर करवाना चाह रहे थे। कुछ दिनों तक दोनों में वर्चस्व जमाने की होड़ लगी रही। लेकिन अंतत: अंग्रेजों ने सम्पूर्ण हिंदुस्तान के व्यापार पर नियंत्रण कर लिया।

19वीं सदी के पटना में बंगालियों का योगदान

जून, 1658 में अपने पिता को कैद कर सत्ता हासिल करने के बाद औरंगजेब ने अपने भाई शुजा को बंगाल और उड़ीसा के अतिरिक्त बिहार प्रांत देकर संतुष्ट करने का प्रयास किया था। इस प्रकार हम देखते हैं कि बंगाल, बिहार और उड़ीसा की पुरानी प्रेसीडेंसी—जो 1804 से लेकर 1911 तक ब्रिटिश भारतीय इतिहास में बंगाल प्रेसिडेंसी के नाम से जानी जाती थी, का गठन शुजा के वक़्त में हुआ था।

सर जदुनाथ सरकार 'हिस्ट्री ऑफ़ बंगाल' में लिखते हैं, 'इसलिए यह स्वाभाविक ही था कि बंगाली भाषी नागरिक मध्यकाल से ही अपनी आजीविका की तलाश में बिहार और उड़ीसा के विभिन्न जिलों में आकर बस गए। इसके साथ ही पलायन का एक और बड़ा कारण मलेरिया जैसी गंभीर बीमारी भी थी। इससे छुटकारा पाने के लिए भी वे बंगाल से पलायन कर गए।'

वे बड़ी संख्या में पटना में भी आ बसे। 19वीं सदी में जब पटना नया स्वरूप ले रहा था तब यहां रह रहे इन बंगालियों ने कई तरह से योगदान दिया। उनका सबसे बड़ा योगदान सम्भवत: शिक्षा के क्षेत्र में रहा। सार्वजानिक हित की बात सोचने वाले बंगालियों ने पटना में अंग्रेजी और पश्चिमी शिक्षा प्रदान करने के लिए कई स्कूल खोले। उस समय चलाए जा रहे तमाम शिक्षण संस्थान या तो सरकारी थे या फिर बंगालियों द्वारा संचालित स्वैच्छिक संस्थाओं के।

बिहार के कई महत्वपूर्ण जननेता और विद्वानों ने इन स्कूलों में अपनी पढ़ाई की थी। संविधान सभा के पहले सभापति डॉ. सच्चिदानंद सिन्हा बंगालियों द्वारा संचालित टी.के. घोष एकेडमी के छात्र थे। डॉ. राजेन्द्र प्रसाद और पश्चिम बंगाल के पूर्व मुख्यमंत्री बिधान चंद्र राय ने भी इसी स्कूल से पढ़ाई की थी।

टी.के. घोष एकेडमी की स्थापना बलदेव पालित ने की थी। उनके पिता विश्वनाथ पालित किसी मामले में कलकत्ता में वांछित थे। इसलिए वे वहां से 1814 में पलायन कर दानापुर में आ बसे थे। उन्हें दानापुर के मिलिट्री छावनी के रसद विभाग में नौकरी मिल गई। काबुल के एक सैन्य अभियान से सेना के साथ लौटते

वक़्त 1842 रास्ते में उनकी हत्या हो गई। बलदेव उस समय बच्चे ही थे। उन्हें सरकार से पढ़ाई और रखरखाव के लिए पेंशन मिलने लगा। स्कूल की पढ़ाई करते हुए ही उनकी शादी छपरा के महेश चंद्र मित्रा की बेटी से हो गई। अपने श्वसुर की मदद से उन्हें छपरा में ही नौकरी मिल गई। लेकिन जब उन्हें दानापुर के मिलिट्री छावनी में फौजियों के पेंशन कार्यालय में क्लर्क की नौकरी मिल गई तो वे छपरा छोड़ दानापुर आ गए। यद्यपि उन्होंने केवल स्कूल तक की ही पढ़ाई की थे लेकिन वे बहुत बुद्धिमान थे। नौकरी करते हुए उन्होंने बंगाली, अंग्रेजी और संस्कृत का खूब अध्ययन कर खुद को शिक्षित किया।

स्वशिक्षित बलदेव ने दानापुर में एक स्कूल की स्थापना की जो अब बलदेव एकेडमी के नाम से जाना जाता है। बांकीपुर में टी.के. घोष एकेडमी की स्थापना के लिए भी उन्होंने अपने बेटे जदुनाथ और दामाद तिनकारी घोष को आर्थिक सहायता दी। इसके साथ ही उन्होंने गया और आरा में भी स्कूल खोले।

प्रख्यात इतिहासकार सर जदुनाथ सरकार पटना में इतिहास के प्रोफेसर थे। पटना में ही रहकर उन्होंने इतिहास में गंभीर और महत्वपूर्ण शोध किए और उन्हें किताबों की शक्ल दी। पटना के खुदा बख़्श ओरिएंटल पब्लिक लाइब्रेरी में संग्रहित फ़ारसी की पांडुलिपियों ने उनका ध्यान आकृष्ट किया। पटना में रहकर उन्होंने फ़ारसी सीखी और उन पांडुलिपियों का अध्ययन कर मध्यकालीन मुस्लिम इतिहास को एक नया आयाम दिया।

तत्कालीन पटना के मशहूर वकीलों में बंगाली ही ज्यादा थे। उनमें गुरु प्रसाद सेन और नवीन चन्द्र डे का नाम उल्लेखनीय है। 1864 ई. में जब पटना कॉलेज में कानून की पढ़ाई शुरू हुई तो नवीन चन्द्र डे उसके पहले लेक्चरर हुए। उन्हें पटना कॉलेज के पहले हिंदुस्तानी प्रोफेसर होने का भी गौरव हासिल है। राय बहादुर पूर्णेन्दु नारायण सिन्हा न केवल पटना के प्रख्यात वकील थे बल्कि वे विद्वान लेखक भी थे। पटना में थियोसोफिकल सोसाइटी की शाखा के गठन में उनकी महत्वपूर्ण भूमिका थी। उन्होंने पटना में एंग्लो-संस्कृत स्कूल की स्थापना भी की जो बाद में पी.एन. एंग्लो-संस्कृत स्कूल कहलाया।

उस समय पटना में प्रैक्टिस कर रहे डॉक्टरों में ज्यादा संख्या बंगालियों की ही थी। पटना में होम्योपैथी चिकित्सा पद्धति की शुरुआत एक बंगाली डॉक्टर परेश नाथ चटर्जी और सिलहट के बंगला बोलने वाले डॉक्टर असदर अली ने ही की थी।

उन दिनों पटना के विशिष्ट बंगालियों में दिगंबर चटर्जी और करुणामय गुप्ता का नाम उल्लेख करने के लायक है। पटना कॉलेज से दिगंबर चटर्जी ने एफ.ए.

(1876-77) की परीक्षा में प्रथम श्रेणी में प्रथम स्थान लाकर अपने कॉलेज को गौरवान्वित किया था। उस वक़्त पटना कॉलेज कलकत्ता यूनिवर्सिटी के अधीन था। उन्होंने यह कमाल फिर कर दिखाया जब उन्हें बी.ए. (1879-80) में प्रथम में प्रथम स्थान मिला।

1897 के 7 अप्रैल को करुणामय गुप्ता बैंक ऑफ़ बंगाल की बिहार शाखा के खजांची नियुक्त किये गए। बंगाल बैंक में नौकरी करने के पहले करुणामय बांकीपुर लोन ऑफिस के सचिव और बाद में उसके मैनेजिंग डायरेक्टर थे। बैंक ऑफ़ बंगाल की नौकरी छोड़ उन्होंने कोआपरेटिव हिंदुस्तान बैंक लिमिटेड की स्थापना की थी। उन्होंने स्वदेशी आंदोलन में भी जमकर हिस्सा लिया था।

जब बिहार को बंगाल से अलग करने की बात उठी तो यह स्वाभाविक ही था कि बिहारी और बंगालियों के बीच तनाव की स्थिति उत्पन्न होती। यह उम्मीद की जा रही थी बंगाल से अलग हो जाने के बाद अंग्रेजी पढ़े लिखे बिहारियों को सरकारी नौकरियों में पर्याप्त अवसर मिलेंगे।

तत्कालीन मशहूर अखबार 'बिहार बंधु' ने 21 अप्रैल, 1881 के अपने संस्करण में इस बात पर प्रसन्नता व्यक्त किया था कि शहर में रहने वाले बंगाली और बिहारियों में परस्पर घनिष्ठता हमेशा बनी रही थी। जब एक समृद्ध और प्रसिद्ध बंगाली सज्जन ने अपने बिहारी दोस्तों को आमंत्रित कर शानदार दावत दी तो तो 'बिहार बंधु' ने इसे खबर बनाया था।

सन्दर्भ ग्रन्थ

1. लुई रूसले, इंडिया एंड इट्स नेटिव प्रिंसेस (लंदन, बिकर्स एंड संस, लीसेस्टर स्क्वायर, 1882)
2. पीटर मंडी, द ट्रेवल्स ऑफ़ पीटर मंडी इन यूरोप एंड एशिया, 1608–1667. वॉल्यूम 2 संपादक ले.कर्नल रिचर्ड कार्नक टेम्पल, (लंदन, हेक्लूयट सोसाइटी, 1919)
3. टॉलबट मंडी, नाइन अननोन मेन (इंडिआना पोलिस, द बॉब्स-मेरिल कंपनी पब्लिशर्स, 1924)
4. रौं बातिस्ट तैवरनिये, ट्रेवल्स इन इंडिया बाय रौं बातिस्ट तैवरनिये (लंदन मैकमिलन एंड कंपनी, 1889)
5. जे.एच. लिटिल, हाउस ऑफ़ जगत सेठ (कलकत्ता हिस्टोरिकल सोसाइटी, 33/1 एमहर्स्ट स्ट्रीट, कलकत्ता)
6. अनिरुद्ध रे, ट्रांसफॉर्मेशन ऑफ़ बिहार : यूरोपियन डिस्कोर्सेस फ्रॉम लेट 16th टू 19th सेंचुरी (दरभंगा , महाराजाधिराजा कामेश्वर सिंह कल्याणी फाउंडेशन)
7. मनोहर घोष (संपादन और अनुवाद), ग्लिम्पसेज़ ऑफ़ सेक्सुअल लाइफ इन नंद-मौर्य इंडिया: द चतुर्भाणी (कलकत्ता: मनीषा ग्रंथालय, 1975)
8. वेंडी डोनिगर एंड सुधीर कक्कड़ (अनुवाद) वात्स्यायन मल्लनाग कामसूत्र (ऑक्सफोर्ड यूनिवर्सिटी प्रेस, 2002)
9. डेविड सोल बॉयक, प्रोविंशियल अर्बनिटी: इंटेलेक्चुअल एंड पब्लिक लाइफ इन पटना, 1880-1930, पीएचडी थीसिस, यूनिवर्सिटी ऑफ कैलिफोर्निया, बर्कली
10. जमील मज़हरी, कल का अज़ीमाबाद, मंसुरात-ए-जमील मज़हरी (बिहार उर्दू अकादमी, 1991)
11. एस.एच. अस्करी एंड कयामुद्दीन अहमद, द कम्प्रेहैन्सिव हिस्ट्री ऑफ़ बिहार वॉल्यूम 2, पार्ट 1 (के.पी. जायसवाल रिसर्च इंस्टिट्यूट, पटना, 1987)
12. डॉ. काली किंकर दत्त, द कम्प्रेहैन्सिव हिस्ट्री ऑफ़ बिहार वॉल्यूम 3, पार्ट 1 (के.पी. जायसवाल रिसर्च इंस्टिट्यूट, पटना)
13. डॉ. काली किंकर दत्त, द कम्प्रेहैन्सिव हिस्ट्री ऑफ़ बिहार वॉल्यूम 3, पार्ट 2 (के.पी. जायसवाल रिसर्च इंस्टिट्यूट, पटना)

14. डॉ. काली किंकर दत्त, हिस्ट्री ऑफ़ फ्रीडम मूवमेंट इन बिहार (के.पी. जायसवाल रिसर्च इंस्टिट्यूट, पटना)
15. विपुल सिंह, द आर्टिसन्स इन एटीन्थ सेंचुरी ईस्टर्न इंडिया: ए हिस्ट्री ऑफ़ सर्वाइवल, (नई दिल्ली, कांसेप्ट पब्लिशिंग कंपनी, 2005)
16. ओ' मैली, एल.एस.एस, बिहार एंड उड़ीसा डिस्ट्रिक्ट गैज़ेटियर्स: पटना (रिप्रिन्टेड 2005 नई दिल्ली, लोगोस प्रेस)
17. जर्नल ऑफ़ फ्रांसिस बुकानन, सर्वे ऑफ़ ड्रिस्टिक्ट ऑफ़ पटना एंड गया इन 1811-1812 (पटना, गवर्नमेंट प्रिंटिंग प्रेस, बिहार एंड उड़ीसा, 1925)
18. सैयद गुलाम हुसैन खान, सेईर मुताखेरिन (कलकत्ता, आर कैम्बे एंड कंपनी)
19. आनंद ए.यांग, बाजार इंडिया: मार्केट्स, सोसाइटी, एंड द कोलोनियल स्टेट इन बिहार (यूनिवर्सिटी ऑफ़ कैलिफ़ोर्निया प्रेस)
20. विलियम टेलर, आर क्राइसिस और थ्री मंथ्स एट पटना ड्यूरिंग द इनसरेक्शन ऑफ़ 1857 (ख़ुदाबख़्श ऑरिएंटल पब्लिक लाइब्रेरी, पटना, 2007)
21. मैत्रेयी बी चौधुरी, द हंगरियलिस्ट्स (पेंगुइन वाइकिंग, 2018)
22. रूपकथा जर्नल, वॉल्यूम 14, नंबर 3, 2022
23. देबरा बेकर (द सनफ्लावर कलेक्टिव)
24. ज़ीनिया मित्रा एंड जयदीप सारंगी, राइटर्स इन कन्वर्सेशन
25. एम.आर. काज़िमी, एम. कुमार, हिस्टोरिक पटना सीरीज़-1, हेरिटेज बिल्डिंग्स (न्यू रॉयल बुक कंपनी, लखनऊ 2013)
26. एम.आर. काज़िमी, एम. कुमार, हिस्टोरिक पटना सीरीज़ -2 मोहल्लास (न्यू रॉयल बुक कंपनी, लखनऊ 2013)
27. एम.आर. काज़िमी, एम. कुमार, हिस्टोरिक पटना सीरीज़-3 ईस्ट टू वेस्ट (बिहार सोसाइटी फॉर एनवायरनमेंट, पटना, 2016)
28. रामजी मिश्र 'मनोहर', दास्तान-ए-पाटलिपुत्र, सीमान्त प्रकाशन, नई दिल्ली, 1989
29. विवेक सिंह, संपादक, ए मॉन्यूमेंटल हिस्ट्री (डिपार्टमेंट ऑफ़ आर्ट, कल्चर एंड यूथ, बिहार)
30. जेमिमा किंडरस्ले, फ्रॉम द आइलैंड ऑफ़ टेनरिफ, ब्राज़ील, द केप ऑफ़ गुड होप, एंड द ईस्ट इंडीज (लंदन, प्रिंटेड फॉर जे. नोर्स, इन द स्ट्रैंड, बुकसेलर टू हिज मैजेस्टी, 1777)
31. अली मोहम्मद शाद, नक्श-ए-पैदार
32. सैयद बदरुल हसन, यादगार-ए-रोज़गार (पटना सिटी, मतबा- ए- सुलेमानी, शाह की इमली)
33. सैयद बदरुद्दीन अहमद, हकीकत भी कहानी भी (उर्दू अकादमी, 1988)

34. यतीन्द्र मिश्र, संपादक, शहरनामा फ़ैज़ाबाद (वाणी प्रकाशन, नई दिल्ली, 2017)
35. गजेंद्र नारायण सिंह, महफ़िल (बिहार हिंदी ग्रन्थ अकादमी, पटना, 2002)
36. गजेंद्र नारायण सिंह, बिहार की संगीत परंपरा (तक्षशिला एजुकेशन सोसाइटी, नई दिल्ली, 2011)
37. डॉ. धीरेन्द्रनाथ सिंह, आधुनिक हिन्दी के विकास में खड्गविलास प्रेस की भूमिका (बिहार राष्ट्रभाषा परिषद्, पटना, 1986)
38. दीन मोहम्मद, द ट्रेवल्स ऑफ दीन मोहम्मद : ए नेटिव ऑफ पटना इन बंगाल (कॉर्क: प्रिंटेड बाय जे. कॉनर, 1794)
39. माइकल फिशर, द ट्रेवल्स ऑफ दीन मोहम्मद, एन एटीन्थ सेंचुरी जर्नी थ्रू इंडिया (यूनिवर्सिटी ऑफ कैलिफोर्निया प्रेस बर्कली, लॉसएंजेल्स, लंदन)
40. विलियम टेलर, थर्टी एट इयर्स इन इंडिया, (डबल्यू. एच. एलन एंड कंपनी, वाटरलू प्लेस, पॉल मॉल, लंदन, 1881)
41. सर जदुनाथ सरकार, द हिस्ट्री ऑफ़ बंगाल (द यूनिवर्सिटी ऑफ ढाका, रमना, ढाका, 1948)
42. littleindia.com
43. bajakhana.com.au
44. homegrown.co.in
45. allenginsberg.org

बातचीत

डॉ. अजीत प्रधान

राकेश कपूर

नवीन रस्तोगी

दीनानाथ जेटली

डॉ. मसुदूर रहमान

स्वर्गीय विश्वनाथ शुक्ल 'चंचल'